ACCESO GRATIS ***a la Lectura en la Nube***

Para visualizar el libro electrónico en la nube de lectura envíe junto a su nombre y apellidos una fotografía del código de barras situado en la contraportada del libro y otra del ticket de compra a la dirección:

ebooktirant@tirant.com

En un máximo de 72 horas laborales le enviaremos el código de acceso con sus instrucciones.

ENSAYOS POLÍTICO - JURÍDICOS

Procedimiento de selección de originales, ver página web:

www.tirant.net/index.php/editorial/procedimiento-de-seleccion-de-originales

ENSAYOS POLÍTICO – JURÍDICOS

1ª edición

HERNANDO ROA SUÁREZ

PRÓLOGO
HUMBERTO SIERRA PORTO

tirant humanidades
Bogotá D.C., 2024

En caso de erratas y actualizaciones, la Editorial Tirant Humanidades publicará la pertinente corrección en la página web www.tirant.com.

Roa Suárez, Hernando, autor.

Ensayos político - jurídicos / Hernando Roa Suárez; prólogo Humberto Sierra Porto. -- Primera edición. -- Bogotá: Tirant Humanidades, 2024.

xxi, 266 páginas : ilustraciones, gráficas y fotografías.

Incluye referencias bibliográficas, pp. 239-246.

ISBN: 978-84-11836-15-9

1. Echandía Olaya, Darío -- Pensamiento político. 2. Derecho y Política. 3. Derecho constitucional. 4. Derechos políticos -- Colombia. 5. Paz -- Colombia. 6. Seguridad informática -- Derecho y legislación. 7. Ensayos. I. Sierra Porto, Humberto, 1966, escritor de prólogo. II. Título.

LC: JL2831

CDD: 320.09861 ed. 23

Catalogación en publicación de la Biblioteca Carlos Gaviria Díaz

© TIRANT HUMANIDADES
EDITA: TIRANT HUMANIDADES
Calle 11 # 2-16 (Bogotá D.C.)
Telf.: 4660171
Email: tlb@tirant.com
Librería virtual: www.tirant.com/co/
ISBN: 978-84-11836-15-9

Si tiene alguna queja o sugerencia, envíenos un mail a: *atencioncliente@tirant.com*. En caso de no ser atendida su sugerencia, por favor, lea en *www.tirant.net/index.php/empresa/politicas-de-empresa* nuestro procedimiento de quejas.

Responsabilidad Social Corporativa: http://www.tirant.net/Docs/RSCTirant.pdf

A la Academia Colombiana de Jurisprudencia,
en sus 130 años de existencia

Índice

Prólogo

Humberto Sierra Porto[*]

La gentil invitación del Dr. Hernando Roa Suárez supone un gran honor y por supuesto, una correspondiente gran responsabilidad en la elaboración de este escrito introductorio. Desde antes de mi ingreso a la Academia Colombiana de Jurisprudencia, en varias ocasiones en las que estuve presente, se dio la oportunidad de conocer y entablar frecuentes y animadas conversaciones con el autor. La diversidad de sus preocupaciones son tan variadas temática y apasionantemente, como la conceptualización misma de la ciencia política, que él se ha encargado de remarcar en diferentes ocasiones y por cierto, también en esta obra.

---

[*] Nació en Cartagena, el 15 de marzo de 1966.
Abogado egresado de la Universidad Externado de Colombia, donde es Profesor titular de Derecho Público y Derecho Constitucional desde el año 2006. Especialista en Derecho Constitucional y Ciencias Políticas del Centro de Estudios Constitucionales de Madrid. Doctor en Derecho de la Universidad Autónoma de Madrid. Magistrado de la Corte Constitucional Colombiana en el periodo 2004-2012 y presidente en el año 2008. Asesor en asuntos legislativos en la Cámara de Representantes 2008-2009. Director de los posgrados en Derecho Constitucional; Derecho Parlamentario; Derecho Público; Ciencia y Sociología Política y Derecho Público. Es autor de múltiples publicaciones en las áreas de Justicia Constitucional, Fuentes de derecho y derecho Parlamentario. Actualmente, es Director del Departamento de Derecho Constitucional de la Universidad Externado de Colombia y Juez de la Corte Interamericana de Derechos Humanos, donde fue su presidente en el periodo 2014-2015.

Parafraseando, la ciencia política debe entenderse como: "La disciplina social que se ocupa del estudio sistemático del Estado; de la legitimidad; de la estructura del poder; de la gobernabilidad; de la composición de las clases y estratos sociales; de la organización de los partidos y movimientos políticos y sociales; de los procesos electorales; del funcionamiento de los grupos de presión; de la paz y la solución de conflictos; de la problemática ambiental; del proceso de la toma de las decisiones; y de la problemática del liderazgo, en espacios y tiempos determinados." Muchas de esas aristas de la ciencia política han sido de mi interés, aunque desde mi más estrecha perspectiva de ius publicista, la coincidencia con énfasis diferentes, ha generado una cierta coofraternidad académica de la cual esta presentación es el resultado.

La elaboración de un prólogo siempre conlleva una serie de propósitos. El fundamental es el de compartir con el lector unas reflexiones que sean producto de la interacción, o mejor, del diálogo con la obra misma, de tal manera, que sirva de orientación al público. Se trata, por cierto, de aportes que expresan la comprensión del prologuista y no pueden ser considerados como una especie de interpretación auténtica, la cuál solo la tiene el autor.

Un instrumento para guiar a los lectores de una obra, consiste en conocer el recorrido y la manera como se ha moldeado vital y profesionalmente el autor. En este caso, la riqueza y profundidad de la formación académica y profesional del Dr. Hernando Roa Suárez, es por sí sola suficiente incentivo para su lectura y estudio: Abogado especializado en socioeconomía y derecho laboral de la Pontificia Universidad Javeriana. Especialista en ciencia política y alta dirección del Estado. Magíster en desarrollo económico de América Latina de la Universidad Internacional de Andalucía. Profesor titular en la Escuela Superior de Administración Pública (ESAP) y docente en las Universidades Javeriana, Andes, Externado, Rosario, Santo Tomás, Cartagena, Del Norte, La Salle, Pedagógica Nacional, Del Valle, Medellín, Nariño, Escuela Superior de Guerra (CAEM). Instituto Nacional de Administración Pública (INAP-México), Carlos III (Madrid). Secretario Privado del Gobernador de Boyacá, Vargas Rubiano. Asesor de Rectoría de la

Universidad Pedagógica Nacional. Director del Programa de Ciencia Política de la Universidad Jorge Tadeo Lozano. Decano de la Facultad de Administración de Empresas de la Universidad de la Salle. Decano fundador, del Instituto de Investigaciones de la Universidad La Gran Colombia. Decano de Postgrados; Director del Instituto de Estudios Internacionales Alberto Lleras, Cofundador de la Escuela de Alto Gobierno de Colombia y Director Nacional de la ESAP.

***

El propósito de plantear algunas de las ideas-enseñanzas que se extraen de la obra, nos lleva a presentar las ideas fuerza que atraviesan los distintos capítulos y temáticas que, con gran inteligencia e insisto, no exenta de una gran claridad expositiva, nos comparte el Dr. Roa Suárez. Ideas fuerza que hablan de sus preocupaciones como ciudadano ilustrado y experimentado en las relaciones de poder, y en el buen hacer indispensable para realizar una política "buena".

El presente libro es una recopilación de diversos trabajos elaborados en distintos momentos sobre temas que tienen una estructura y contenido específicos, pero al mismo tiempo fáciles de comprender. Invita a hacer del estudio de la política colombiana una actividad cada vez más seria, más científica, en el sentido de estar fundamentada en conocimientos históricos y técnicos (no en el de hacer análisis complejos e inaccesibles) y a la necesidad de formar líderes políticos que sean capaces de hacer política y no politiquería.

Una primera idea fuerza, es que la comprensión de la política, en nuestro país, se ha caracterizado, en buena parte, por realizarse desde el ingenio, desde la astucia de los formadores de opinión, esencialmente por columnistas. El proceso de comprender cuáles son las dinámicas de comportamiento de nuestros sujetos de poder; cuáles son las variables fácticas, sociológicas, psicológicas e históricas que determinan ese comportamiento en nuestra vida pública, así como las perspectivas, las alternativas y los escenarios posibles que se nos presentan como cauce de actuación, no se hace, por lo menos de manera general, con unos presupuestos teóricos, técnicos o científicos mínimos.

Si bien es cierto, esta dinámica de aproximación está siendo superada por una academia cada vez más "adecuada" y se están creando algunos medios de comunicación conscientes de la necesidad de realizar análisis científicos, las tendencias generales de improvisación y la sensación de sentirnos superados por la velocidad y la ausencia de estudios de lo que nos sucede coyunturalmente, sigue siendo la regla general en nuestra política.

Esta obra de Hernando Roa nos pone de manifiesto la necesidad de trabajar la política colombiana con preparación adecuada, con formación académica y por supuesto con dedicación. La educación, la formación en historia de las ideas políticas, en análisis estadístico y en cibernética, nos lo explica. Es esencial, para garantizar un futuro estable, que evolucione de manera racional y progresiva, siempre en beneficio de nuestros ciudadanos. Máxima vieja, pero no por eso menos importante, según la cual desconocer la historia, y no tomar conciencia de lo que nos ha sucedido, nos puede condenar a repetir, a manera de bucle temporal, los errores del pasado.

La segunda idea fuerza que se contiene en todos los capítulos, pero que encuentra su desarrollo principal en el aparte dedicado a la vida, obra y significado del maestro Darío Echandía, es la de la importancia central, para el buen hacer de la política, de las personas que la protagonizan. Los líderes sociales, su vida, su formación y lo que no es menos, su carácter y compromiso, no son irrelevantes; por el contrario, son centrales en el devenir político de un país.

La historia en general y la colombiana en particular, nos muestran líderes con formación, compromiso y coherencia entre su comportamiento político y sus ideas; personas poseedoras de claridad de miras, sobre los propósitos compartidos de la organización política, que son esenciales para el éxito de nuestro Estado y sociedad.

El texto nos recuerda y ratifica que la historia de la política colombiana está determinada –en buena parte– por esa lucha constante entre política y antipolítica. Entre líderes probos, comprometidos con ideas, ajenos en su actuar al provecho egoísta y los dedicados a políticas banales, que utilizan y entienden el servicio público como un instrumento para beneficio individual, que en el mejor de los casos, es el de perpetuarse en el poder.

El interés del autor por profundizar el estudio de la política colombiana y la necesidad de formar y contar con líderes políticos capaces, son una constante que se expresa en la presentación de los cinco grandes temas de esta obra: La política como arte y ciencia; la Constitución y la construcción de la paz; Darío Echandía Olaya; gobernabilidad democrática y paz, y finalmente, cibernética y política.

***

Una primera aproximación, que se limite a ver el índice de la obra, puede generar una percepción errada: el lector puede pensar que se trata de reflexiones sueltas que se recogen en un libro sin mayores pretensiones que el de ser compilatorio. Sin embargo, cuando nos adentramos en la lectura completa de los numerosos contenidos que desarrolla este trabajo, se nos hace evidente la existencia de una línea clara de articulación, o si se quiere, de un orden o metodología que explica la pluralidad y el carácter variopinto de los temas que trata.

Este libro expresa preocupaciones y aspiraciones altruistas del autor (unas recomendaciones ilustradas y generadas por la experiencia, una especie de conocimiento o saber intuitivo) producto de un análisis serio de la manera como funciona y debería estructurarse y organizarse nuestra administración pública.

Las propuestas, que reflejan las preocupaciones del autor, poseen una interesante combinación en su estructuración: (i) conceptualizaciones (como punto de partida para establecer unos mínimos de comunicación); (ii) análisis de los distintos tópicos de la política como arte y ciencia; la gobernabilidad y la paz como un presupuesto para lograr una estabilidad política, soñada por todos nosotros; y (iii) presentación de propuestas que son producto del análisis y enseñanzas del Dr. Hernando, así como de sus experiencias personales como protagonista y como observador, en una carrera profesional extensa, prolífica y rica, dedicada, entre otros aspectos, al estudio y reflexión de cómo y por qué la dinámica y el comportamiento de la política colombiana es -en muchas ocasiones- disfuncional y plagada de sobresaltos.

El libro plantea y se aventura en definiciones conceptuales para comprender cada uno de los temas centrales estudiados en los cinco grandes capítulos temáticos; desarrolla y expresa experiencias, elabora ideas y ejemplifica con referencias coyunturales (que hoy bien podrían considerarse como citas históricas), y también con propuestas para el buen hacer; para superar y mejorar el statu quo. En este sentido, las alternativas y los temas que identifica como objeto de especial atención y desarrollo, hacen relación a aspectos que deben transformarse en nuestra administración pública, y que deben hacerse efectivos para que la política y su estudio sean serios, consistentes y científicos.

Es en este contexto metodológico, que el autor se interroga, verbi gratia, por la contribución que deben hacer las universidades para propiciar y consolidar un proyecto de pacificación y por los presupuestos que se deben identificar y construir para que se pueda lograr la paz en nuestro país.

La enunciación de estas propuestas puntuales, son en sí mismas, un aporte invaluable, pues son una invitación a la investigación para los estudiosos de las ciencias sociales, y un necesario referente para quienes ejercen la política, y para quienes son espectadores reflexivos de la realidad nacional.

***

La lectura de la obra genera sentimientos, sensaciones y enseñanzas (aunque dudo que en ella se puedan diferenciar estos tres conceptos). Un primer efecto, es el que se deriva de conocer los distintos momentos de las experiencias vitales y reflexiones personales que comparte el profesor Roa, así como de las referencias históricas y propuestas que se realizan en los diferentes capítulos. El lector, (y el prologuista, en mi caso) mejora su conocimiento y percepción de las grandes preguntas: "¿Por qué funciona como funciona la política colombiana?". ¿Por qué somos como somos? Sin duda, la excelente combinación de análisis político, reflexiones y cuestionamientos constitucionales, condimentados con experiencias personales de la historia reciente del país, contadas por una persona que, como el Dr. Hernando Roa Suárez, ha estado atento al devenir de la política colombiana a lo largo de décadas, bien como analista y formador de opinión pública, bien como profesor y científico, generan esa percepción de satisfacción por las enseñanzas que transmite, saberes útiles y nece-

sarios, mucho más, cuando el tiempo pasa y la velocidad de la dinámica política hace que no seamos capaces de asimilarla. Todo pasa tan rápido que no podemos digerir y establecer enseñanzas que impidan que se repitan errores, y también, evita que se potencien los aciertos, como se reitera explicita e implícitamente en esta obra.

Un segundo efecto virtuoso que se genera con la lectura y el estudio de la obra hace relación a la claridad en la redacción en cada uno de los capítulos, así como a la inteligencia y la cantidad de ideas y propuestas que se presentan, las cuales propician -y de hecho- generan un permanente diálogo intelectual con las descripciones. Pero, también con los análisis y con las propuestas que se ofrecen en distintos apartes del libro.

Es fácil el diálogo con esta obra, cuando se exponen las propuestas para mejorar la administración pública y para la formulación y ejecución de políticas públicas, o también, cuando se estudian las reflexiones del capítulo sobre la política como "arte y ciencia", por señalar solo unos de los aspectos más sugerentes.

La sensación de complicidad en algunos casos, y los sentimientos de admiración y respeto por el autor y por sus ideas, así como por los matices o contrapuntos que surgen como respuesta intelectual del lector frente a sus construcciones argumentativas y propuestas, hacen que sea de gran provecho su lectura y estudio.

Uno, entre muchos puntos de reflexión que pueden ejemplificar la idea de diálogo constante que genera el autor, podría ser las referencias a la importancia del nacionalismo y el papel que debe tener para el buen hacer en la política y su valor como norte de actuación colectiva e individual, en los actuales contextos de evolución de la humanidad. Este es uno, entre muchos otros temas, que se plantean como una invitación implícita de diálogo con las construcciones intelectuales que se exponen en este trabajo.

***

Aunque parece de Perogrullo, es importante que las nuevas generaciones sepan y conozcan de primera mano, la mentalidad y los esfuerzos que han realizado las generaciones de colombianos que han tenido responsabilidades de gobierno. Las actitudes "adanistas" o "revolucio-

narias" de los colombianos son inveteradas y recurrentes. Es extraño ver cómo es una constante en nuestros líderes políticos las propuestas de "lanzarse al abismo", las lecturas políticas desoladoras, sin salida, que nos invitan a hacer tabula rasa. Esto es particularmente cierto en los temas que aquí se estudian, especialmente en la temática de reformas institucionales y de políticas públicas.

Esta actitud colombiana requiere un importante acto de responsabilidad para con las generaciones venideras y particularmente para con la juventud. El Dr. Hernando Roa Suárez nos invita entre líneas, y en ocasiones de manera implícita, a las nuevas generaciones de colombianos, a conocer y estudiar nuestra historia política, así como nuestra coyuntura, pues solo de esta forma podremos construir y consolidar un mejor país. El profesor Roa nos envía un mensaje: Es indispensable conocer y valorar lo construido y el esfuerzo que ha significado para quienes nos han precedido.

En este orden de ideas, esta es una obra profundamente optimista, de aliento; llena de buenos auspicios para una sociedad que es profundamente crítica y en algunos casos con tendencia al desaliento. La enseñanza-sensación de la cual están impregnados los análisis que son traídos por el autor, es la invitación a ser optimistas.

Se respira esperanza, confianza en la capacidad de resciliencia y en la imaginación eficaz de los colombianos. Él nos muestra que a pesar de que muchos de los hitos de nuestra historia son hechos de violencia, situaciones de cambio abrupto e incluso de estallidos sociales, los colombianos hemos sido capaces de superar los problemas que se nos han presentado o que hemos propiciado.

No importa la relevancia e impacto de las circunstancias. A pesar de situaciones tan graves como la violencia sistemática en la mayor parte del siglo pasado; las confrontaciones partidistas que han caracterizado nuestra historia y constitucionalismo; el problema aun insoluto y no agotado del narcotráfico; y la dinámica de los grupos armados al margen de la ley, guerrillas y paramilitares; siempre hemos conservado nuestra institucionalidad y la capacidad para superarlos.

La adversidad nos ha fortalecido, como lo muestra la historia y lo dice, de diversas formas, el Dr. Hernando Roa Suárez. Una mirada desde la distancia, con una perspectiva general, nos muestra cómo hemos sido capaces de construir paulatinamente una mejor sociedad. La adversidad y los retrocesos no nos ha permitido ser más eficaces en la búsqueda del desarrollo y bienestar general, pero esos hechos o circunstancias difíciles, si bien son una convocatoria al trabajo y de rechazo al desaliento, también, y como otra cara de la moneda, son una invitación al trabajo fuerte y dedicado. Ello debe ser realizado bajo el presupuesto de valorar y no desperdiciar lo que hemos construido.

El optimismo, el reconocimiento de nuestra capacidad colectiva para superar problemas, debe seguir siendo el norte de nuestra conducta en el ámbito público, en las políticas públicas y en general en el desenvolvimiento de nuestras relaciones de poder. El amor por el país, la mística y por qué no, un sano nacionalismo, que respete y tenga en cuenta las grandes problemáticas globales, como lo plantea el Dr. Roa, debe ser sin duda un factor de cohesión y un télos para avanzar en un futuro político exitoso.

HUMBERTO A. SIERRA PORTO
Bolonia, 9 de mayo de 2024

I. Presentación del universo temático

Los colombianos conscientes estamos ahítos de la politiquería, con las consecuencias nocivas que de allí se derivan.

Después del incisivo y original Prólogo de Humerto Sierra Porto, el libro está integrado por *ensayos político-jurídicos* que, con especial dedicación, he preparado para su publicación en la Revista de la Academia Colombiana de Jurisprudencia, en el intervalo comprendido entre marzo de 2017 y junio de 2024[1].

Estos aportes comienzan con la *Presentación del Universo temático* y han sido elaborados teniendo en cuenta el análisis interdisciplinario vigente en las ciencias sociales contemporáneas, buscando correlacionar, especialmente, dimensiones sustantivas de las disciplinas político-jurídicas en los siglos XX y XXI.

***

Las reflexiones sobre *La política: arte y ciencia. Aplicaciones a Colombia*[2], recogen mi intervención en la Academia Colombiana de Jurisprudencia, publicada en su Revista número 375 de enero-junio de 2022.

---

1 Complementan el texto del autor: (2012). *Colombia política. Ensayos y escritos.* Universidad Javeriana, Grupo Editorial Ibáñez. Bogotá, presentado por Alfredo Sarmiento, Francisco de Roux y Carlos J. Jaramillo J.

2 Fue ampliado en un libro que, con el mismo nombre, fue publicado por la Academia Colombiana de Jurisprudencia. Presentado en sesión mixta de la Academia, por el Señor Presidente de la JEP, Eduardo Cifuentes Muñoz y el Señor Presidente de la Academia Colombiana de Jurisprudencia, Augusto Trujillo Muñoz, en 2021.

Eduardo Cifuentes Muñoz, Presidente de la JEP

Es muy grato recordar la Presentación del Presidente de la JEP, Eduardo Cifuentes Muñoz. Él sostuvo: "La obra nos invita a profundizar sobre la complejidad de la política contemporánea y, especialmente, de la política colombiana. El texto nos convoca a pensar en las implicaciones de un ejercicio equivocado de la política y acerca de sus posibles remedios o soluciones".

"El profesor Roa aborda una pregunta central, que es: ¿Cómo podemos institucionalizar el diálogo como alternativa para dirimir los conflictos y cristalizar los valores democráticos participativos y éticos en Colombia, ante un panorama político de corrupción, politiquería, odio y exclusión?"

Acuerdo de Paz de 2016

"Si queremos entonces ampliar la democracia y hacerla más inclusiva, el Estado, en cabeza de sus dirigentes políticos, debe tomar e implementar, con determinación y firmeza, el *Acuerdo de Paz de 2016*. Pero, además, nosotros como ciudadanos, tenemos el compromiso de formarnos en estos asuntos, y fortalecer y promover la inclusión de los jóvenes, quienes también tienen el deber de formarse, involucrarse y participar en nuevas fuerzas y movimientos políticos. De esta manera, no solo estaremos contribuyendo a la democracia, sino, especialmente, a la construcción de paz en Colombia. Estaremos haciendo, como lo plantea Hernando Roa, un ejercicio ético y responsable de la política, como arte y ciencia. Al final, veremos que este compromiso dará frutos y se reflejará en la reducción de las condiciones que originaron o permitieron el desarrollo de la violencia en Colombia".

***

Al pensar en el ensayo sobre: *La Constitución y la construcción de la paz* recuerdo que fue publicado en el tomo II del texto (2021). *Historia constitucional de Colombia,* de Tirant lo blanch y la Academia Colombiana de Jurisprudencia. Editado por Augusto Trujillo Muñoz, Carlos Mario Molina Betancur y Luis Javier Moreno Ortiz. Editores Académicos.

Mi trabajo condensa el soporte teórico-constitucional, que subyace a lo largo de los ensayos, y propone un nuevo concepto de la política como arte y ciencia, que facilita acercarse a la comprensión de la complejidad de la política.

Este capítulo se ocupa de presentar conceptualizaciones y relaciones entre la democracia participativa, la Constitución Nacional, los derechos humanos, la universidad y el proceso de paz; y también, poner a consideración del lector un conjunto de reflexiones que lo invitan a comprometerse con el proceso histórico de construcción de la paz en nuestra gran Nación; e incita, a las instituciones educativas, a construir *una nueva cultura* en torno a la importancia de tener un conocimiento apropiado de la Constitución como Ley de leyes y Norma de normas.

***

Ahora bien, en la historia de Colombia del siglo XX, existe un jurista excepcional en su formación y en su práctica jurídico-política: se trata de *Darío Echandía Olaya*. El *cuarto* ensayo, elabora un cuidadoso análisis de su vida, obra y personalidad.

Su conocimiento y práctica en las disciplinas citadas, facilitaron que el Señor Presidente Alfonso López Pumarejo lo designara, en su primer gobierno (1934-1938), Ministro de Gobierno. A partir de allí, desempeñó un papel decisivo en la formulación e implementación de la Reforma Constitucional de 1936, cuando nuestro país ingresó -tardíamente- a la *modernidad.*

Darío Echandía Olaya

Posteriormente, y en función directa a su formación, eticidad y ejercicio de lo público, fue un profesional excepcional que intervino, creativa y democráticamente, en las reformas constitucionales del siglo XX, hasta la reforma de 1968.

El estudio de su vida y obra[3], nos muestra un ejemplo excepcionalmente real, de quien consagró su existencia al estudio teórico-práctico de lo jurídico-político, habiendo alcanzado, merecidamente, el título de *Maestro.*

Por supuesto que el conocimiento de la evolución de su pensamiento–hasta el fin de sus días- nos indica uno de los *casos* del liderazgo político que facilitaron mi conceptualización teórico-práctica sobre el tema[4].

---

3 Véase del autor: (2017). *Darío Echandía Olaya. Colombiano ejemplar*. Prólogos: Fernando Dejanón Rodríguez y Carlos Gustavo Cano Sanz. Universidad Libre de Colombia y Academia Colombiana de Jurisprudencia. Panamericana Formas e Impresos. Bogotá.

4 Útil se me presenta que las facultades de ciencia política, relaciones internacionales, finanzas públicas, gobierno y sus complementarias, instituyan *Cátedras* que permitan conocer a este colombiano y latinoamericano excepcional. Para los demócratas contemporáneos preocupa, en grado sumo, la desorientación que se ha realizado de la política como arte y ciencia, así como la de los liderazgos políticos democráticos y estadistas. Esta situación podría facilitar el advenimiento de regímenes de corte dictatorial, como ha ocurrido-especialmente- en varios países latinoamericanos, a lo largo de los siglos XX y XXI. Ejemplos específicos de esta situación, la podemos encontrar plasmada en los

***

El capítulo *quinto*, se ocupa de *la problemática de la gobernabilidad democrática y la paz. El caso colombiano.* Anotemos que la *gobernabilidad* tuvo su origen en la Grecia del siglo V antes de nuestra era. Pues bien, este concepto, como tantos otros, ha sufrido cambios significativos. A partir de los años setentas del siglo XX, adquirió nuevas connotaciones y aplicaciones. Veamos, gráficamente, mi conceptualización de la *gobernabilidad democrática.*

casos de: Perú, Venezuela y Nicaragua… y cada uno tiene sus propias especificidades y consecuencias.

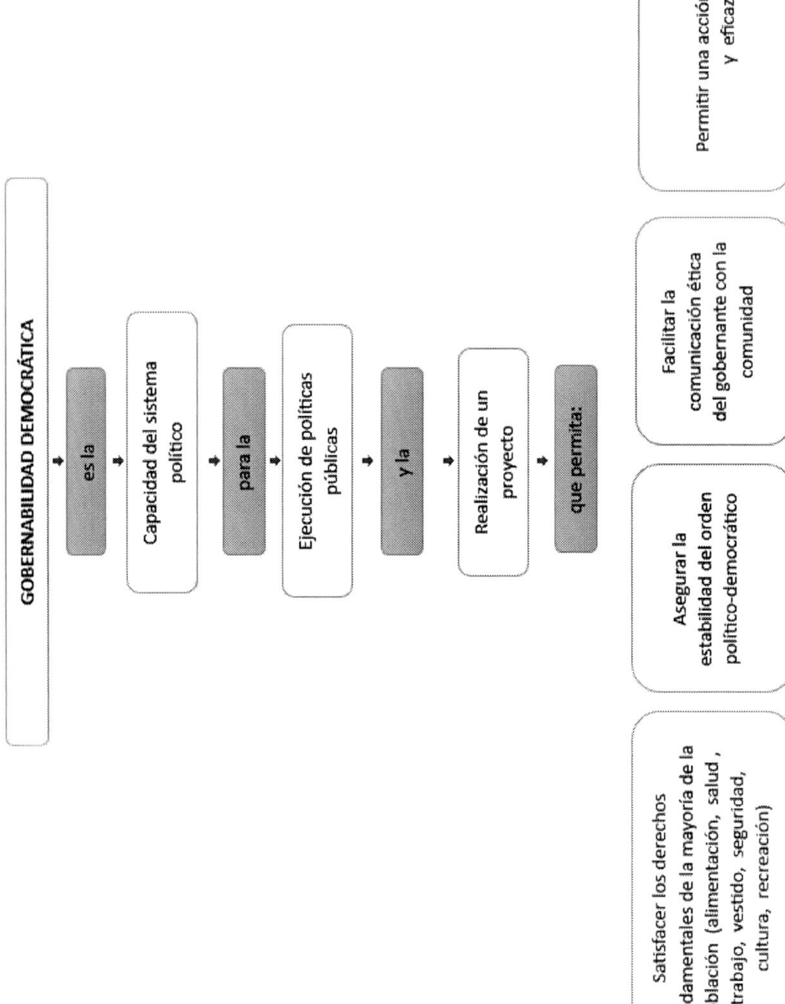
GOBERNABILIDAD DEMOCRÁTICA
es la
Capacidad del sistema político
para la
Ejecución de políticas públicas
y la
Realización de un proyecto
que permita:
Satisfacer los derechos fundamentales de la mayoría de la población (alimentación, salud, trabajo, vestido, seguridad, cultura, recreación)
Asegurar la estabilidad del orden político-democrático
Facilitar la comunicación ética del gobernante con la comunidad
Permitir una acción eficiente y eficaz

Hoy entendemos que la gobernabilidad y la construcción de la paz adquieren una gran significación al aplicarlas a la historia colombiana de los últimos decenios. Conocemos que en la medida en que existan ausencias de violencias abiertas, estructurales y culturales, se facilitará la institucionalización de la gobernabilidad democrática.[5]

Por supuesto que esperaría que El Acuerdo del Colón, firmado en 2016 con las FARC y el advenimiento del régimen presidido por el Señor Presidente Petro, auguren posibilidades significativas para que en Colombia cesen las violencias que se han organizado, específicamente, a partir de 1948, con el asesinato del caudillo liberal Jorge Eliécer Gaitán. Sin embargo, no debe olvidarse la complejidad real que conlleva poder institucionalizar la paz en nuestro país.[6]

***

Si avanzamos al capítulo *sexto* del libro, encontramos un ensayo contemporáneo en torno a: *La cibernética y la política*. Sabemos que la cibernética es la ciencia de la comunicación y el control, y que la política, como arte, es el de gobernar para el bien común. Nótese entonces, en nuestros días, cuán significante es el desarrollo combinado de estas dos disciplinas.

***

5 Compleméntese con el libro del autor (2011): *La gobernabilidad, hoy. Aportes a un debate*. Universidad Javeriana–Ibáñez. Bogotá, pp. 31-46; 61-67.

6 Véase la entrevista del autor con Johan Galtung: (1998). *Cómo construir la paz en Colombia*. Esap Publicaciones. Bogotá.

En el capítulo *séptimo* se presentan las conclusiones generales emanadas del presente libro. Esperaría que el trabajo aquí plasmado, contribuya a la creación de otros ensayos e investigaciones que faciliten la presentación de tesis de grado sobre temas importantes para nuestro fortalecimiento institucional, político-jurídico y democrático.

***

En el capítulo *octavo,* está la bibliografía general del texto.

***

El capítulo *noveno,* recoge una *Biografía intelectual del autor.* Allí se enuncian sus publicaciones, entrevistas y actividades universitarias, en el intervalo de los últimos cincuenta años (1974-2024)[7].

Agradecimiento. Es muy grato expresar mi reconocimiento a Humberto Sierra Porto, Expresidente de la Corte Constitucional Colombiana y de la Corte Interamericana de Derechos Humanos. Experto en derecho público; Director del Departamento de Derecho Constitucional de la Universidad Externado de Colombia y profesor ejemplar. Con su espíritu incisivamente crítico, ha elaborado un prólogo que permite acercarse, de manera original y comprensible, al contenido sustantivo de la obra.

7 Me permito insinuar al lector, la lectura de las *notas al margen.* Allí, se podrá encontrar, frecuentemente, información cualificada.

II. La política: arte y ciencia Aplicaciones a Colombia. Una aproximación

RESUMEN:

Este artículo aborda uno de los temas claves del desarrollo político contemporáneo, cual es la conceptualización de la política como arte y ciencia, acompañada de los conceptos de Estado, gobernabilidad democrática, liderazgo político democrático y estadista. Complementariamente, analiza relaciones entre la política y la antipolítica; presenta propuestas frente a la crisis política nacional contemporánea y elabora conclusiones acompañadas de bibliografía especializada y general.

Palabras clave: Arte; ciencia; la política: arte y ciencia; Estado; y gobernabilidad democrática.

POLITICS: ART AND SCIENCE. Colombian applications.
An approach.

ABSTRACT:

This article approaches one of the key issues of the contemporary political development, which is the conceptualization of politics as art and science. Also, it analyses the relationships between politics and anti-politics; presents alternatives to the contemporary national political crises, and offers conclusions together with special and general bibliography.

Key words: Art, science, Politics: Art and Science; state, and democratic governability.

ÍNDICE

INTRODUCCIÓN

Prescindir de la política, como arte y ciencia, es abrir las puertas a los regímenes de facto y dictatoriales frente a los cuales los colombianos hemos demostrado positiva resistencia. La política como vocación, éticamente practicada, es la más bella y profunda de las profesiones.

Cuando pensamos en la complejidad del mundo contemporáneo observamos que, si de un lado, el desarrollo de los gobiernos democráticos ha ido *in crescendo*, con dificultades y retrocesos, especialmente a partir del decenio de los ochenta, de otro, varios de los países que lideraron los regímenes occidentales, en la postguerra de 1945, han carecido de líderes políticos[8] con la formación y el carisma que les permita despertar, en los sectores mayoritarios de la población, la vocación por la construcción libertaria con equidad.

George W. Bush

Paradójicamente, un ejemplo notable de esa carencia fue el encarnado por la gestión -durante ocho años- del señor George W. Bush[9], al frente de la primera potencia mundial en ciencia y tecnología. Otro caso, ha sido el que al ascender al poder el Presidente

8 Cambiando las cosas que haya que cambiar, me refiero a la carencia de personalidades con el liderazgo y la estructura mental de, por ejemplo: Charles De Gaulle, Winston Churchill, Franklin Rooselvelt, Konrad Adenauer, John F. Kennedy, Manuel Murillo Toro, Rafael Uribe Uribe, Alfonso López Pumarejo, Darío Echandía, Jorge Eliécer Gaitán, Alberto Lleras Camargo, Carlos Lleras Restrepo, Rómulo Betancur, Eduardo Frei, Radomiro Tomic, Salvador Allende, Luis Carlos Galán, Michelle Bachelet, Ángela Merkel, Barack Obama, Inácio Lula Da Silva, Jacinda Andern y Sandra Marin…

9 No se olvide su reacción inmediata, grabada, frente a la catástrofe de las Torres Gemelas...

Trump (2017), amplios sectores intelectuales del partido demócrata y algunos republicanos importantes, han cuestionado su inexperiencia administrativa y formación intelectual. Otros, lo consideran un peligro para la estabilidad de la institucionalidad norteamericana y mundial[10]. Pues bien, una de las explicaciones básicas de esa deficiencia —no la única— ha sido la desvirtuación de la política como arte y ciencia al convertirla en prácticas especialmente clientelistas, politiqueras, indelicadas, manipuladoras, guerreristas e imperialistas[11].

Donald Trump

Reflexionando en torno a la gravedad de las implicaciones que se derivan de un empleo equivocado de la política, me permito invitar al lector a analizar críticamente el presente aporte.

2.1.1 Objetivos

Son objetivos del presente ensayo: Primero. Facilitar un espacio de reflexión que nos permita pensar en torno a las implicaciones actuales de la política como arte y ciencia. Segundo. Contribuir al debate sobre los fundamentos de la disciplina y las prácticas de la política. Tercero. Poner a la consideración y análisis del lector, algunos planteamientos sobre la política y la antipolítica y formular propuestas frente a la crisis contemporánea nacional; y Cuarto. Invitar a las autoridades gubernamentales e instituciones educativas a repensar sus políticas públicas y a estudiar la conveniencia de estructurar los currículos, de tal manera que, desde los primeros años, se contribuya a la formación de **ciudadanos;** de líderes políticos democráticos y de estadistas.

---

10 Así lo sostuvo un intelectual, del prestigio de Jeffrey Sachs, vinculado a la Universidad de Harvard, en Seminario Internacional realizado en la Facultad de Administración de la Universidad Javeriana, en 2017.

11 Con la elección del Señor Presidente Barack Obama se dio un viraje sustantivo al respecto. Véase del autor: Barack Obama. *El triunfo de la inteligencia, el liderazgo y la democracia.* elespectador.com noviembre 19 de 2008.

2.1.2 Universo temático

Para el cubrimiento del tema, seguiré el siguiente camino: En primer lugar, encontramos el significante Prólogo, elaborado por Humberto Sierra Porto. A continuación, encontramos la introducción que contiene: los objetivos, el universo temático, la importancia del tema y las notas introductorias. Enseguida, presentaré conceptualizaciones, como mediaciones entre la concreción y la abstracción, sobre: el arte; la ciencia; la política como arte y como ciencia; el Estado; la gobernabilidad democrática; el liderazgo político democrático; y estadista. Adicionalmente, encontraremos reflexiones en torno a la política y la antipolítica y, posteriormente, se presentan propuestas sobre la crisis política colombiana contemporánea. El ensayo termina con las conclusiones y la bibliografía especial y general.

2.1.3 La importancia de la política[12]

Si revisamos los momentos políticos de Colombia en: El asesinato de Jorge Eliécer Gaitán (1948); la toma del Palacio de Justicia (1985); los asesinatos de: Luis Carlos Galán (1989), Carlos Pizarro, Bernardo Jaramillo, Jaime Pardo Leal...; la implementación del modelo neoliberal (1990-94); el terrorismo agenciado por Pablo Escobar y "compañía"; y el narcoterrorismo y la minería ilegal, de los decenios ochentas y noventas; la Constitución de 1991; la situación de Colombia en diciembre de 2008[13]; y en agosto de 2017[14]; sabemos que se constituyen en ocho hitos sustantivos cuyo

12 Compleméntese con lo desarrollado en 2.3 y 2.4.

13 Una muestra de la validez de esta tesis se confirma, por ejemplo, en la carátula de la edición 1389 de la revista Semana donde se sostiene: "El 2008 pasará a la historia como uno de los años más dramáticos en Colombia y en el mundo."

14 Se presentaron 30 precandidatos presidenciales para la elección en 2018, que culminaron con la elección de Iván Duque; y en octubre de 2023, hicieron parte del proceso electoral más de 30 partidos o movimientos políticos, con las consecuencias negativas que de allí se derivan.

estudio facilita comprender dimensiones sustantivas de nuestro proceso histórico en los últimos 75 años (1948-2023).

Jorge Eliécer Gaitán

Luis Carlos Galán

Carlos Pizarro

Bernardo Jaramillo

Pablo Escobar G.

Constitución Política de Colombia de 1991

Ante los hechos anteriores y los procesos que los explican, la mayoría de los colombianos hemos demostrado una capacidad excepcional para asimilar estos acontecimientos, observando que, algunos de ellos, han amenazado seriamente la estabilidad de las instituciones y de nuestra democracia. Ahora bien, en nuestros días (2024), se me presenta indispensable pensar y actuar creativamente para desarrollar los preceptos democráticos plasmados en la Constitución de 1991.[15]

15 No debe olvidarse el aporte del Gobierno del Presidente Barco, en el proyecto de Constitución que dio origen a la de 1991.

2.1.4. Notas introductorias

Academia Colombiana de Jurisprudencia

Deseo comentar, brevemente, *diez antecedentes* de esta exposición[16]. *Primero.* Hace dos años y medio (marzo 1° de 2017), cuando tuve el inmenso honor de ingresar a esta Institución, leí los estatutos y ahí encontré que nuestros fundadores hacían referencia a que la Academia debía ocuparse de la jurisprudencia y también del estudio de la política. Por su puesto, que esa noche hice memoria de una muy buena cátedra que, en 1959, un erudito y polémico profesor y realmente un maestro, Leopoldo Uprimny, me introdujo en la historia de las ideas políticas; a su manera y con el calificativo al que acabo de hacer mención. Pasó el tiempo y en el 64 comencé mi labor académica en la Javeriana, sin haberme graduado, por petición del vicerrector de la Universidad y quien murió, sin que yo supiera por qué me había invitado a ser profesor.

Mas esta noche, hay un testigo excepcional de mi labor en ese tiempo: Germán Valdés Sánchez. Me refiero a la labor de aprender a aprender con los educandos. Pasó el tiempo y me sentí muy feliz cuando, gracias a sus méritos y consagración, Germán llegó a ser

Germán Valdés Sánchez

16 Su lectura *comprensiva* facilita conocer dimensiones del proceso en que *los conceptos* sobre la política, como arte y ciencia, fueron elaborados.

Presidente de la Corte Suprema de Justicia y magnífico jurista y tratadista laboralista.

En *segundo lugar*. Pensando en la política como arte y ciencia, me acordé de algo que probablemente todos nosotros estudiamos en nuestros primeros años de derecho y jurisprudencia: *Ubi homo ubi societas, ubi societas ubi ius*. Donde existe el hombre existe la sociedad, donde existe la sociedad existe el derecho. Y agrego: donde existe el derecho, debe existir la justicia; y donde existen el derecho y la justicia, existe la política; y su ejercicio teórico-práctico debe facilitar la construcción de la paz; ella es el bien supremo a ser construido en nuestros días.[17]

Platón y Aristóteles

Preparando esta exposición, recordé mis lecturas de Platón en *La República* y a Daniel Arango haciendo sus exposiciones magistrales en los Andes y en la Javeriana, en 1963, sobre la Antigua Grecia. Después, me asomé a una versión condensada del Maestro Aristóteles sobre: *La política*. Ya había salido del pregrado, y me dije: ¿Cómo es posible, que hace tanto tiempo Aristóteles escribió sobre la política de esa manera, con esos contenidos y con esas implicaciones estructuradas y complejas, y encuentro un país donde el desarrollo teórico-práctico de la política, como arte y ciencia, tenga tan profundas limitaciones?

Un *tercer antecedente* de esta exposición fue mi experiencia inolvidable en la Escuela Latinoamericana de Ciencia Política de la Flacso

17 Véanse los magníficos aportes del profesor Norberto Bobbio sobre el tema, en la bibliografía de la presente obra.

– Unesco en 1969; en el momento de la transición Frei – Allende. Chile era una experiencia excepcional para el mundo, en la medida en que fue el primer proyecto que -por la vía democrática- se accedió al socialismo, a la manera de Allende; no a la manera leninista porque, como todos recordaremos, Allende no aceptó jamás el partido único, ni aceptó la dictadura del proletariado; ni la violencia. Él conocía su país muy bien, de punta a punta, y sabía que su pueblo quería era: *paz con justicia social.*

Tuve la oportunidad de vivir en Chile (1969), y estudiar y aprender dimensiones sustantivas de su proceso histórico, y específicamente, de su desarrollo político, a partir de 1930. Así mismo, me fue útil compartir los anhelos y aspiraciones de los más sencillos de este país en 1970: sus obreros y campesinos.

¡¡¡Qué contraste con el proceso político colombiano!!! La manifestación más grande a la que había asistido fue en Bogotá con Enrique Santos Calderón y dirigentes universitarios, en el 68. Ese día participamos cerca de 30 mil alumnos y profesores universitarios, de públicas y privadas; y me encuentro en el 69, con manifestaciones de 500 mil ciudadanos inicialmente, y de un millón después, tanto de la derecha, del expresidente Alessandri, como de la Unidad Popular del Presidente Allende. Estas últimas, eran actos político-culturales acompañados de la música concientizadora de los Inti-llimani, los Quilapayún, Violeta y Ángel Parra, Mercedes Sosa, Víctor Jara, Daniel Viglietti…

En *cuarto lugar*. Mi visión política entonces, combinaba la formación académica rigurosa de la Flacso[18] con la práctica política

---

18 La Facultad Latinoamericana de Ciencias Sociales (Flacso – Unesco) estaba integrada por dos Escuelas: La Escuela Latinoamericana de Ciencia Política (ELACP) y la Escuela Latinoamericana de Sociología (ELAS). Como ha sido reconocido, era la más importante *facultad iberoamericana* de ciencias sociales de su tiempo. Dentro de su cuerpo profesoral y administrativo se contaba con profesionales, de planta y/o visitantes, de la calidad de: Fernando Enrique Cardoso, Johan Galtung, Paulo Freire, Ernani Fiori, Carlos Fortín, Horacio Godoy, Marcos Kaplan, Gustavo Lagos, Celso Furtado, Alain Touraine, Luis Ignacio Ramallo, Oswaldo Sunkel, Deodato Rivera, Oscar

real. Probablemente, jamás se había abordado con tal rigurosidad la complejidad y especificidad del proceso político latinoamericano.

Violeta Parra — Víctor Jara

Enrique Santos Calderón — Inti Illimaní

Jorge Alessandri — Eduardo Frei M.

Varsavsky, Saúl Mendlovitz, Germán Arciniegas, Hans Morgenthau, Nikos Poulantzas, Alain Joxe...

Salvador Allende G.

Max Weber

Era tal mi ignorancia, que la experiencia más profunda, de toda mi vida académica, la pasé ese año de 1969. Estudiaba 14 horas diarias, los sábados y los domingos en la Sede de José Manuel Infante, mientras mis compañeros se iban a descansar, me quedaba solo en la mansarda de la Flacso *estudiando* y *actualizándome.* Quién había sido un buen estudiante, según las pautas académicas de derecho y economía, y muy bien calificado por sus alumnos en la Javeriana (1964-1968), ignoraba el papel sustantivo de Max Weber en la historia de las ciencias sociales.

Karl Marx

También, ignoraba el pensamiento marxista, en el sentido de Marx, no de los pseudomarxistas, sovietistas, reaccionarios, marxólogos, marxisantes o marxianos. Estudiaba intensamente a Marx, con muy buenas introducciones, como por ejemplo los dos tomos de la tesis de grado de August Cornu en París; el cuidadoso ensayo de *Biografía intelectual* de Maximilien Rubel, también elaborado en Paris[19]; o el extenso trabajo analítico elaborado por Jean Yves Calvez: *La pensée de Karl Marx*. Seuil, París. Así mismo, las introducciones a Max Weber de Bendix, Freund, Geertz y C. Wright Mills...

Fernando Hinestrosa

En *quinto lugar*. Regresando a nuestro país, me reincorporé a la academia, por invitación de Fernando Hinestrosa del Externado de Colombia. Ahí dirigí un seminario especial sobre: *Análisis Político Moderno*, para alumnos de último año de derecho y algunos invitados de economía de Los Andes. Indudablemente uno de los temas que abordamos fue: *¿Qué es la política como arte y qué es la política como ciencia?* Y comencé a plasmar mi visión de la política, con diálogos permanentes con los educandos y colegas de pre y postgrados.

19 Véase el texto del autor: (1997). *Marx y Weber. Científicos Sociales*. Esap Publicaciones. Bogotá, pp. 9-55; 59-85. Aquí se encuentra bibliografía paginada pertinente sobre el tema.

El seminario dirigido en el Externado, fue inmensamente útil, porque se constituyó en mi reencuentro con la juventud universitaria colombiana. Los debates y discusiones en el 71[20] en el Externado, fueron significantes. Al terminarlo, quiso el destino que el Rector Magnífico de la Tadeo Lozano, Jaime Uribe Urdinola, me designara como el primer Director del Programa de Ciencia Política de la Universidad.

Jaime Uribe Urdinola

Allí se organizó una intensa y consagrada labor, con alumnos y profesores, que se extendió hasta 1975, cuando gané el concurso nacional convocado por la ESAP, donde ingresé como *profesor titular*, para el área de Ciencia Política[21].

Entonces, como fruto de mis estudios teórico-prácticos en Santiago de Chile y la labor académica, investigativa, pedagógica, innovativa y administrativa realizada en el Externado, la Tadeo y la Esap, se fue paulatinamente configurando mi *conceptualización* sobre la política como arte y ciencia, hasta nuestros días: (2020-*La política: arte y ciencia 3 ed. Presentación: Eduardo Cifuentes Muñoz. Academia Colombiana de Jurisprudencia. Bogotá).*

En *sexto lugar*. Maticemos un poco. Como los que hoy estamos aquí recordaremos, por decenios, desde los siglos XIX y XX, la in-

---

20 Coincidieron con la publicación de mi entrevista: (1971, febrero 14). "*La muerte de la imaginación impide el cambio*", al Viceministro de Justicia del Presidente Allende: José Antonio Viera-Gallo. El Tiempo, Lecturas Dominicales. Bogotá, p. 4.

21 En la Esap, tuve la oportunidad de dirigir e impartir, a lo largo de 24 años, en cursos y seminarios, las siguientes asignaturas: Metodología de la investigación; Introducción a la ciencia política; Instituciones políticas y regímenes comparados I y II; Sociología política; Análisis político moderno; Análisis político colombiano; Liderazgo político democrático; Teorías políticas; y La reforma del Estado y la gobernabilidad, hoy. Así mismo, fui designado Decano de los posgrados; Director del Instituto de Estudios Internacionales Alberto Lleras; Director Nacional y Cofundador de la primera Escuela de Alto Gobierno de Colombia (1997).

fluencia ideológica de Francia fue decisiva entre nosotros. Especialmente en derecho público (constitucional y administrativo) y también en derecho civil... En cuanto a los tratados sobre ciencia política, la conceptuaban como la ciencia que tiene por objeto el estudio del poder y/o del Estado. Así permanecieron los textos franceses, transmitiéndose de generación en generación, en las facultades de derecho, donde se presumía enseñar la Ciencia Política.

Universidad de Harvard

Kennedy School of Government

Si nos trasladamos a antes de 1920, en Estados Unidos invitaron a Max Weber, quien era la cumbre del pensamiento social y que estaba gestando los dos tomos de *Economía y Sociedad*[22]. Por esa época comenzaron a darse procesos muy útiles para el desarrollo de las ciencias contemporáneas y específicamente de las ciencias sociales norteamericanas y occidentales. (Alemania, Francia, Italia, Inglaterra, Estados Unidos...). Gracias a la inteligencia y consagración de la gente de Harvard, Yale, Northwestern University, Pittsburgh, Berkeley, Princeton y de algunas otras como la de Columbia, se dieron avances importantes que se incrementaron, especialmente a partir de 1945, cuando Estados Unidos emerge como la primera potencia mundial en ciencia, tecnología e innovación.

---

22 Que finalmente su esposa maravillosa Marianne, cristalizó y que nunca vio nacer Max Weber.

Universidad de Berkeley

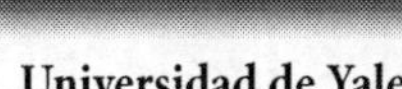
Universidad de Yale

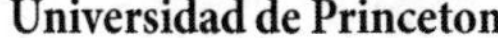
Universidad de Princeton

Universidad de Columbia

Muy útil decisión fue invitar a Max Weber para exponer parte sustantiva de su pensamiento histórico, económico y social ante un grupo selecto de alumnos norteamericanos. Parte significante de ese grupo (como Talcott Parsons, por ejemplo…) fueron los que se constituyeron, posteriormente, en los tratadistas del estructural funcionalismo; del conductismo ("*la negra noche de las ciencias sociales*");[23] la teoría política sistémica de David Easton y la teoría política cibernética de Karl Deutsch y sus discípulos.

Si tenemos en cuenta los aportes de Robert Dahl, Joseph La Palombara, S. N. Eisenstadt, Joseph J. Spengler, Myron Weiner, Lucian W. Pye, James S. Coleman, Gabriel Almond, G. B. Powell,

---

23 Según el Profesor Mario Bunge, Director del Departamento de Filosofía de la Ciencia en la Universidad de McGill (Canadá).

Harold Lasswell, Reinhard Bendix, Salmuel P. Huntington, Immanuel Wallerstein[24]... vamos a comprender el fortalecimiento de las nuevas ciencias sociales norteamericanas y específicamente de la Ciencia Política y el surgimiento de la *teoría política empírica*, cuyo máximo exponente académico -en nuestros días- es la Universidad de Harvard y la Kennedy School of Government.

Robert Dahl

Gabriel Almond

Harold Lasswell

Samuel Huntington

En *séptimo lugar*. Cuando tuve el honor de ser invitado, siendo director de la Escuela Superior de Administración Pública, a la Kennedy School of Government y a la Facultad de Derecho de Harvard, en el 98, reflexioné en torno a lo que fue la inteligencia norteamericana de los grandes empresarios que, cuando asesinaron a J. F. Kennedy (23 de noviembre de 1963), constituyeron un fondo y dijeron: "No vamos a permitir que las ideas de nuestro líder mueran" y fundaron la Kennedy School. Esta es hoy la mejor Escuela de Gobierno del mundo, a la cual van a estudiar chinos, cubanos, uno que otro colombiano, norteamericanos, japoneses, koreanos, franceses, rusos... El requisito

Hernando Roa Suárez con Jhon Kenneth Galbraith, en el Club de Harvard

24 Véase la bibliografía especializada paginada, del presente texto de *Ensayos*.

para ingresar es que estén muy bien preparados; que tengan capacidades reales para decir y escribir su palabra, pero que lo digan bien y fundamentados[25].

En *octavo lugar*. Entre nosotros, algunos siguen haciendo "descrestología" con la política como arte y como ciencia y nuestra democracia está en peligro porque algunos expresidentes de la República -mas no solo ellos- se han dedicado a practicar la politiquería, en lugar de tener el valor, la entereza, la formación y la ética -como lo tuvieron otros expresidentes-de ser estadistas y de pensar en nuestro país, en nuestra historia; en ser grandes como Manuel Murillo Toro, Uribe Uribe, Darío Echandía, Alfonso López Pumarejo, Alberto Lleras C, Carlos Lleras R. y Virgilio Barco, que se consagraron totalmente al servicio de Colombia, sin fanatismo e intereses particulares, sino con visión de futuro.

Estos últimos, se prepararon para ser Presidentes. Pero ahora, las generaciones nuevas desde 1970, excepto durante el Presidente Virgilio Barco, ven que algunos presidentes han tenido compromisos ilícitos; otros se han preocupado por enriquecer a sus hijos descaradamente, mediante el tráfico de influencias; y otro, por prepararle el camino a su hijo, sin importar qué tipo de alianzas tenga que hacer con su partido manejando -con desvergüenza- los actuales *avales*.

---

25 No entra cualquiera a Harvard, aunque aquí nos han mostrado, en ciertas campañas electorales, fotografías de ciertos personajes y candidatos(as) presidenciales estando en Harvard, y por supuesto, no asistieron a cursos regulares, sino a cursos cortos de inglés o seminarios no intensivos. Entonces, les tomaban fotos en un aula para hacer "descrestología" aquí, de que X o Y candidato o candidata habían estado estudiando en Harvard: Jamás Harvard hizo sus aportes sustantivos en ellos, como lo demostraron con su ineptitud e incapacidad como gobernantes.

Manuel Murillo T.

Rafael Uribe U.

Alfonso López P.

Darío Echandía O.

Alberto Lleras C.

Carlos Lleras R.

Virgilio Barco V.

¿Se puede hacer eso impunemente en una democracia en el siglo XXI? ¿No pasará nada en Colombia, cuando las juventudes de las universidades públicas y privadas están viendo eso? Preguntémonos: ¿Qué consecuencias trae para la democracia el pésimo ejemplo de expresidentes que no cumplieron éticamente con su misión y el honor de haber sido Presidentes de la República?[26] ¿Cómo será el proceso electoral de 2026?

Complementariamente, y en el campo específico del derecho y la jurisprudencia, quisiera hacer notar el papel fundamental que ejercieron los fundadores de la Academia y en particular la labor de Nicolás Esguerra, Vicente Olarte y sus compañeros.

26 Invito al lector a estudiar los resultados electorales de 2022. Son realmente preocupantes para los demócratas, cuando, un candidato, Rodolfo Hernández, técnicamente incompetente para ser Presidente, obtuvo 10 millones de votos. Véase la columna del autor: *¿Rodolfo Hernández Presidente de Colombia?*, *elespectador.com*, 8 de junio de 2022, elespectador.com.

Nicolás Esguerra

Vicente Olarte

En *noveno lugar*. *Ética y política*. Como sostuve, esta conferencia ha sido preparada como un reconocimiento a los 130 años de haber sido fundada esta Institución. Los *fundadores* se lo merecen y espero que nuestros sucesores y los jóvenes, piensen que el país necesita hoy -como nunca- *nuevos demócratas integrales*, con visión de futuro, que comprendan la complejidad de la globalización contemporánea y su incidencia entre nosotros; para que afiancemos los valores de esos presidentes de la República que *vivieron éticamente*; que murieron pobres, pero dignamente con su pensión no más; y que no permitieron, intencionalmente, que sus hijos se enriquecieran. Voy a poner dos ejemplos para ilustrar la afirmación, hay más.

El presidente Alberto Lleras, con quien colaboré en el 57, siendo estudiante de quinto de bachillerato, no permitió que su hijo Alberto, fuera ni siquiera concejal, porque él entendía muy bien que no quería tener un *hijo del ejecutivo*.

Alberto Lleras C.
Plaza de Santamaría, Bogotá

Y presencié directamente, con qué amor, con qué severidad, con qué hondura, con qué gratitud, despidió en la Catedral de Bogotá a su gran líder Alfonso López Pumarejo, el día de su entierro[27].

El segundo caso, fue el del presidente Carlos Lleras, y lo que voy a narrar me lo contó el Presidente de la Flota Mercante Grancolombiana, Álvaro Díaz, en Paipa. El doctor Díaz era formal, amable, muy cercano, y me afirmó: "Doctor Roa, cuando el Presidente Carlos Lleras fue electo, me llamó y me dijo: "Doctor Díaz, le pido el favor que me saqué a Carlitos del país lo más pronto, antes del 7 de agosto de 1966 y lo regrese en 1970, después del 7 de agosto". Carlitos Lleras había sido el primer alumno de su promoción en el Liceo Francés, el mejor estudiante de su carrera de derecho en el Rosario; y estaba vinculado laboralmente con la Flota Mercante Grancolombiana. El doctor Lleras no quería que usaran a su hijo para que se repitieran *problemas* como los que ocurrieron en 1945; y así se hizo.

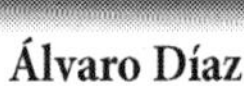

Álvaro Díaz

Carlos Lleras R.

Mas no solamente estos dos grandes estadistas fueron éticos en la historia de Colombia. Había un ambiente que propiciaba que los presidentes fueran éticos. Realmente la mayoría lo fueron, co-

27 Invito al lector a leer su Panegírico: "Vivió y murió en acre olor de tempestad". *Obras Selectas*. Tomo IV. El Intelectual (a), Biblioteca de la Presidencia de la República. Bogotá, pp. 441-447.

menzando por el Libertador, Santander y Nariño... ¡Qué ejemplos maravillosos! Cuánta ignorancia en nuestras universidades, en las maestrías, en los doctorados y en los posdoctorados, sobre estos temas de la política como arte y ciencia, practicada en nuestro país. Preguntémonos: ¿Cómo se han ocultado los procesos y hechos históricos que han conformado algunas de nuestras instituciones?

Simón Bolívar **Fco. de P. Santander** **Antonio Nariño**

En *décimo lugar*. Deseo compartirles que, como una respuesta específica de mi labor político –académica, investigativa e innovativa –en torno a la política como arte y ciencia- tuve el honor de gestar, en mi calidad de Director Nacional de la ESAP, concretando un anhelo que surgió en 1969: la fundación de la primera Escuela de Alto Gobierno de Colombia, adscrita a la ESAP, en junio de 1997. Esta labor fue viable gracias a la política de Estado que se desarrolló en torno a la Administración Pública y que permitió una acción conjunta entre: la Presidencia de la República, el Ministerio del Interior, el Departamento Administrativo de la Función Pública, la Dirección Nacional de la ESAP y la Consejería para la Administración Pública.

En su inauguración participaron el Señor Presidente de la República; los ministros de Defensa, Justicia y Obras Públicas; el Director del Departamento Administrativo de la Función Pública; el Director Nacional de la ESAP; un grupo cualificado del cuerpo diplomático adscrito a Colombia; rectores e investigadores de universidades públicas y privadas y la comunidad académica de la ESAP.

EAG, adscrita a la ESAP. Fundada en junio 1997. Primera promoción

Sobre esta inauguración, el Editorial principal de El Tiempo sostuvo, el 30 de junio de 1997: ***"La ESAP y la Escuela de Alto Gobierno.*** *Después de cuatro decenios de haber sido fundada –por ese gran demócrata que fue Alberto Lleras- la ESAP, coherente con las políticas públicas del Estado colombiano, ha organizado la primera Escuela de Alto Gobierno, cuyo objetivo central es contribuir a la formación de los más altos cuadros dirigentes del Estado y asesorar a los gobiernos en la formulación, implementación y evaluación de las políticas públicas.*

La Escuela de Alto Gobierno ha sido propuesta por el Gobierno Nacional, bajo la dirección y coordinación de la ESAP, como instrumento de una política de Estado y gubernamental, a través de la cual se contribuirá a la formación, actualización, inducción avan-

zada y acompañamiento, de los altos funcionarios del Estado, en las distintas disciplinas y técnicas en la función de gobernar. Se trata de crear en Colombia una adecuada capacidad tecnopolítica para elevar la eficiencia del gobierno, en medio de las complejidades propias de la construcción de una democracia participativa...

Por ello, la constitución de la EAG es una muestra de cómo debemos actuar en Colombia, con responsabilidad y sentido de grandeza. Conscientes como estamos de la importancia de impulsar el proceso de modernización del Estado colombiano, la Escuela de Alto Gobierno es una respuesta de nuestro sistema político para avanzar más en la descentralización y el desarrollo institucional; en la regionalización, la planificación indicativa y la democratización".

Ahora bien, quisiera insistir: En estas notas introductorias he querido compartir con los lectores, a grandes zancadas, algunas dimensiones del contexto teórico-práctico que facilitó la gestación paulatina de mi concepto contemporáneo sobre la política como arte y ciencia; las dejo para la historia de esta Academia. Y espero que surjan cada vez más líderes políticos demócratas, estadistas, juristas, administradores públicos, expertos en relaciones internacionales, académicos y analistas políticos, que practiquen el arte de la política y ejerciten la ciencia política, como ciencia social contemporánea.

Ocupémonos ahora de las conceptualizaciones.

2.2 CONCEPTUALIZACIONES BÁSICAS

Las conceptualizaciones deben ser adecuadas mediaciones entre la concreción y la abstracción.

2.2.1. Arte

Sabemos que este concepto se refiere a diferentes objetos; y también que, históricamente, el arte ha tenido y tiene diversas acepciones. Un camino podría ser sostener que el arte es un conjunto de reglas para hacer algo bien. Desde el punto de vista etimológico, el arte consistiría en la capacidad para fabricar objetos útiles; en tal sentido, tuvo el mismo significado que la palabra griega *techné*, de la que provienen técnica y tecnología.

Rafael Uribe Uribe

Pero el arte exige, además, originalidad, belleza, transmisión de sentimientos y capacidad para emocionar, en un contexto histórico y cultural determinado. El arte se me presenta entonces como una *experiencia vital* que enriquece lo humano y que, según mi inacabada experiencia, a través de su ejercicio, puede llegar a conmovernos intensamente[28].

Ejemplos colombianos de la política como *arte*, fueron las intervenciones de: **Rafael Uribe Uribe:** *La oración por la igualdad; La oración por la tolerancia (1898)*; y *El socialismo de Estado (1904)*[29].

Alfonso López Pumarejo: *Discurso de aceptación de la candidatura liberal para el período 1934-1938 (1933)*; *Intervención en el Congreso el 20 de julio de 1938*; y *Discurso en la Universidad Nacional* con motivo de su condecoración y antes de viajar a Londres, como Embajador de Colombia (1959).

Alfonso López Pumarejo

Darío Echandía: *La reforma agraria de 1936*, Cámara de Representantes, *Ley 200 de 1936*; Dis-

28 Para ampliar la discusión sobre el tema del arte, ver Gran Enciclopedia del Arte, vol. 2, Barcelona, 2005, Editorial Planeta, p.p. 854-857. Enciclopedia Espasa, vol. 6, pp. 469-474 y vol. 39, pp. 789-795, Madrid, 1964, Espasa.

29 Dignos de estudio cuidadoso son también, los escritos de un Presidente excepcional, como fue don Manuel Murillo Toro (1816-1880).

curso como gobernador del Tolima (1958) y *Manuel Murillo Toro, el político del Olimpo Radical (noviembre 1, 1965)*[30].

Manuel Murillo Toro

Darío Echandía

Jorge Eliécer Gaitán

Jorge Eliécer Gaitán: *Discurso programático: No creo en el destino mesiánico de los hombres (1946)*; *Oración por la paz (febrero 7, 1948)*; y *El silencio es grito (febrero 15, 1948)*.

Alberto Lleras Camargo: *Santander (mayo 6, 1940)*; *¡López sí! (mayo 18, 1940)*; *Discurso con motivo de la fundación de la Flota Mercante Grancolombiana. 8 de junio de 1946; Discurso de posesión a la Presidencia de la República, 7 de agosto de 1958*; *La política y las fuerzas armadas (diciembre 15, 1959)*[31].

Carlos Lleras Restrepo: *Discurso en el entierro simbólico de Jorge Eliécer Gaitán en el Parque Nacional (1948)*; *Discurso de posesión a la Presidencia de la República, 7 de agosto de 1966*[32]... Y **Luis Carlos Galán:** *Nuevo liberalismo para una Colombia nueva (1981)*; *Discurso en la Convención Liberal Nacional en Cartagena*; *Que el Partido Libe-*

---

30 Véase del autor: DARÍO ECHANDÍA OLAYA. COLOMBIANO EJEMPLAR. Academia Colombiana de Jurisprudencia, Universidad Libre. Panamericana, Bogotá, pp. 63-141.

31 Para un conocimiento apropiado de los escritos fundamentales de Alberto Lleras, véanse los cinco tomos de sus *Obras Selectas.* 1987. Biblioteca de la Presidencia de la República. Bogotá.

32 Para un conocimiento apropiado de los escritos fundamentales de Carlos Lleras Restrepo, véase su obra completa (2008) patrocinada por la ESAP, Imprenta Nacional de Colombia. Bogotá.

ral sea el partido del pueblo; *Caminos para el Comercio Mundial*; y *Los 90 una Década de Esperanza*[33].

2.2.2. Ciencia

Gaston Bachelard **Jean Piaget** **Albert Einstein**

Louis Josserand **Léon Duguit**

A pesar de las mutaciones que la naturaleza de la ciencia ha tenido en los últimos decenios y aún a riesgo de equivocarme, ensayemos conceptualizarla. ¿Qué podría ser la ciencia? Digamos que es un conjunto de conocimientos organizados según leyes. Un conjunto de explicaciones sistemáticas y controlables por elementos de juicios fácticos, donde su objetivo específico es la organización y la clasificación del conocimiento sobre la base de principios explicativos.

Anotemos que las ciencias tratan de descubrir y formular, en términos generales, las condiciones en las cuales ocurren sucesos de diverso tipo. Asimismo, es conveniente tener presente, según

---

33 Para un estudio cuidadoso de la vida de Luis Carlos Galán, véase del autor: (2014). *Luis Carlos Galán. Un Demócrata Comprometido.* Prólogo Carlos Gustavo Cano. 2ª. Edición. Universidad Javeriana. Grupo Editorial Ibáñez. Bogotá.

Jean Piaget, que las podemos dividir en nomotéticas y sociales, de acuerdo a su objeto de estudio.

Percibimos que existen otras acepciones sobre la ciencia, sobre las ciencias; que también resulta conveniente tener en cuenta que el conocimiento científico, para que sea tenido como tal, ha de ser racional, objetivo, fáctico y trascender los hechos. Y también: ser analítico, especializado, claro, preciso, comunicable, verificable, metódico, sistemático, nomotético, explicativo, predictivo, abierto y útil[34].

2.2.3. La política como arte[35]

Tomemos distancia. Al reflexionar en torno a las actividades humanas, encontramos que una de las más significativas, decisiva y antigua, es la política. Si pensamos en su precisión conceptual, conocemos que ya hace 2.500 años, en Grecia, se consideraba como el arte de gobernar, como el arte de realizar el bien común. Deliberando en esta especificidad, sabemos que la labor política es fundamental para la realización de todo ser humano, en la medida en que es una de las concreciones de su ser social. Porque somos seres sociales debemos realizarnos con los otros; y ello es viable en la medida en que contribuyamos a nuestra realización política. Mas esta posibilidad exige *estudio, dedicación, cuidado, compromiso y conciencia crítica* frente a una realidad cambiante que se nos presenta, ingenuamente, como acabada, definida y organizada.

En relación con el derecho y la jurisprudencia, (que son ciencias sociales), bien vale la pena reestudiar a juristas como Josserand, Duguit y sus continuadores, que influyeron positivamente en la construcción y desarrollo de las facultades de Derecho y Jurisprudencia occidentales.

---

34 Revísense los aportes de Mario Bunge al respecto y su entrevista con el autor, publicada en la Revista de Colciencias y en el Espectador, con motivo de su muerte a los 100 años (2021).

35 Véanse ejemplos específicos del ejercicio de la *política como arte*, en Colombia, lo expuesto en el numeral 2.2.1 de esta publicación.

Charles De Gaulle

Veamos entonces *ejemplos precisos* donde estas cualidades fueron practicadas en el siglo XX en Occidente. Recordemos en primer lugar, que Charles De Gaulle fue un gobernante que demostró, desde sus años juveniles, la importancia de combinar *el estudio* con la inteligencia, la disciplina, la estrategia y el amor a Francia para llegar a ser un estadista y humanista, con magnífico dominio de la palabra hablada y escrita[36].

Ludwig Erhard

Wilhelm Röpke

Konrad Adenauer

Ángela Merkel

Consagrados a la reconstrucción de los ideales cimeros alemanes, es edificante recordar la *dedicación* de Konrad Adenauer, Ludwig Erhard y Wilhelm Röpke…, para avanzar en la concreción de su proyecto político designado "La sociedad formada" (Formierter gesellschaft). Así mismo, la extraordinaria labor política, realizada por la Canciller Ángela Merkel, en el siglo XXI[37]

36 Me permito insinuar la lectura de sus tres tomos sobre: "*Memorias de guerra*". 1940-1946. Luis de Caralt Editor. Barcelona, 1960-1963. Y, en particular, las reflexiones finales del Tomo III de sus Memorias, donde hace una analogía entre las estaciones y su vida.

37 Véase del autor *El liderazgo político. Análisis de casos.* (2024). Prólogo: Fernando Carrillo Flórez. 6ª. Edición. *Ángela Merkel estadista.* Tirant lo Blanch, Bogotá.

John F. Kennedy y Nikita Kruschev

¿Cómo olvidar el *cuidado* y la responsabilidad política con que trabajaron John F. Kennedy y Nikita Kruschev en 1961, frente a la crisis de los misiles en Cuba, que amenazó seriamente con desatar la Tercera Guerra Mundial?[38]

Cuando hacemos memoria del proceso de descomposición de las costumbres democráticas, en que desembocó la dictablanda rojista (1953–1957), está para la historia, el *compromiso* con los ideales de la democracia, encarnado por el liderazgo político y ético de Alberto Lleras Camargo. Él descendió de los riscos uniandinos para convocar a un proceso que permitió *recuperar la institucionalidad y transparencia de la que deben estar dotados los procesos y el ejercicio de la política.*

Carlos Lleras Restrepo

Y por supuesto, como fue rememorado en diversos textos y eventos en 2008, tenemos el ejemplo de *la conciencia crítica* ejercida, frecuentemente, por el Señor Presidente Carlos Lleras Restrepo en su ejercicio del poder[39]. Sabemos que se preparó desde joven para gobernar y, conocedor de los graves errores cometidos por *sectores elitistas de la política colombiana*, preparó y concretó la más im-

---

38 Con precisión, sostuvo Theodore C. Sorensen, en su texto sobre Kennedy: "Su inesperada y violenta muerte afectará el juicio de los historiadores, y estimo que el peligro que existe es que se convierta su grandeza en una leyenda. En mi opinión, el hombre es aquí mayor que la leyenda. Su vida, no su muerte, crearon esa grandeza". Tomo 2, Grijalbo. México, pp. 1120-1121.

39 Un camino apropiado para conocer en detalle, su talante de *estadista*, puede confirmarse con la lectura del Capítulo I del libro de Guillermo Perry: *DECIDÍ CONTARLO.* (2019). Debate, Bogotá, p.p. 25 – 53. ¡Qué gran texto, sobre las orientaciones económicas básicas de Colombia entre 1966 y 2006!

portante reforma político-administrativa del siglo XX (1968), que permitió actualizar al Estado y acercarse con *eficiencia y eficacia* a la práctica de la política social, diseñando un plan de desarrollo que buscaba la redistribución del ingreso y el fortalecimiento de la más importante institución política: el Estado, aplicando orientaciones neokeynesianas con conciencia crítica[40].

2.2.4. La política como ciencia

Precisada condensadamente su conceptualización como arte, ¿qué podría ser la política como ciencia? Como resultado de un proceso de decantación y como un esfuerzo inter y transdisciplinario, realizado por los científicos sociales (historiadores, economistas, sociólogos, politólogos, psicólogos, filósofos, internacionalistas, psicoanalistas, antropólogos, geógrafos, juristas, lingüistas, administradores públicos y trabajadores sociales) especialmente a partir de la Segunda Guerra Mundial, se concreta su especificidad. Gracias al aporte suministrado por las disciplinas anteriores, se mejoraron los cuestionamientos epistemológicos, las dimensiones teóricas, los aspectos conceptuales, las estructuras metodológicas y el conjunto de las técnicas[41].

---

40 El análisis histórico de estos líderes políticos nos indica cuán importante es, en nuestros días, (2024) recuperar la labor política centrada en la institucionalización de los valores democráticos participativos y éticos. Las prácticas ejercidas por más del 40% del Congreso de la República (2017), nos muestran que han sido electos por procedimientos irracionales y parecería que desean permanecer en ellos. **De allí, la urgencia de recuperar el ejercicio del arte de gobernar.**
Como un ejemplo del grado de corrupción al que ha llegado la práctica de la política, véanse: Los dos programas de Vicky Dávila (sep. 23 y 24 de 2019), sobre Cartagena, transmitido por La W; en la Revista Semana, edición 1951; el artículo de María Jimena Duzán: "Los que van a ganar"; y las páginas 42 a 47 de esta revista.

41 Compleméntese con los planteamientos formulados en 2.2.4. de la presente elaboración (2024).

Así, se buscó evitar que los hechos y procesos políticos se analizaran basándose en juicios de valor. Se deseó entonces trabajar, sobre todo, con juicios de ser o realidad. Por ello se ha tratado, dentro de la objetividad del conocimiento alcanzable en ciencias sociales, que los análisis políticos sean fácticos, especializados, claros y precisos, verificables, metódicos, sistemáticos, productivos, abiertos y útiles[42].

La disciplina se fue consolidando y desarrollando poco a poco, hasta encontrar un magnífico respaldo que, en el mundo occidental, se expresó en investigaciones, centros de documentación, bibliotecas, instituciones universitarias, asociaciones de egresados, asesores y consultores gubernamentales y no gubernamentales, y centros de pensamiento, a escala nacional e internacional.

FLACSO, Santiago de Chile, 2024.

En Estados Unidos son notables los avances alcanzados en formación, investigaciones y publicaciones, especialmente en la Kennedy School of Governement.

En la América Latina en general, y en Colombia en particular, la disciplina recibió un impulso a partir especialmente del decenio de los sesentas. Los esfuerzos latinoamericanos gubernamentales, concretados en la ELACP (FLACSO), de Santiago y los trabajos de algunos centros mejicanos, brasileros, argentinos y colombianos dedicados a las ciencias sociales,

42 Véase al respecto, los aportes de Mario Bunge en su texto: *La ciencia su método y su filosofía*. Buenos Aires, y los tomos complementarios sobre su obra Filosofía de la Ciencia. Bunge es reconocido como el más importante epistemólogo de la ciencia latinoamericana del siglo XX.

permitieron que la disciplina tuviera una importante expansión y consolidación.

Escuela Superior de Administración Pública, Bogotá

Universidad de los Andes

Universidad. Tadeo Lozano

Entre nosotros, la Escuela Superior de Administración Pública, la Universidad de los Andes, la Tadeo Lozano, la Javeriana, la Nacional, el Ministerio de Relaciones Exteriores, El Externado, El Rosario, la Universidad de Antioquia, la del Valle, la del Norte... han sido precursoras y gestoras -cada una a su manera- de esta disciplina social. En Colombia, ya no es extraño contar con politólogos y administradores públicos, altamente calificados en formación política, y especialistas en relaciones internacionales y gobierno, con adecuada preparación en el manejo de las finanzas internacionales y los intereses generales.

¿Y entonces, cómo conceptualizar *la ciencia política*? Como fruto de una labor académica, investigativa, administrativa e innovativa, iniciada a partir de 1964, hoy entiendo por ciencia política: *La disciplina social que se ocupa del estudio sistemático del Estado; de la legitimidad; de la estructura del poder; de la gobernabilidad; de la composición de las clases y estratos sociales; de la organización de los partidos y movimientos políticos y sociales; de los procesos electorales; del funcionamiento de los grupos de presión; de la paz y la solución de conflictos; de la problemática ambiental; del proceso de la toma de las decisiones; y de la problemática del liderazgo, en espacios y tiempos determinados.* Así concebida, se me presenta como útil herramienta para realizar estudios *comprensi-*

vos de nuestra compleja realidad y evitar el craso error de reducir los análisis políticos al solo estudio particular de los fenómenos electorales[43]. Véamos su representación gráfica.

---

43 Véase: Beer, Staford. (1965). Cibernética y administración. Compañía Editorial Continental. México. Berger y Luckmann. (1968). *La construcción social de la realidad.* Amorrortu. Buenos Aires. Bertalanfy, Ludwing Von, (1979). *Teoría general de los sistemas.* Alianza Editorial. Madrid. Dahl, Robert. (1968). *Análisis sociológico de la política.* Fontanela. Barcelona. Deutsch, K.W. (1969). *Los nervios del gobierno.* Paidós. Buenos Aires. Deutsch, K.W., (1976). *Política y gobierno.* FCE. México. Easton, David (1969). *Esquema para el análisis político.* Amorrortu. Buenos Aires. Galindo, Jesús. (2005). *Hacia una comunicología posible.* San Luis Potosí, México, Universidad Autónoma de San Luis Potosí. González, Ignacio et al. (2006). *El libro verde de los canales telemáticos.* Madrid. Arce Media. Greenwood, William. (1978). *Teoría de decisiones y sistema de información.* Trillas. México. Huntington, Samuel P. (1972). *El orden político en las sociedades en cambio.* Paidós. Buenos Aires. Lipset, Seymour M. (1968). *El hombre político.* Eudeba. Buenos Aires. Luhman, Kiklas. (1994). *Teoría política en el Estado de bienestar.* Alianza. Madrid. Morin, Edgar. (1986). *El método: la naturaleza de la naturaleza.* Cátedra. Madrid. Piaget, Jean y otros. (1973). *Tendencias de la investigación en las ciencias sociales.* Alianza. Madrid, Revista Latinoamericana de Ciencias de la Comunicación. Año IV. nº 1-4, 2007. Roa Suárez, Hernando. 1984. *La teoría política sistémica.* Ducal. Bogotá. Roa Suárez, Hernando. (noviembre 27 de 2006). *"La importancia de la política"*, en elespectador.com, Bogotá. Roa Suárez, Hernando., (2005). *"Impidamos la muerte de la ciencia"*, en: Construir Democracia, Universidad Pedagógica Nacional. Bogotá, pp. 261-263. Roa Suárez, Hernando.. (2016). *Construir Democracia. 45 años de periodismo de opinión.* Universidad Nacional - IEPRI; Universidad Javeriana - Instituto Pensar; Reunipaz; Domopaz; Grupo Editorial Ibáñez. Bogotá. Roa Suárez, Hernando. (2019) *Periodismo para la democracia.* Procuraduría General de la Nación, Universidad de Medellín, ESAP, grupo editorial Ibáñez. Bogotá. Weber, Max. (1973). *Ensayos sobre metodología sociológica.* Amorrortu, Buenos Aires. Wiener, Norbert. (1961). Cibernética. Wiley. New York.

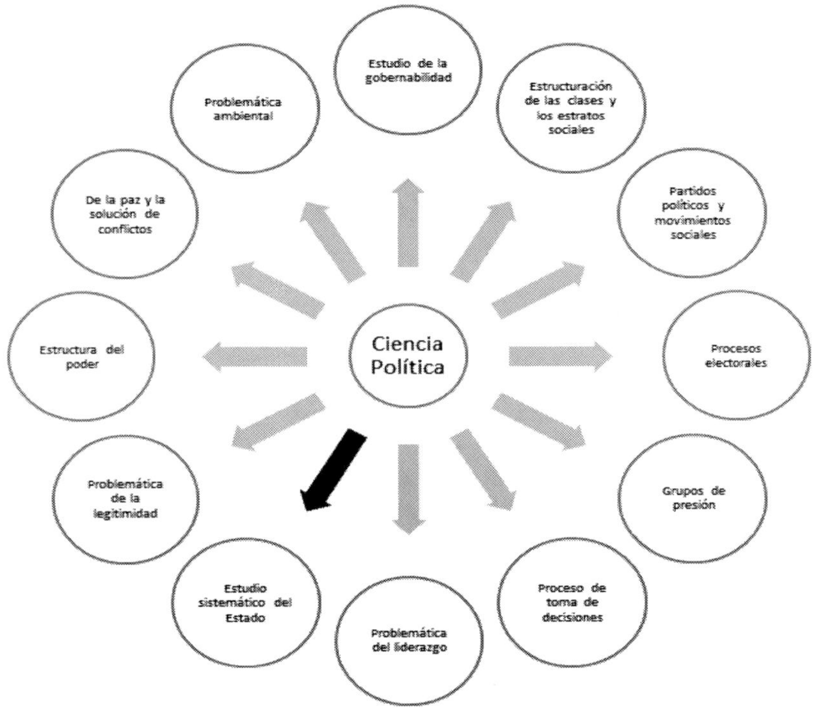

En espacios y tiempos determinados

2.2.5 El Estado

Es la más importante institución política de la vida contemporánea. Según mi percepción, es la institución jurídico-política que, integrada por los poderes ejecutivo, legislativo judicial y electoral, es racionalizadora de los intereses generales. Es la Institución de las instituciones; la Organización de las organizaciones. En cuanto a lo jurídico, anotemos que el ordenamiento social, fundado en la justicia, susceptible de coacción y ordenado al bien común —en que consiste el derecho— es soporte sustantivo para la constitución y el desarrollo de un Estado democrático[44].

---

44 Para una ampliación sobre el tema véanse: Atehortúa, Carlos A., et al., *Las nuevas políticas territoriales*, Fescol, Santa Fe de Bogotá, 1993. Borja, Rodrigo et al., Enciclopedia de la política, Fce, México, 2002. Cárdenas, Miguel E., *La internacional socialista en el año 2000*, Fescol, Santa Fe de Bogotá, 1990. Cepeda, Fernando, *Descentralización y gobernabilidad*, ESAP Publicaciones, Santa Fe de Bogotá, 1994. Crozier, Michel, "*El crecimiento del aparato administrativo en el mundo de la complejidad, obligaciones y oportunidades: del Estado arrogante al Estado modesto*", en *Memorias del seminario internacional sobre redimensionamiento y modernización de la administración pública en América Latina*, México, 1990. Gómez Buendía, Hernando C. *¿Para dónde va Colombia?*, Tercer Mundo-Colciencias, Santa Fe de Bogotá, 1999. González Casanova, Pablo, (coord.). *El Estado en América Latina. Teoría y práctica*, Siglo XXI, México, 1990. Instituto de Estudios Internacionales (1990-2019). Revista Análisis Político, Universidad Nacional de Colombia, Santa Fe de Bogotá, 1994. Medellín, Pedro, "*La modernización del Estado en América Latina: entre la reestructuración y el reformismo, en Reforma y democracia*, Revista del Clad, nº 2, 1994. Melo, Jorge Orlando, "*Algunas consideraciones globales sobre modernidad y modernización*", en *Colombia: el despertar de la modernidad*, Foro Nacional por Colombia, Santa Fe de Bogotá, 1991. Misión Siglo XXI, *La violencia urbana en Colombia: Evidencia empírica y propuestas de política*, Santa Fe de Bogotá, 1994. Moncayo, Víctor Manuel, *Espacialidad y Estado: formas y reformas*, Facultad de Derecho, Universidad Nacional, Santa Fe de Bogotá, 1990. Palacios, Marco, *Entre la legitimidad y la violencia*. Colombia 1875-1994, Norma, Santa Fe de Bogotá, 1995. Roa Suárez, Hernando, *La reforma del Estado y la gobernabilidad*, Editora Guadalupe, Santa Fe de Bogotá, 1997. Roa Suárez Hernando, *La gobernabilidad hoy*, Universidad Javeriana-Ibáñez, Bogotá, 2011. Rojas, Fernando et al., "*Tendencias reorgánicas del Estado colombiano contemporáneo*", en *¿Hacia un nuevo orden estatal en América Latina?: democratización/modernización y actores sociopolíticos*, Clacso, Buenos Aires, 1990. Sarmiento, Eduardo, *Reforma y modernización del Estado: la experiencia de Colombia*, ILPES. IIAP, México, 1994. Vargas, Alejo, *Notas sobre el Estado y las políticas públicas*, Almeida Editores,

Casa de Nariño

Capitolio Nacional

Palacio de Justicia

2.2.6 La gobernabilidad democrática[45]

Según mi percepción, es la capacidad del sistema político para ejecutar políticas públicas dirigidas a la realización de un proyecto, que permita: i) la satisfacción de los derechos fundamentales de la mayoría de la población; ii) asegure la estabilidad de un orden político democrático; iii) facilite una comunicación ética entre el gobernante y los gobernados; y iv) permita una acción eficiente y eficaz[46].

Santa Fe de Bogotá, 1999. Younes, Diego, *Las reformas del Estado y de la administración pública*, Temis, Santa Fe de Bogotá, 1992.

45 Véase el gráfico del capítulo 5 de este texto.

46 Para una discusión sobre la problemática de la gobernabilidad véanse: Boenniger, Edgardo, (1993). *La gobernabilidad un concepto multidimensional*. BID. Washington D.C. Dror, Y., (1994). *La capacidad de gobernar*. Cartagena de Indias: Club de Roma. Círculo de Lectores. Guerrero, Omar, (1995). *Ingobernabilidad: disfunción y quebranto estructural*, en: *Reforma y democracia*. Revista del CLAD. Caracas, N°

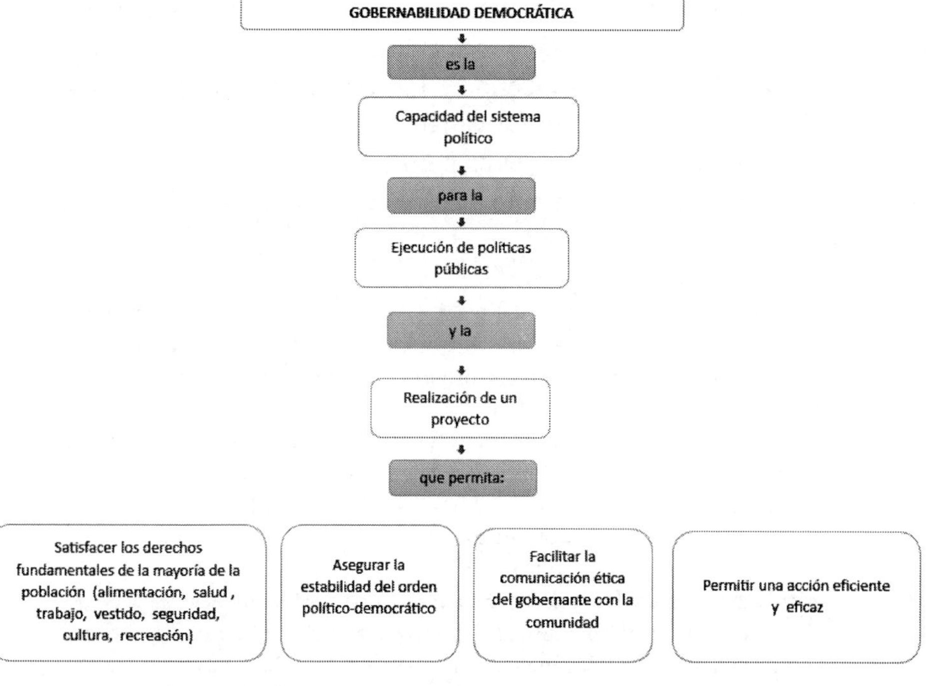

2.2.7 Liderazgo político democrático

¿Qué es un líder político democrático? Según mis estudios comparados, creo que es un ciudadano (a), conductor (a) y jefe que, con prestigio intelectual y humano, asume un proyecto histórico capaz de generar seguidores organizados y comprometidos democráticamente con su causa, para el ejercicio del poder. Es una persona reconocida por su capacidad de mando, ejecución y transformación, que está identificada con el proceso político que impulsa y desarrolla históricamente.

¿Qué puede ser el *prestigio intelectual*? Digamos que es la capacidad demostrada y reconocida para estudiar, comprender, re-

---

3. Roa Suárez, Hernando. *La gobernabilidad, hoy. Aportes a un debate.* Javeriana – Ibáñez. Bogotá, 2011.

flexionar y aportar creativamente a la solución de los problemas. Y ¿en qué consiste el *prestigio social*? Es la habilidad del líder para acercarse a la comunidad; conocer las necesidades sentidas y las esperanzas de los seguidores; canalizar sus intereses y servirles empleando sus conocimientos en beneficio de los más necesitados y pobres. Es el reconocimiento a la solidaridad del líder[47].

---

47 Para una complementación del tema, véanse: Alape, Arturo, *El bogotazo, "Memorias del olvido"*, Pluma, Bogotá, 1984. Galán, Zalamea Fajardo Editores, Bogotá, 1990. Bobbio, Norberto, *El futuro de la democracia*, Plaza & Janés, Barcelona, 1985. Bobbio, Norberto, *Liberalismo y democracia*, Fce, México, 1986. Bobbio Norberto et al., *Diccionario de ciencia política*, Siglo XXI, México, 1999. Cárdenas, Miguel E., *La internacional socialista en el año 2000*, Fescol, Santa Fe de Bogotá, 1990. Deutsch, Karl, *Los nervios del gobierno*, Paidós, Buenos Aires, 1969. Dror, Yehezkel, *La capacidad de gobernar*, Cartagena de Indias, Club de Roma, Círculo de Lectores, 1994. Echandía, Darío, *Obras selectas, 5 tomos*, Banco de la República, Santa Fe de Bogotá, 1981. Freud, Sigmund, *Psicología de las masas y análisis del yo, obras completas*, Rueda, t. IX, Buenos Aires, 1953. Garay, Luis Jorge, *Colombia: estructura industrial e internacionalización*, 1967-1996, DNP, Colciencias, Santa Fe de Bogotá, 1998. García, *Antonio, Gaitán y el camino de la revolución colombiana*, Ediciones Camilo, Bogotá, 1974. Gómez Buendía, Hernando, (C.) *¿Para dónde va Colombia?*, Tercer Mundo–Colciencias, Santa Fe de Bogotá, 1999. Instituto de Estudios Internacionales (1990-2024). Revista *Análisis Político*, Universidad Nacional de Colombia, Santa Fe de Bogotá, 1994. Jaramillo Uribe, Jaime, *Antología del pensamiento político colombiano, 2 vols.*, Banco de la República, Bogotá, 1970. Leal, Francisco, *Tras las huellas de la crisis política*, Fescol-Iepri–Tercer Mundo Editores, Santa Fe de Bogotá, 1996. Lleras, Alberto, *Obras selectas*. Uribe Uribe, Biblioteca de la Presidencia de la República, 1987, t. IV. Lleras Restrepo, *Carlos; Carlos Lleras Restrepo relata la jornada del 9 de abril*, El Tiempo, Bogotá, 8 de abril, p. 1, 1973. Palacios, Marco, *Entre la legitimidad y la violencia*. Colombia 1875-1994, Norma, Santa Fe de Bogotá, 1995. Pardo, Rodrigo; Pardo, Diana, et al. *Relaciones internacionales. La internacionalización del proceso de paz colombiano, primer informe*. La paz es rentable, DNP, Santa Fe de Bogotá, 1997. Roa Suárez, Hernando, (2009) *Luis Carlos Galán, Un demócrata comprometido*. 1ª edición, Bogotá. Roa Suárez, Hernando, *El liderazgo político*, Academia Colombiana de Jurisprudencia – Procuraduría General

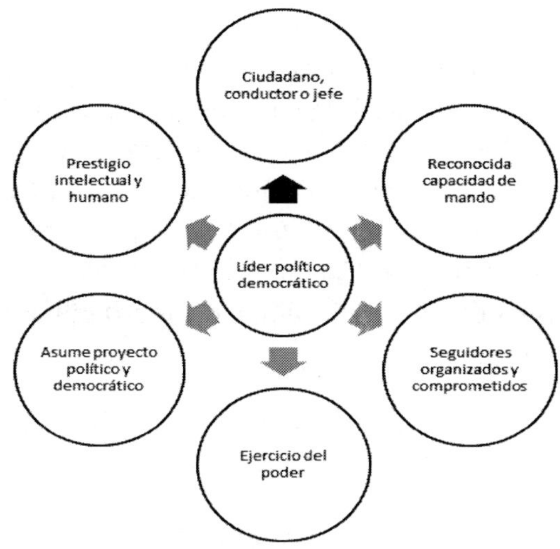

Ilustración 1. Conceptualización de líder político democrático

2.2.8 Estadista

Como su nombre lo indica, un estadista es un hombre de Estado. Según mi percepción, *es un líder político democrático que tiene una comprensión apropiada de las variables económica, política, social, cultural y ambiental, tanto a nivel nacional como internacional.* Es un líder político que se ha preparado cuidadosamente para gobernar y por tanto, su formación le permite comprender apropiadamente los problemas fundamentales del país y las características básicas de la situación internacional en el momento que va a asumir el poder.

---

de la Nación, Bogotá, 2018, 5ª edición. Roa Suárez, Hernando, *Darío Echandía Colombiano ejemplar*. Academia Colombiana de Jurisprudencia – Universidad Libre. Panamericana, Bogotá, 2018. Roa Suárez, Hernando *Liderazgo: cómo, por qué, para qué*, El Espectador. Magazín dominical, 27 de febrero, Bogotá, 2000, pp. 6 y 7. Uprimny, Rodrigo, *"Administración de justicia, sistema político y democracia"*, en Justicia y sistema político, Iepri-Fescol, Santa Fe de Bogotá, 1997. Uribe Uribe, Rafael, *Obras selectas*, Cámara de Representantes, Bogotá, 1979, 2 tomos. Weber, Max, *El político y el científico*, Alianza Editorial, Madrid, 1970.

Ejemplos de *estadistas demócratas*, a nivel mundial, en los siglos XX y XXI pueden ser: Charles De Gaulle, Franklin Delano Rooselvelt, Konrad Adenauer, Ángela Merkel, Jacinda Andern y Sanna Marin... A nivel latinoamericano: Rómulo Betancur, Alberto Lleras C., Eduardo Frei M., Carlos Lleras Restrepo, Raúl Alfonsín, Ricardo Lagos, Michel Bachelet... A nivel nacional[48]: Alfonso López Pumarejo, Darío Echandía, y los ya mencionados Alberto Lleras Camargo y Carlos Lleras Restrepo...[49]

Terminadas las conceptualizaciones[50], abordemos el tema de la política y la antipolítica.

2.3. POLÍTICA Y ANTIPOLÍTICA

La política -como arte y ciencia- debe ser el camino óptimo que nos permita institucionalizar el diálogo para dirimir los conflictos.

Estamos invitados a facilitar el surgimiento de un nuevo pensamiento democrático y prácticas pluralistas y éticas.

---

48 El caso de Álvaro Uribe Vélez, debe ser objeto de un estudio especial que analice, con conciencia crítica, su incidencia en la política colombiana, especialmente en sus dos gobiernos (2002-2010). Existen análisis **serios** sobre su "ética" política y vocación populista de derecha... Estúdiese la sentencia C-141 de 2010. M.P. *Humberto Sierra Porto. Allí están consignadas sus serias reflexiones y análisis que descalifican procedimientos, de fondo y de forma, para pretender perpetuarse ilegítimamente en el poder, a partir de 2010.*

49 En Colombia, especialmente a partir de los años 80, han hecho presencia en el proceso político democrático, un conjunto de mujeres como Carolina Barco, María Ángela Holguín, Clara López O., Noemí Sanín, Claudia López, María Susana Muhamad..., que han ejercido la política como arte de gobernar -unas con más éxito que otras- que indican la presencia positiva de la mujer en la vida política nacional.

50 Véanse conceptualizaciones sociopolíticas complementarias del autor, en: (2005). Revista Universitas N° 109. Bogotá, p.p. 641-698; y (2016) *Construir Democracia. 45 años de periodismo de opinión*. Prólogo: Alfredo Sarmiento G. Universidad Nacional - IEPRI; Universidad Javeriana - Instituto Pensar; Redunipaz; Domopaz; Grupo Editorial Ibáñez: Bogotá, p.p. 36-44.

Si retomamos la política —como arte y como ciencia— los ciudadanos no debemos razonablemente prescindir de la actividad política. Tenemos sí que cuestionar las prácticas politiqueras y los estudios asistemáticos realizados a nombre de la ciencia política. Si de un lado, debemos tener conciencia crítica para desvirtuar el conjunto de las acciones politiqueras, de otro, estamos en la obligación ética de reivindicar la política como el camino óptimo que nos permita institucionalizar el diálogo como la salida a nuestros conflictos y cristalizar una democracia participativa, complementada con los principios de la social democracia contemporánea (2024).

Análisis de casos. En el siglo XX, en América Latina y en Europa, se presentaron varios casos de políticos que, amparados en la antipolítica, alcanzaron el poder. No olvidemos las situaciones ejemplarizantes de Hitler y Mussolini, en Alemania e Italia, que culminaron trágicamente en 1945.

Si, por vía de ejemplo, nos referimos a la América Latina, recordemos que en Argentina y Brasil, a nombre de la Unidad Nacional, en el decenio de los sesenta, se organizaron dictaduras militares algunas de cuyas consecuencias todavía se perciben[51]. ¿Olvidaremos el sacrificio inútil de Las Malvinas?

De otro lado, en 1973, al acceder al poder el señor Pinochet, una de sus primeras medidas fue proscribir los partidos políticos. El mundo conoce hoy, el talante de este mediocre *buscador de poder y dictador* enriquecido ilegítimamente y condenado por sus delitos, vinculados a los manejos indelicados, con el dinero del erario público.

Complementariamente, no debemos olvidar el grupo numeroso de tiranos como los Somoza, Leonidas Trujillo, Fulgencio Ba-

---

51 Léanse *las referencias comprometedoras* del Presidente Bolsonaro (2019) a esas épocas dictatoriales y militaristas en Brasil.

tista. Fidel Castro y compañía, que ejercieron dictatorialmente el poder en América Central[52].

Así mismo, en el Perú de los noventa, la crisis económica, las deficiencias de los partidos políticos tradicionales y el poder desestabilizador de la banda terrorista Sendero Luminoso, impulsaron el proyecto político del señor Fujimori, quien concentró, cada vez más, el poder; facilitó la desinstitucionalización; la violación de los derechos humanos; el chantaje al poder legislativo; incidió en el judicial y proclamó que todo ello se hacía para acabar con la corrupción de la política y de los políticos. Ahora conocemos a Fujimori, al señor Montesinos, y el trasfondo oscuro, corrupto y antidemocrático, que se escondía detrás de este régimen.

El estudio de la evolución del proceso venezolano -por sus implicaciones- es de especial significación para los colombianos[53]. Recordemos que fue gracias a los errores políticos y la corrupción de *Acción Democrática* (A.D.) y la *Democracia Cristiana* (Copei), especialmente en el intervalo 1970-2000, que se creó el espacio para que, una personalidad como la de Hugo Chávez Frías, ascendiera -por la vía democrática- al poder e impulsara la posterior institucionalización de la actual dictadura, bajo la dirección de un personaje con las deficientes y peligrosas características de Nicolás Maduro. No olvidemos que, hoy como ayer, el poder absoluto corrompe absolutamente. Tal es el caso de las dictaduras de diverso tipo; es la repetición diversa de lo que ha ocurrido en otras épocas en nuestra América Latina y en otros continentes.

Ante las crisis por las que atraviesa la democracia colombiana contemporánea (2024), estamos invitados entonces, a replantear

52 Por supuesto que, Fidel y Raúl Castro, desempeñaron un tipo especial de dictadura cívico-militar…

53 Estúdiese cuidadosamente la intervención del Presidente Iván Duque en Naciones Unidas el 25 de septiembre de 2019. ¿Qué intereses priman en sus intervenciones?

su organización y facilitar el surgimiento de un pensamiento democrático y prácticas pluralistas y éticas. Necesitamos impulsar y organizar, seriamente: partidos políticos modernos; movimientos sociales; coaliciones; liderazgos políticos democráticos; y estadistas de nuevo tipo y con visión de futuro.

La juventud universitaria específicamente, está ahíta de los politiqueros y corruptos sin sentido de grandeza y responsabilidad histórica, que siguen actuando al impulso de políticas orientadas por el populismo, el caudillismo, la corrupción, la minería ilegal, el odio y la exclusión. Revisemos ahora, veinte propuestas frente a la crisis política contemporánea.

2.4. PROPUESTAS FRENTE A LA CRISIS POLÍTICA CONTEMPORÁNEA

> *Acudir al valor de la palabra reflexiva -en los momentos de confusión- se me presenta como un sendero apropiado para los demócratas. Los demócratas debemos concretar alternativas que nos permitan construir una sociedad equitativa, pacífica, libre y en vía de concretar un proceso de desarrollo sostenible.*

Cuando nos acercamos a la realidad política colombiana contemporánea ¿será que hemos de ignorar las falencias de nuestra democracia? No. Con argumentos válidos, los demócratas objetamos las formas de corrupción practicadas por la mayoría de los partidos, movimientos políticos, y *empresas electorales vigentes*[54].

54 Nótese que en el proceso electoral de octubre de 2023, participaron más de treinta partidos, movimientos y agrupaciones políticas, con las pésimas consecuencias que de allí se derivan para el funcionamiento estable de una democracia participativa contemporánea…

Cuestionamos los grandes errores cometidos en el manejo del narcotráfico, los residuos guerrilleros, las bandas criminales, la minería ilegal, el paramilitarismo y sus diversas combinaciones, especialmente en el intervalo 1970-2024, excepto el gobierno del Señor Presidente Barco (1986-1990)[55]. Muy útil se me presenta estudiar el documental sobre su legado, elaborado por Caracol y presentado en febrero 4 del 2024. Somos conscientes de que en lugar de debilitar la política y los partidos y movimientos, lo que hay que hacer es actuar con responsabilidad histórica: *reconstruir la política y los partidos*[56].

Teniendo en cuenta las características de los movimientos sociales contemporáneos[57], debemos evitar las simplificaciones para

---

55 En este cuatrienio, fue notable el papel desestabilizador y criminal del narcotráfico (especialmente Pablo Escobar, los hermanos Rodríguez O. y Rodríguez Gacha... el paramilitarismo, la minería ilegal y la violencia criminal organizada). Nunca debe olvidarse la actitud firme del Presidente Barco, frente a los extraditables...

56 Es de esperarse que las Reformas presentadas en el Congreso en 2017 y 2022-24, contribuyan a este fin.

57 Para una comprensión de aspectos sustantivos de los *movimientos sociales*, véanse: ARCHILA, Mauricio et. al. (2002) *25 años de luchas sociales en Colombia 1975-2000*. Cinep. Bogotá. ARCHILA NEIRA, Mauricio (1995). "*Tendencias recientes de los movimientos sociales*". En: LEAL, Francisco (Comp.) *En busca de la estabilidad perdida. Actores sociales y políticos en los años noventa*. Tercer Mundo-Iepri UN-Colciencias. Santa fe de Bogotá. CALVILLO, Myriam y Alejandro Favela (1995) "*Los nuevos sujetos sociales. Una aproximación epistemológica*". En: Sociológica Año 10 No. 28. UAM Azcapotzalco. México. CASTELLS, Manuel (1986) *La ciudad y las masas*. Alianza. Madrid. FALS BORDA, Orlando (1986) "*El nuevo despertar de los movimientos sociales*". En: Revista Foro No. 1. Bogotá. GARCÍA CANCLINI, Néstor ((1995) *Consumidores y ciudadanos. Conflictos culturales de la globalización*. Grijalbo. México. HABERMAS, Jürgen (1987) *Teoría de la acción comunicativa*. Taurus. Madrid. HELLER, Agnes (1991) "*Los movimientos sociales como vehículo de cambio*". En: *Colombia el despertar de la modernidad*. Foro Nacional por Colombia. Bogotá. LYOTARD, Jean-Francois (1986) *La condición postmoderna*. Cátedra. Barcelona. MÚNERA, Leopoldo (1993) "*De los movimientos sociales al movimiento popular*". En: *Historia*

el abordaje de la complejidad actual del proceso político nacional, latinoamericano y mundial, y comprender la magnitud y viabilidad de las propuestas que estamos invitados a estudiar.

¿Qué hacer? Esbocemos veinte propuestas -que no son las únicas- en las que estamos invitados a participar y a construir con consagración. Para su lectura y aplicación adecuada, me permito recomendar su análisis en forma *correlacionada*, facilitando comprender *la complejidad* de la realidad y sus soluciones en diversas instancias. Revisémoslas con conciencia crítica.

2.4.1. Tener como referente la Constitución del 91, implica la concreción de una ciudadanía con derechos y deberes, y profundizar los desarrollos constitucionales en torno a lo que significa el Estado social de derecho[58].

---

crítica No. 7. Universidad de los Andes. Bogotá. RESTREPO, Luis Alberto (1987) *"El protagonismo político de los movimientos sociales"*. En: Revista Foro No. 2. Bogotá. ROA SUÁREZ, Hernando (2007) Programa de la asignatura *"Movimientos sociales y participación política"*. Especialización en Gerencia en Gobierno y Gestión Pública. Universidad Jorge Tadeo Lozano. Bogotá. ROA SUÁREZ, Hernando, (2008). *Aprendizajes de las marchas en Colombia. Reflexiones y alternativas.* elespectador.com. 7 de abril. SANTANA, Pedro (1989) *Los movimientos sociales en Colombia.* Ediciones Foro Nacional por Colombia. TOURAINE, Alain (1981). *¿Podremos vivir juntos?* FCE. México.

58 Para que un Estado contemporáneo pueda reclamar el reconocimiento de su *legitimidad democrática*, debe cumplir las siguientes condiciones: a) Aceptar socialmente el imperio de la ley, como la expresión de la voluntad general (principio de legitimidad de la norma). Si la ley es injusta, se tiene el derecho a la desobediencia civil o a la resistencia pacífica. b) Los poderes (Legislativo, Ejecutivo y Judicial) se mantienen separados e independientes. c) La administración pública se regula por la ley y el control judicial. Los funcionarios corruptos son sancionados oportunamente. d) Se respeta y tienen vigencia los derechos y libertades fundamentales. Nadie es perseguido por sus ideas políticas y existe total libertad de expresión. Véase: Hugo González (periódico El Heraldo de Barranquilla, marzo 24 de 2008). Compleméntese con: Garay, Luis Jorge y Adriana Rodríguez, *"Estado*

2.4.2. Enfrentar los graves problemas generados por la crisis de la justicia, la expansión de la corrupción, los residuos guerrilleros, el paramilitarismo, el narcotráfico, la minería ilegal, la delincuencia organizada, y las bandas criminales y sus diversas combinaciones, con: el poder del Estado; de la política, la juridicidad y los valores éticos actualizados.

2.4.3. Buscar puntos de consenso en torno a la verdad, la justicia, la reparación, la reconciliación y la no repetición, en relación con las víctimas de los paramilitares, de los grupos guerrilleros, de la minería ilegal, de las bandas criminales y de todos los actores participantes en el conflicto.

2.4.4. Trazar, desde los preceptos del Estado social de derecho, políticas de Estado que nos permitan garantizar, a todos los colombianos, los derechos fundamentales consagrados en la Constitución[59].

---

social de derecho: Utopía realizable para Colombia". En: *Colombia: Diálogo pendiente.* Ediciones Antropos, Bogotá, 2005, p.p. 15-44.

59 Para un acercamiento contextual y cuidadoso, dirigido a la comprensión de **la problemática de las políticas públicas contemporáneas** en Colombia, véanse: Alta Comisionada de las Naciones Unidas para los Derechos Humanos, (2005). *Informe de la Alta Comisionada de las Naciones Unidas para los Derechos Humanos sobre la situación de los derechos humanos en Colombia.* E/CN.4/2005/10,28 de febrero. Archila, Mauricio, (2005). *"Desafíos y perspectivas de los movimientos sociales en Colombia"*, en Cárdenas Rivera, Miguel Eduardo, (Coordinador). *La reforma política del Estado en Colombia. Una salida integral a la crisis.* Bogotá. Cerec. Fescol. pp. 155-172. Banco de la República, (2005). *"Subgerencia de Estudios Económicos; Estadísticas sobre Deuda Pública"*, en Boletín N° 16. Bogotá. Notas editoriales. Enero. Bonilla, Ricardo y González, Jorge Iván, coordinadores (2004). *Bienestar: macroeconomía y pobreza.* Bogotá. Universidad Nacional de Colombia., Cid y Contraloría General de la República. Comisión Colombiana de Juristas, (2004). *En contravía de las recomendaciones internacionales sobre derechos humanos. "Seguridad democrática", Derechos humanos y derecho humanitario en Colombia: agosto de 2002 a agosto de 2004.* Bogotá. Consejo Nacional de Planeación, (2003). *Colombia se pronuncia sobre el Plan Nacional de Desarrollo "Hacia un Estado Comunitario 2002-2006"*. Documento aprobado por los miembros del Consejo Nacional de Planeación en

2.4.5. Seguir utilizando todos los mecanismos al alcance del Estado

---

sesión plenaria del día 7 de enero de 2003. Contraloría General de la República, (2004b). *Evaluación del Plan de Desarrollo "Hacia un Estado Comunitario"*. Bogotá. República de Colombia. Contraloría General de la República, (2004). *"Evaluación de la Política Social - 2003"*. Contraloría General de la República, (2004). *Declaración Mundial sobre Educación para Todos, la satisfacción de las necesidades básicas de aprendizaje*. (1990). Jomtien. Tailandia. Departamento Nacional de Planeación, (2000). *Costos del conflicto armado. Escenarios económicos para la paz*. Bogotá. Ferrajoli, Luigi, et. al. (2001). *Los fundamentos de los derechos fundamentales*. Editorial Trotta. Madrid. Flórez, C.E. y Tono, T.M., (2002). *"La equidad en el sector salud: una mirada de diez años"*. Fundación Corona, Fundación Ford, CEDE-Universidad de los Andes, Centro de Gestión Hospitalaria. Fundación Solidaridad y Democracia, (2005). *"Balance de seguridad 2005"*. Bogotá, diciembre. Garay, Luis Jorge, et. al. (2005). *Colombia: Diálogo pendiente. Planeta Paz. Antropos*. Bogotá. Garay, Luis Jorge, Director Académico (2002). *Colombia, entre la exclusión y el desarrollo*. Bogotá. Contraloría General de la República. Garay, Luis Jorge, (2002c). *"Inclusión social y construcción del Estado Social de Derecho"*. Alcaldía Mayor de Bogotá y la Pontificia Universidad Javeriana. Bogotá. Garay, Luis Jorge, (Director) (2004). *El agro colombiano frente al TLC con los Estados Unidos*, BNA, Ministerio de Agricultura. Bogotá. Garay, Luis Jorge, (2004). *Reconstruir el futuro. Globalización, desarrollo y democracia en América Latina*. CEPAL-Grupo Editorial Norma-Naciones Unidas. Octubre. García Durán, Mauricio, (Ed.) (2004). *Alternativas a la guerra: iniciativas y procesos de paz en Colombia*. Bogotá. Cinep. Gómez Buendía, Hernando, (Director) (2003). *El conflicto: Callejón sin salida*. Programa de las Naciones Unidas para el Desarrollo. Bogotá. González, Jorge Iván, (2001). *"Imparcialidad financiera y equidad: otra lectura del informe de la Organización Mundial de la Salud - año 2000"*. Bogotá. abril 27 y 28 de 2001. Leal, Francisco, (2006). *En la Encrucijada, Colombia en el siglo XXI*. Norma Bogotá. Leal, Francisco y Tokatlian, Juan, (1994). *Orden mundial y seguridad: Nuevos desafíos para Colombia y América Latina*. Fescol-Iepri-Tercer Mundo Editores. Bogotá. Leal, Francisco y Tokatlian, Juan, *Memorias de los Ministros de Defensa*. (2000 a 2024). (Documentos institucionales) Ministerio de Agricultura y Desarrollo Rural, (2003). *Memorias 2002-2003. Manejo social del campo*. Imprenta Nacional. Bogotá. Ministerio de Defensa Nacional, (2003). *Política de defensa y seguridad* de derecho para cristalizar el proceso de paz implementando el Acuerdo

---

democrática. Bogotá. Ministerio de Educación Nacional, (2002). *Evaluar para mejorar: a propósito de los exámenes de Estado y otras evaluaciones*. Colombia. Editorial Magisterio. Medellín, Pedro, (2005). *"Caudillismo y crisis de los partidos: nuevas mediaciones políticas en Colombia"*, en Síntesis 2004. Bogotá. Iepri-Fescol. Nueva Sociedad. Observatorio de Drogas de Colombia, Sistema de información de drogas de Colombia. (SIDCO). *Consolidado de Policía Nacional, Dirección Antinarcóticos, Fuerzas Militares y Departamento Administrativo de Seguridad DAS*. Pardo, Rodrigo, (2004). *"La política exterior"*, en Cepeda, Fernando, (Ed.). *Fortalezas institucionales de Colombia*. Bogotá. Printer Colombiana S.A. Pizarro Leongómez, Eduardo, (2004). *Una democracia asediada. Balance y perspectivas del conflicto armado en Colombia*. Norma. Bogotá. PNUD. (1994-2006). *Informes sobre desarrollo humano*. FCE. México D.F. Presidencia de la República, (2005). Alto Comisionado para la Paz. *"Lineamientos para el enfoque de los proyectos de cooperación internacional"*. Bogotá. Presidencia de la República, Departamento Nacional de Planeación (2002). *Bases del Plan Nacional de Desarrollo, 2002-2006. Hacia un Estado comunitario*. Roa Suárez, Hernando, (2016). *Construir Democracia 45 años de periodismo de opinión Universidad Nacional - IEPRI*; Universidad Javeriana - Instituto Pensar; Redunipaz; Domopaz; Grupo Editorial Ibáñez: Bogotá. Roa Suárez, Hernando, (2003). *"Liderazgo, gobernabilidad y paz. El caso colombiano"*. En: Revista Universitas No. 105. Universidad Javeriana. Bogotá. Roa Suárez, Hernando y Johan, Galtung, (1998). *¿Cómo construir la paz en Colombia?* ESAP. Publicaciones. Bogotá. Romero, Mauricio, (2004). *Paramilitares y Autodefensas. 1982-2003*. Bogotá. Iepri. Planeta. Sen, Amartya, (1996). *"Compromiso social y democracia: las demandas de equidad y el conservadurismo financiero"*, en Paul, Barquer, *Vivir como iguales*. Paidós. Barcelona. Stiglitz, J., (1997). *"El papel del gobierno en el desarrollo económico"*, en Banca y Finanzas. Nº 45. Julio-septiembre, Asobancaria. Bogotá. Tanzi, V. y Zee, H., (2001). *"La política tributaria en los países en desarrollo"*. Temas de Economía, Nº 27. Fondo Monetario Internacional. Washington. Tokatlián, Juan, (comp.) (1998). *Colombia y Estados Unidos. Problemas y perspectivas*. Bogotá, Iepri, Colciencias y Editorial Tercer Mundo. Thoumi, Francisco E., (1994). *Economía política y narcotráfico*. Bogotá. Tercer Mundo Editores. Thoumi, Francisco E., (2002). *El imperio de la droga. Narcotráfico, economía y sociedad en los Andes*. Bogotá. Iepri. Planeta. Thoumi, Francisco E., (1997). (Comp.)

del Colón, fundados en la justicia social, según las condiciones específicas de Colombia, hoy (agosto de 2024).

2.4.6. Fortalecer el Estado teniendo en cuenta que es la institución jurídico-política que, integrada por los poderes ejecutivo, legislativo, judicial y electoral, es la racionalizadora de los intereses generales. Nuestro Estado no hay que debilitarlo como se ha hecho en el intervalo 1970-2019, salvo excepciones (1986-1990, Gobierno Barco), sino modernizarlo mediante la articulación técnica de los procesos de descentralización; regionalización; planeación participativa indicativa; y democratización[60].

2.4.7. Consolidar y apoyar la Corte Constitucional, la Corte Suprema de Justicia y la JEP. Replantear la Procuraduría General de la Nación, la Fiscalía y la Contraloría General de la Nación, para que cumplan *eficaz y eficientemente* con sus responsabilidades constitucionales.

Se me presenta conveniente replantear la estructuración y el papel de todas nuestras Cortes. Debilitar estas instituciones, también facilita el advenimiento de regímenes dictatoriales o semidictatoriales.

2.4.8. Definir si es el momento preciso para organizar un régimen semi-presidencial y estudiar la cualificación del proceso de selección y elección de los miembros del Congreso colombiano.

Drogas ilícitas en Colombia: su impacto económico, político y social. Bogotá. Dirección Nacional de Estupefacientes Pnud y Editorial Planeta. Ungar, Elizabeth, (1993). *Gobernabilidad en Colombia: retos y desafíos.* Uniandes. Tercer Mundo. Bogotá. Uprimny, Rodrigo, (2004). "*¿Una reforma de gobierno parlamentario para Colombia?*". En: Revista Nueva Página No. 1. Instituto del Pensamiento Liberal. Bogotá.

60 Véase del autor (2011). *Estado y gobernabilidad.* Revista Universitas N° 110. Universidad Javeriana. Javegraf, Bogotá, p.p. 93-128. (2015) *Construir Democracia 45 años de periodismo de opinión.* Universidad Nacional - IEPRI; Universidad Javeriana - Instituto Pensar; Redunipaz; Domopaz; Grupo Editorial Ibáñez. Bogotá, p.p. 113-129; 203-209; 219-233.

2.4.9. Replantear el proceso de la toma de decisiones en la Oficina del Presidente, como corresponde al desarrollo político y científico-tecnológico de un régimen presidencial en el siglo XXI[61].

2.4.10. Desarrollar la misión y la visión de la Escuela de Alto Gobierno de la Escuela de Administración Pública[62], constituida para la formación cualificada de *los más altos funcionarios del Estado* y retomar su prestigio alcanzado hasta 1998, gracias a 40 años de gestión administrativa, investigativa, innovativa, de inversiones, y desarrollos históricos de nuestro Estado.

2.4.11. Complementar la política pública educativa, de tal manera, que facilite el surgimiento de *nuevos líderes políticos*, preparados para ser *estadistas y trasformadores sociales* que recuperen la importancia y respetabilidad de lo público.

2.4.12. Replantear los currículos y los programas del sistema educativo, para fortalecer la consciencia política de los colombianos sin distinciones de clase y estratos sociales. Hay que contribuir a crear *un nuevo sentimiento ciudadano*, profundizando en los postulados planteados en la Constitución del 91. También, revisar el proceso de enseñanza-aprendizaje[63] en torno a la *formación política desde la niñez*, para formar nuevos sujetos políticos.

---

61 Consúltese: Hernando Roa Suárez. *La Oficina del Presidente*. elespectador.com. Bogotá, julio 18 y 25 (2018). Estúdiense los cambios introducidos en 2019 en torno al proceso de toma de decisiones en la Casa de Nariño. Véase Revista Semana N°. 1950. septiembre 15-22, 2019, pp. 18-21.

62 Véanse: "*La ESAP y la Escuela de Alto Gobierno*". El Tiempo. Bogotá. junio 30 de 1997. Editorial, p.p. 4. ROA SUÁREZ, HERNANDO, "*Fortalecer la ESAP*". El Tiempo. Bogotá. Julio 20 de 2002. ROA SUÁREZ, HERNANDO, "*La Escuela de Alto Gobierno*". Periódico El Mundo. Julio 4 de 2001. Medellín, p. 2, y los programas *CONSTRUYENDO*, transmitidos en diciembre 12 y 19 de 2008, por el Canal Institucional a las 8:00 p.m.

63 Revísese del autor: "*El liderazgo intelectual del Maestro*". En: Revista Innovación Educativa. Vol. 7, Num. 36. Impresora y Encuadernadora Progreso. México D. F. 2007, p.p. 68-72; *EN TORNO AL MAESTRO*

Asimismo, organizar en forma permanente, con la cooperación de las universidades y los institutos de formación de los partidos políticos, diplomados y cursos cortos; y estructurar las especializaciones, maestrías y los doctorados en ciencia política, gobierno, finanzas públicas y relaciones internacionales, facilitando el surgimiento de líderes demócratas transformadores; de nuevos cuadros muy bien preparados para el ejercicio del poder y comprometidos con los intereses generales de los colombianos. Para este efecto, es pertinente incorporar cuidadosamente el componente internacional y los apoyos necesarios, para el manejo sistemático de las alternativas planteadas.

2.4.13. Destacar el papel fundamental que, para la construcción de la democracia participativa y la formación de un profundo sentimiento libertario, deben desempeñar los medios de comunicación. A través de ellos se deben crear espacios[64], especialmente en la radio, la televisión y las redes, para fortalecer el debate en torno al sistema político democrático: su historia, liderazgos, aciertos, limitaciones, posibilidades y la necesidad de su transformación.

2.4.14. Retomar el estudio de la historia colombiana y presentar sistemáticamente, los logros y falencias de nuestros partidos políticos tradicionales y movimientos sociales; el papel de los líderes políticos y de las regiones en el desarrollo del país. Los nuevos partidos que se están consolidando, deben tener garantías para su *desarrollo sostenible.*

Frente a la crisis político-económica actual, se me presenta conveniente organizar los partidos políticos como instituciones estables que, con ideología, programa, y proyecto político democrático, aspiren llegar al poder para desde allí cristalizar las pro-

---

UNIVERSITARIO, HOY. Reflexiones. (2017). Prólogo: Fabio López De La Roche. Ibánez. Bogotá, p.p. 31-62.

64 Por ejemplo, *Hora 20* de Caracol, *El Espectador*, *El País* de España, *Zona Franca* y 59" de la tve.

puestas ofrecidas a los ciudadanos. Así mismo, fortalecer sus relaciones internacionales con las asociaciones mundiales que agrupan sus intereses ideológicos y programáticos.

La situación de Colombia requiere que las opiniones políticas actúen en forma organizada. ¿Podrá hablarse de construir democracia sin partidos? Categóricamente, no es posible. Tenemos que consolidar la democracia representativa y complementarla con la participativa. Los partidos son indispensables para organizar la oposición y la fiscalización de la acción política de quienes están en el poder. Por todo ello, se presenta de gran utilidad impulsar la reforma política que está pendiente[65].

Tengamos en cuenta que el Estado y el sistema político se resquebrajan cuando no hay partidos políticos organizados y fuertes. No olvidemos que esta deficiencia crea espacios que propician el surgimiento de regímenes de corte neofascista o neo nacional-socialista y populista.

2.4.15. Impulsar la participación de todos los grupos sociales en la actividad política, evitando la discriminación y la exclusión. Como seres humanos, como seres sociales, no debemos prescindir del ejercicio del arte y la ciencia de la política. Bien sostuvo ya Aristóteles: los seres humanos somos animales políticos.

2.4.16. Propiciar un *diálogo nacional incluyente*; vencer el aislamiento, la incomunicación y la desconfianza entre diversos actores; e intercambiar puntos de vista sobre las violencias, sus etiologías y alternativas. Es útil auspiciar el encuentro civilista entre las posiciones políticas diversas.

2.4.17. Reformular el sistema tributario colombiano, teniendo en cuenta los enfoques neokeynesianos dirigidos a la redistribución del ingreso, a partir de 2024.

---

65 Revísense los presupuestos y alcances de la Reforma Política adelantada en el Congreso de Colombia en 2008 y 2017, así como: **El Estatuto de la oposición,** aprobado en 2018.

2.4.18. Propiciar la formulación, implementación y evaluación de políticas públicas en forma actualizada y dirigidas a la protección y el desarrollo de: la educación, la ciencia, la tecnología y la innovación[66]; la vivienda; la salud; el derecho a la información; y al medio ambiente, con referentes de equidad y calidad.

2.4.19. Crear condiciones justas para la productividad y la equidad en el sector rural. La reforma del sistema de tenencia de la tierra en este sector, nos indica que es decisivo, si en verdad queremos buscarle salidas al conflicto. Esta dimensión es vital para efectos de la reparación de las víctimas de la guerrilla, el narcotráfico y el paramilitarismo; y

2.4.20. Dotar la Cancillería colombiana y la Escuela Diplomática de Colombia de la infraestructura tecnológica y la capacidad tecnocrática, de tal manera, que les permita realizar sus funciones con la *eficiencia y eficacia* propias de la comunidad internacional contemporánea.

2.5. A MANERA DE CONCLUSIONES

Seamos previsivos; evitemos soluciones antidemocráticas.

Terminada la elaboración de las propuestas, ocupémonos, a continuación, de las conclusiones del estudio.

2.5.1. Teniendo en cuenta la situación de la América Latina y en particular la complejidad y desafíos del contexto suramericano y colombiano contemporáneos (2019-2024), se me presenta de una gran actualidad retomar -con precisión- la utilidad que tiene el manejo de la política como arte y como ciencia[67].

2.5.2. Es conveniente develar el actual debate presentado entre la política y la antipolítica, evitando que -el empleo de la politi-

---

66 Revísese la integración y funciones de la *Nueva Comisión de Sabios*, integrada en 2019 por el Presidente Iván Duque.

67 Reléanse los planteamientos formulados en 2.2.3 y 2.2.4 del presente artículo.

quería- desvirtúe el papel sustantivo que la política debe desempeñar en nuestros días: ser fuente de prácticas solidarias e instituciones democráticas participativas. ¿Cómo olvidar que somos seres sociales y que como seres sociales somos seres políticos? Y también, que como seres políticos estamos convocados a institucionalizar el derecho, la justicia, la equidad y la paz en Colombia, en América Latina y en la Tierra.

2.5.3. Prescindir de la política es abrir las puertas a los regímenes de facto y dictatoriales, frente a los cuales los colombianos hemos sido reacios. Desde el punto de vista histórico y pedagógico, lo recomendable es que, desde la niñez, en los hogares y en los colegios, se dé formación política con el ejemplo y con prácticas democráticas que faciliten el aparecimiento -en la arena política- de **ciudadanos** con conciencia participativa. Así mismo, que en todas las facultades se dé la oportunidad de estudiar la política como arte y ciencia y facilitemos la eclosión de nuevos liderazgos. Ellos emergerán, especialmente, de nuestras universidades. Serán los nuevos profesionales, impulsores del bien común y de una visión solidaria de la existencia y del Estado, los que agencien proyectos comprometidos con el ejercicio de los derechos y la satisfacción de las necesidades fundamentales de la mayor parte de la población[68].

2.5.4. Tomar consciencia de la gravedad del momento político de nuestros días, y del papel protagónico que la civilidad debe tener en el país. La política, como arte y ciencia, está a la orden del día[69]. Hay

---

68 Véase la bibliografía consignada en la nota al margen sobre *Liderazgo político democrático*, en 2.2.7 de estos ensayos.

69 ROA SUÁREZ, HERNANDO. *Construir Democracia* en ELESPECTADOR.COM. Bogotá. 2ª Ed. 2008, p.p. 25-32. La política como arte de gobernar y como ciencia, se complementan; ambas requieren cada día -en nuestro país- de más y mejores centros del saber, la investigación y la reflexión; de más y mejores políticas educativas; de más y mejores actores; de más

que fortalecer el Estado[70] y desarrollar la democracia participativa; estar muy atentos al desarrollo del pensamiento de los sectores académicos, políticos, económicos, sociales y ambientales; hay que abrir la democracia con dimensión de profundidad y estar alerta a los populismos y caudillismos de todas las tendencias[71].

2.5.5. Para el fortalecimiento de nuestra democracia y de la Administración Pública es indispensable retomar la misión y la visión de la Escuela de Alto Gobierno fundada en 1997 y adscrita a la ESAP.

2.5.6. Para el futuro de la democracia colombiana se me presenta indispensable tomar las decisiones políticas que permitan la implementación del Acuerdo del Colón (2016) y la construcción de una paz estable y duradera.

2.5.7. No temamos a las crisis; ellas frecuentemente han facilitado la eclosión de pensadores de reflexión profunda; de teorías; de nuevas organizaciones y coaliciones políticas; y de novedosos liderazgos políticos y de estadistas.

2.5.8. Y dos *preguntas inquietantes*: quienes no hemos sido responsables directos de las acciones violentas ¿qué responsabilidad tenemos frente a la magnitud de la inequidad existente en nuestra sociedad? ¿Cómo podemos comprometernos en la construcción de una sociedad justa (con estructuras que organicen la equidad ante el

---

y mejores líderes políticos y sociales, comprometidos con la mayoría de nuestra población.

70 Un Estado democrático contemporáneo (2008-2024) debe ser moderno, ordenado, especializado, fortalecido, fiscalizado y eficiente. La fundamentación, explicación y bibliografía actualizada de estas características, pueden verse en el artículo del autor: "*Estado y gobernabilidad. Una aproximación.*" Revista Universitas No. 110 JAVEGRAF, Bogotá 2005, p.p. 93-128. También, en el texto de Luis Jorge Garay: *Crisis y construcción de sociedad*, ESAP Publicaciones, Bogotá, 1998.

71 Recuérdese que en el proceso electoral de 2022, más de diez millones de votantes colombianos lo hicieron por un candidato técnicamente incapaz para ser Presidente de Colombia…

poder); pacífica[72] (con ausencia de violencias abiertas, estructurales y culturales); libre (interrelacionada con todas las naciones y sin sometimiento a potencia mundial alguna)[73] e insertada creativamente

---

72 Para un abordaje de la **problemática de la paz**, con aplicaciones a Colombia, consúltense: SUN, TZU, *Los trece artículos sobre el arte de la guerra*, Ministerio de Defensa de España, Madrid, 1988. VON CLAUSEWITZ, KARL, *De la guerra,* Labor, Barcelona, 1984. RÍOS, JOSÉ NOÉ, *Liberación en el Caguán*, Planeta, Santa Fe de Bogotá, 1998. RÍOS, JOSÉ NOÉ, y DANIEL GARCÍA PEÑA, *Construir la paz de mañana. Una estrategia para la reconciliación*, Presidencia de la República, Santa Fe de Bogotá, 1997. OCAMPO, JOSÉ ANTONIO, *Entre las reformas y el conflicto.* Norma, Bogotá, 2003. GALTUNG, JOHAN, *La transformación de conflictos por medios pacíficos. El método trascendente*, ONU, Alfaz del Pi, Ginebra, 1996. ROA, HERNANDO y JOHAN GALTUNG, *¿Cómo construir la paz en Colombia?*, ESAP Publicaciones, Santa Fe de Bogotá, 1998. ROA, HERNANDO et al. (Eds.), *¿Es posible la paz en Colombia?*, ESAP Publicaciones, Santa Fe de Bogotá, 1998. ROA, HERNANDO (2003) *"Liderazgo, gobernabilidad y paz. El caso colombiano"*. En: Revista Universitas No. 105 pp. 45-88. GARAY, LUIS JORGE Y ADRIANA RODRÍGUEZ, *Colombia: diálogo pendiente. Documentos de política pública para la paz.* Ediciones Antropos 2005. GIDDENS, ANTHONY, *"Vivir en una sociedad postradicional"*. En: *Modernización reflexiva,* Alianza, Madrid, 1994. BOUTRUS BOUTROS, GHALI, *Un programa de desarrollo,* ONU, Nueva York, 1995 y *Una agenda para la democratización*, ONU, Nueva York, 1996. WALLENSTEEN, PETER, *Un marco teórico para la resolución de conflictos*, Iripaz, Guatemala, 1988. LEDERACH, JOHN PAUL, *Un marco englobador de la transformación de conflictos sociales crónicos, Gernika Gogoratuz*, Gernika, 1994.
Objeto de estudio especial para los próximos decenios, debe ser **El Acuerdo FINAL para la TERMINACIÓN DEL CONFLICTO Y LA CONSTRUCCIÓN DE UNA PAZ ESTABLE Y DURADERA** (2017) Imprenta Nacional de Colombia. Bogotá.

73 De gran significación política se me presentó la convocatoria realizada en Brasil por el Señor Presidente LULA DA SILVA, el 17 de diciembre de 2008. Esta fue una *Cumbre* unificada de Unasur, el grupo de Rio y MERCOSUR que demostró que "América Latina está buscando con Estados Unidos de Obama una relación diferente, con mayor autonomía y un discurso que se aparta de la guerra antiterrorista para buscar instrumentos de cooperación en nuevas áreas. Colombia necesita aproximarse a esta tendencia, de la cual ha estado

en el proceso de globalización con consciencia latinoamericana y con posibilidad de organizar un proceso de *desarrollo sostenible*?[74]

Bibliografía

Especializada

ADRIANZEN M., Alberto, (1994). *Gobernabilidad, democracia y espacios locales*, en Perfiles latinoamericanos. México. Año 3. nº 5, p.p. 37-61.

ALMOND, Gabriel y Sydney, Verba, (1963). *The Civic Culture*. Princeton. New Jersey, pp. 161-257.

ALMOND, Gabriel y Coleman, James, (1960). *The Politics of Developing Areas*. Princeton University Press. New Jersey, p.p. 3-64; 455-531.

APEL, Karl-Otto y otros. (1990). *Ética comunicativa y democracia*. Crítica. Barcelona, p.p. 132-163; 209-218.

ARISTÓTELES, (1986). *Política*. Alianza Editorial. Madrid, p.p. 41-66.

ATTENBOROUGH, Richard. (2004). *Gandhi. Las propuestas sobre la vida, el amor y la paz*. Editorial Amat. Barcelona. p.p. 13-106.

BACHELARD, Gastón. (1996). *El aire y los sueños*. FCE. Bogotá, p.p. 312-327.

BACHELARD, Gastón, (1994). *El derecho de soñar*. FCE. Bogotá, p.p. 189-194.

BACHELARD, Gastón. (1973). *El compromiso racionalista*. Siglo XXI. México D.F., p.p. 35-43; 129-142.

BOBBIO, Norberto. (1993). *Igualdad y Libertad*. Paidós. Barcelona, p.p. 70-79; 117-123.

BOBBIO, Norberto. (1986). *Sociedad y Estado en la filosofía moderna*. FCE. México, D. F., p.p. 7-145; 182-191; 233-240.

BUNGE, Mario. (1989). *Hacia una nueva conciencia científica en América Latina*. Entrevista concedida a Hernando Roa. Revista Ciencia, Tecnología y Desarrollo. Vol. 13. Nos 1-4. Colciencias. Bogotá, p.p. 79-89.

BUNGE, Mario. (1972). *La investigación científica*. Ariel. Barcelona, p.p. 19-73; 561-624.

---

marginada." (El Tiempo, 27 de diciembre de 2008, página 22, Editorial) Desde el decenio de los sesenta es sabido que **si la América Latina no logra actuar unida, sus posibilidades de influir en la configuración del poder mundial serán mínimas.**

74 Entiendo por *desarrollo sostenible* el proceso social global (equitativo) que satisface las necesidades fundamentales de la población; protege los recursos naturales, mediante el empleo de tecnologías limpias; no sacrifica las generaciones presentes y futuras; y facilita la construcción de una sociedad centrada en lo humano.

BUNGE, Mario, (1970). *La ciencia, su método y su filosofía*. Siglo XX. Buenos Aires.

BUZZI, R. (1969). *La teoría política de Antonio Gramsci*. Fontanela. Barcelona, p.p. 114-126; 148-190.

CHAPARRO, Fernando, (1999). *"De la sociedad de la información a la sociedad del conocimiento"*, en *¿Para dónde va Colombia?* Tercer Mundo-Colciencias. Bogotá, p.p. 252-258.

CORNU, August. (1965). *Carlos Marx y Federico Engels*. Platina. Buenos Aires. p.p. 20-51.

DEUTSCH K., (1969). *Los nervios del gobierno*. Paidós. Buenos Aires, p.p. 188-204; 260-271.

EASTON, David, (1968). *Política moderna*. Letras, México, p.p. 93-154.

EBENSTEIN, William, (1965). *Los grandes pensadores políticos*. Revista de Occidente. Madrid, p.p. 339-417; 658-723.

EJÉRCITO Nacional de Colombia. (2017). *En guardia por Colombia*. Periódico El Tiempo. Bogotá, mayo 28, p.p. 4-5.

EJÉRCITO Nacional de Colombia. (2017). *En guardia por Colombia*. PLAN VICTORIA, EN MARCHA. Periódico El Tiempo. Junio 25, p.p. 6-7

FERREIRO, Emilia, (1999). *Cultura escrita y educación*. FCE. México, p.p. 79-98; 191-205.

FISAS, Vicenç. (2006). *Cultura de paz y gestión de conflictos*. UNESCO. Barcelona, p.p. 17-64; 117-140.

GALTUNG, Johan. (2012). *"Construyamos paz y democracia en América Latina: aportes a su debate y concreción"*. Entrevista concedida a Hernando Roa. En: Revista Análisis Político. IEPRI-Universidad Nacional. Número 75. Bogotá, p.p. 139-153.

GARAY, Luis Jorge, (2002). *Repensar Colombia*. PNUD. Bogotá, p.p. 25-65; 67-129; 330-331.

GONZÁLEZ Salas, Edgar. (Comp.) (1997). *La Reforma al Estado y a la Administración Pública en América Latina. Presidencia de la República, DAFP-ESAP*. Bogotá, p.p. 11-37; 49-94.

HABERMAS, Jürgen. (1992). *El discurso filosófico de la modernidad*. Taurus. Madrid. p.p. 11-15; 397- 433.

HABERMAS, Jürgen. (1979). *Teoría de la acción comunicativa*. Cátedra. Madrid. Vol. I. p.p. 82-99; 136-146. Vol. II. p.p. 169-215; 527-573.

HOYOS, Guillermo, (2002). *"Nuevas relaciones entre la universidad, el Estado y la sociedad"*, en Educación Superior. Sociedad e Investigación. Colciencias-Ascun. Servigraphic. Bogotá, p.p. 149-201.

HUNTINGTON, Samuel, P., (1972). *El orden político de las sociedades en cambio*. Paidós. Buenos Aires, pp. 13-92.

LAPALOMBARA, Joseph, (1963). *Bureaucracy and Political Development*. Princeton University Press. New Jersey, p.p. 3-61; 96-119.

LAPALOMBARA, Joseph y Weiner, Myron, (1966). *Political Parties and Political Development.* Princeton University Press. New Jersey, p.p. 3-106; 137-176; 331-367.

LEAL Buitrago, Francisco, (2006). *En la encrucijada.* Norma. Bogotá, pp. 11-24; 513-544.

LÓPEZ, Claudia. (2010). *...y refundaron la patria.* Debate. Bogotá, pp. 79-213.

LÓPEZ de la Roche, Fabio. (2014). *La ficción del poder.* IEPRI-Debate. Bogotá, p.p. 37-299; 543-567.

MORIN, Edgar. (2003). *Unir los conocimientos.* Plural Editores. La Paz, pp. 5-16.

MORIN, Edgar, (2000). *Siete saberes necesarios para la educación del futuro.* MEN-Unesco. Bogotá.

PRATS, Joan, (1998). *Gobernabilidad y globalización*, en: *La investigación en administración pública, hoy.* Imprenta Nacional. Bogotá, p.p. 39-68.

POPPER, Karl R., (1967). *El desarrollo del conocimiento científico.* Paidós. Buenos Aires, pp. 434-442.

RADKAU, Joachin. (2005). Max Weber. *La pasión del pensamiento.* FCE. México, D. F., p.p. 21-61; 578- 624; 865-972.

REVISTA Análisis Político. (2000-2024) Iepri-Universidad Nacional. Bogotá.

REVISTAS, Semana y Cambio, en el intervalo comprendido entre enero 2001 - octubre 2019.

ROA, Suárez Hernando, (2024) *El liderazgo político. Análisis de casos.* 6ª Ed. Prólogo Fernando Carrillo F. Academia Colombiana de Jurisprudencia, Tirant lo Blanch. Bogotá, p.p. 21-27.

ROA Suárez, Hernando, (2019), *Periodismo para la democracia. 45 años de periodismo de opinión.* Prólogo: Alfredo Sarmiento Gómez. Procuraduría General de la Nación, Universidad de Medellín, Compensar, Redunipaz. Grupo Editorial Ibáñez. Bogotá, p.p. 65-80; 169-221; 229-248; 321-353.

ROA, Suárez Hernando, (2016) *Construir Democracia. 45 años de periodismo de opinión.* Universidad Nacional - IEPRI; Universidad Javeriana - Instituto Pensar; Reunipaz; Domopaz; Grupo Editorial Ibáñez. Bogotá, p.p. 17-35; 47-53; 62-75; 225-237; 249-259; 443-447.

ROA Suárez, Hernando, (2005). *"El liderazgo del maestro y la construcción de la paz en Colombia"*, en Revista Universitas, nº 108, Bogotá, p.p. 891-920.

ROA Suárez, Hernando (1999). Estado y gobernabilidad. Fescol. Bogotá, p.p. 13-17; 24-36.

ROA Suárez, Hernando y otros, (1998). *La investigación en administración pública, hoy.* Casos exitosos. Imprenta Nacional. Bogotá, p.p. 21-27.

ROA Suárez, Hernando, (1997). *La Reforma del Estado y la gobernabilidad.* Editora Guadalupe. Bogotá, p.p. 35-120; 120-135.

ROA Suárez, Hernando, (1986) *"Ciencia e investigación"*, en: Reflexiones Universitarias. Presencia. Bogotá, p.p. 287-314.

ROA Suárez, Hernando (ed.). (1979). *La investigación científica en Colombia*, hoy. Guadalupe. Bogotá, p.p. 17-20.

RAWLS, Jhon. (1991). *Sobre las libertades*. Paidós. Barcelona, pp. 33-122.

TORRES, Edelberto. (1993). *América Latina: gobernabilidad y democracia en sociedades en crisis*, en Nueva Sociedad. Caracas, N° 128.

WEBER, Max. (1973). *Ensayo sobre metodología sociológica*. Amorrortu, Buenos Aires, p.p. 39-101; 222-269 y la seria Introducción de Pietro Rossi, p.p. 9-37.

General

ACADEMIA Colombiana de Jurisprudencia. (2002). *El referendo constitucional*. Aspectos críticos. Bogotá.

ACADEMIA Colombiana de Jurisprudencia, (1997), *Declaración sobre la paz*. Revista de la Academia Colombiana de la Jurisprudencia, n° 509, Bogotá.

AGHÓN, Gabriel. (2001). *Desarrollo económico y descentralización en América Latina: análisis comparativo*. CEPAL-GTZ. Santiago de Chile.

AGUDELO Villa, Hernando. (1988). *La democracia está en peligro*. Poligrupo comunicación. Bogotá.

ARCHILA, Mauricio et al., (2002). *25 años de luchas sociales en Colombia 1975-2000*. Cinep, Bogotá.

BACHELARD, Gastón. (1995). *La poética del espacio*. FCE. Bogotá.

BACHELARD, Gastón. (1994). *El derecho de soñar*. FCE. Bogotá.

BANCO Mundial. (2001). *Lucha contra la pobreza. Informe sobre el desarrollo mundial 2000-2001*. Ediciones Mundi-Prensa. Madrid.

BARREDA, Millar y Andrea Costafreda. (2004). *La democracia importa, pero con base en la igualdad*, en Binetti, Carlo y Fernando Carrillo (eds.). *¿Democracia con desigualdad? Una mirada de Europa hacia América Latina*. BID-Unión Europea- Alfaomega. Bogotá.

BEJARANO, Jesús Antonio. (1995). *Una agenda para la paz: aproximaciones desde la teoría de la resolución de conflictos*. Tercer Mundo Editores. Bogotá.

BOBBIO, Norberto. (1993). *Igualdad y libertad*. Paidós. Barcelona.

BOBBIO, Norberto. (1985). *El futuro de la democracia*. Plaza y Janés. Madrid.

BORRERO, Alfonso. (2008). *La universidad*. 7 vols. Javegraf. Bogotá.

BUNGE, Mario. (1974, 79, 83 y 89). *Treatrise on basic philosophie*. 8 vols. McGill University, Montreal.

CAMACHO, Álvaro. (1998). *Documento de propuestas. La paz es rentable*. Fotocopiado. Fundación de Amigos del Instituto de Estudios Políticos y Relaciones Internacionales. Universidad Nacional. Departamento Nacional de Planeación. Bogotá.

CAMARA, Helder. (1969). *Universidad y revolución*. Nueva *Universidad*. Santiago de Chile.

CÁRDENAS, Miguel E. y Darío I. Restrepo. (2003). *Descentralización, desarrollo e integración: crisis del centralismo y nuevos retos para las entidades territoriales. Ordenamiento territorial. Reivindicación de la descentralización para el desarrollo*. GTZ-Fescol. Bogotá.

CEPAL. (2004). *Panorama social de América Latina 2003-2004.* Santiago de Chile.

COMISIÓN de Derechos Humanos de Naciones Unidas. (2005). *Informe de la Alta Comisionada de las Naciones Unidas para los Derechos Humanos sobre la situación de los derechos humanos en Colombia.* Documento E/CN.4/2005/10. Bogotá.

DEPARTAMENTO Nacional de Planeación. Dirección de Desarrollo Territorial. (2002). *Evaluación de la descentralización en Colombia: balance de una década.* Cuatro tomos. DNP, PNUD, Acci, GTZ, Fonade. Bogotá.

DROR, Yehezkel. (1994). *La capacidad de gobernar.* Club de Roma. Círculo de lectores. Cartagena de Indias.

ECHANDÍA, Darío, (1981), *Obras selectas.* Cinco tomos. Banco de la República. Bogotá.

ESGUERRA Portocarrero, Juan Carlos. (2004). *La protección constitucional del ciudadano*. Primera edición. Legis Editores S.A., Bogotá.

ESTRADA, Jairo (dir.). (2005). *Caracterización de la élite intelectual de las reformas estructurales en Colombia.* Estudio adelantado por el Grupo Interdisciplinario de Estudios Políticos y Sociales de la Universidad Nacional de Colombia, con el apoyo de Colciencias (Policopiado). Bogotá.

FALS Borda, Orlando. (1986). *"El nuevo despertar de los movimientos sociales"*, en Revista Foro, No. 1, Bogotá.

FROMM, Erich, (1962), *El miedo a la libertad.* Paidós. Buenos Aires.

GARAY, Luis Jorge. (1998). *Crisis y construcción de sociedad.* ESAP Publicaciones. Bogotá.

GARCÍA, Antonio. (1971). *Dialéctica de la democracia.* Cruz del Sur. Bogotá.

GÓMEZ Buendía, Hernando. (1999) (comp.). *¿Para dónde va Colombia?* Tercer Mundo-Colciencias. Bogotá.

HABERMAS, Jürgen, (1992), *El discurso filosófico de la modernidad.* Taurus. Madrid.

HABERMAS, Jürgen. (1987). *Teoría de la acción comunicativa.* Taurus. Madrid.

HOYOS, Guillermo. (1986). *Comunicación y mundo de la vida, en Ideas y Valores.* Números 71-72. Universidad Nacional de Colombia. Bogotá.

INSTITUTO de Estudios Internacionales, (1990-2019), Revista Análisis Político. Universidad Nacional de Colombia. Bogotá.

KUHN, Tomas, (1971), *La estructura de las revoluciones científicas.* FCE, México D.F.

LEAL Buitrago, Francisco, (2002), *La seguridad nacional a la deriva.* Del Frente Nacional a la Posguerra Fría. Bogotá. Alfaomega-Ceso-Flacso Ecuador.

LEAL Buitrago, Francisco, (1996), *Tras las huellas de la crisis política*. Fescol-Iepri-Tercer Mundo Editores. Bogotá.

MELO, Jorge Orlando, (1991), *Algunas consideraciones globales sobre modernidad y modernización*, en Colombia: el despertar de la modernidad. Foro Nacional por Colombia. Bogotá.

MINISTERIO de Defensa Nacional, (2003), *Política de Defensa y Seguridad Democrática*. Bogotá.

MISAS, Gabriel, (2002), *La ruptura de los noventa: del gradualismo al colapso*. Universidad Nacional. Bogotá.

MÚNERA, Leopoldo, (1998), *Ruptura y continuidades, poder y movimiento popular en Colombia 1968-1988*. Facultad de Derecho. Universidad Nacional. Bogotá.

OCAMPO, José Antonio, (2004), *"Economía y democracia"*, en Pnud. 2004b. *La democracia en América Latina. Hacia una democracia de ciudadanas y ciudadanos*. Contribuciones para el debate. Aguilar y otros. Nueva York.

O'DONELL, Guillermo, (2004), *"Acerca del Estado contemporáneo en América Latina contemporánea: diez tesis para discusión"*, en Pnud. 2004b. *La democracia en América Latina. Hacia una democracia de ciudadanas y ciudadanos*. Contribuciones para el debate. Aguilar y otros. Nueva York.

PALACIOS, Marco, (1995), *Entre la legitimidad y la violencia. Colombia 1875-1994*. Norma. Bogotá.

PARDO Rueda, Rafael, (2004), *La historia de las guerras*. Ediciones B. Bogotá.

PECAULT, Daniel, (1987), *Orden y violencia en Colombia*. 2 vols. Cerec-Siglo XXI. Bogotá.

PNUD, (1994-2008), *Informes sobre desarrollo humano*. FCE. México D.F.

RAWLS, John, (1986), *Justicia como equidad*. Taurus. Madrid.

ROA Suárez, Hernando. (2019). *PERIODISMO PARA LA DEMOCRACIA*. Procuraduría General de la Nación, Universidad de Medellín, ESAP, Academia Colombiana de Jurisprudencia, Compensar, C.P.B, Acofade, Domopaz, Redunipaz. Bogotá.

ROA Suárez, Hernando. (2024). *EL LIDERAZGO POLÍTICO*. Análisis de casos. 6ta. Ed. Prólogo: Fernando Carrillo Flórez. Academia Colombiana de Jurisprudencia y Tirant lo Blanch. Bogotá.

ROA Suárez, Hernando. (2017). *Darío Echandía Olaya. Colombiano ejemplar*. Revista de la Academia Colombiana de Jurisprudencia. Nº. 365. Bogotá,

ROA Suárez, Hernando. (2016). *Construir Democracia. 45 años de periodismo de opinión*. Universidad Nacional - IEPRI; Universidad Javeriana - Instituto Pensar; Reunipaz; Domopaz; Grupo Editorial Ibáñez. Bogotá.

ROA Suárez, Hernando, (2000). *"Liderazgo: ¿Cómo?, ¿Por qué?, ¿Para qué?"*, en Magazín Dominical. El Espectador. 27 de febrero. Bogotá.

ROA Suárez, Hernando, (1999). *Estado y gobernabilidad*. FESCOL-GTZ. Bogotá.

ROA Suárez, Hernando, (1998), *Temas políticos contemporáneos*. ESAP Publicaciones. Bogotá.

ROA Suárez, Hernando y Johan Galtung, (1998), *¿Cómo construir la paz en Colombia?* ESAP Publicaciones. Bogotá.

ROCHA O., Cesáreo (2016). *Manuel Murillo Toro.* En Revista de la Academia Colombia de Jurisprudencia No. 362. Bogotá.

ROMERO, Marco A. (2005). *Garantías electorales: entre el unanimismo, el clientelismo y la guerra*, en Revista Foro, nº 53. Fundación Foro Nacional por Colombia. Bogotá.

SANTANA, Pedro. (1994). *El potencial democrático de los movimientos sociales.* Viva la ciudadanía–Fundación Social–UPN. Bogotá.

SARMIENTO, Eduardo. (1994). *Reforma y modernización del Estado: la experiencia de Colombia.* ILPES. IIAP. México.

SEN, Amartya. (2000). *Development and Freedom.* Random House. Nueva York. Hay traducción al español: *Desarrollo y libertad.* Planeta. Bogotá.

SHUMPETER, Joseph A. (1968). *Capitalismo, socialismo y democracia.* Aguilar. Madrid.

STIGLITZ, Joseph. (2003). *Interventor en el seminario: hacia una economía sostenible.* Conflicto y posconflicto en Colombia. Organizado por la Fundación Agenda Colombiana. Bogotá.

TOURAINE, Alain. (1997) *¿Podremos vivir juntos?* FCE, México D.F.

TOURAINE, Alain. (1995) *¿Qué es la democracia?* FCE. México D.F.

TRUJILLO Muñoz, Augusto et al. (2019). *HISTORIA CONSTITUCIONAL DE COLOMBIA. Análisis temáticos.* 4 tomos. Academia Colombiana de Jurisprudencia. Bogotá.

TRUJILLO Muñoz, Augusto. (2007). *De la Escuela Republicana a la Escuela del Tolima.* Academia Colombiana de Jurisprudencia. Bogotá.

UPRIMNY, Rodrigo. (2004). *"¿Una reforma de gobierno parlamentaria para Colombia?"*, en Revista Nueva Página, nº 1, Instituto del Pensamiento Liberal. Bogotá.

VARGAS, Alejo. (2004). *"El gobierno de Álvaro Uribe: proyecto y resultados. Políticas, estrategias y doctrinas"*, en Nueva Sociedad, 192. Caracas.

VILLAMIZAR, Andrés. (2004). *Fuerzas Militares para la guerra. La agenda pendiente de la reforma militar.* Fundación Seguridad y Democracia. Bogotá.

WALLERSTEIN, Inmanuel. (1996). *Abrir las ciencias sociales.* UNAM–Siglo XXI. México D.F.

WEBER, Max. (1974). *Sobre la teoría de las ciencias sociales.* Península. Barcelona.

WEBER, Max. (1973). *Ensayos sobre metodología sociológica.* Amorrortu. Buenos Aires.

WEBER, Max. (1969). *Economía y Sociedad.* FCE. México D.F.

III. La Constitución y la construcción de la paz

In memoriam: Jaime Vidal Perdomo

RESUMEN

El presente artículo contiene aspectos significativos de las relaciones existentes entre la Constitución Nacional y el proceso de construcción de la paz. Está, así mismo, integrado por reflexiones sobre la democracia participativa; los derechos humanos y la paz; propuestas de participación de la universidad en el proceso, y examina actitudes frente a la construcción de la paz en Colombia.

Palabras clave: Constitución, paz, derechos humanos, democracia participativa y universidad.

OUR CONSTITUTION AND THE PEACE CONSTRUCTION

ABSTRACT

This article offers significant aspects of the relationship between peace construction and the Constitution. It also includes the analysis of participative democracy, human rights and peace, the university's role in peace process; and examines attitudes towards peace construction in Colombia.

Key words: Constitution, peace, human rights, participative democracy and university.

ÍNDICE

3.1 INTRODUCCIÓN

Si nuestra Constitución es un tratado de paz, usémosla para construirla.

3.1.1 Importancia del tema

La revisión contextual de la situación colombiana contemporánea, nos indica, indubitablemente, que el problema más significativo que tenemos que resolver los colombianos de nuestros días, y por lo menos de los tres futuros decenios, es el de construir la paz. Tomando los indicadores más relevantes sobre los impactos de las violencias que hemos tenido que enfrentar los colombianos, a partir de 1948, encontramos que no hemos desarrollado un modelo que nos permita enfrentar las modalidades de las violencias abiertas, estructurales y culturales. Más aún, los ingredientes contemporáneos de la guerrilla, el narcotráfico, el paramilitarismo, la minería ilegal y la delincuencia organizada y sus variantes y combinaciones, ponen en serio peligro el desarrollo futuro de la democracia participativa en nuestro país. Por ello, se me presenta indispensable crear espacios de reflexión que faciliten la construcción de *una nueva cultura de paz* fundada en la justicia social, dentro de los preceptos fundamentales de nuestra Constitución.

3.1.2 Objetivos

Dos son los objetivos centrales del presente ensayo. Primero: presentar conceptualizaciones y relaciones entre la democracia participativa, la Constitución Nacional, los derechos humanos, la universidad y el proceso de paz; y Segundo: poner a consideración del lector un conjunto de reflexiones que lo invite a comprometerse con el proceso histórico de construcción de la paz en nuestra gran Nación.

3.1.3 Secuencia

Para el cubrimiento del tema, emplearemos la siguiente secuencia: Después de la introducción, me ocuparé de cinco conceptualizaciones vertebrales: Constitución, paz, universidad, democracia participativa y derechos humanos. Su desarrollo debe permitir una adecuada mediación entre la concreción y la abstracción. En tercer lugar, se dan indicaciones sustantivas en torno al contenido de la democracia participativa. En el cuarto punto, se hace notar cómo, en la presente Constitución, el tema de la paz ha sido tratado cuidadosa y transversalmente. En seguida, se presentan delineamientos en torno a los derechos humanos y la paz. En sexto lugar, encontramos propuestas precisas sobre actividades que pueden desarrollar las universidades en la construcción de la paz. En séptimo lugar, se presentan cinco actitudes frente al proceso de paz; y en octavo lugar, encontramos las conclusiones. Se acompaña, finalmente, la bibliografía general.

3.2. CONCEPTUALIZACIONES BÁSICAS

Las conceptualizaciones deben ser adecuadas mediaciones entre la concreción y la abstracción.

3.2.1 Constitución

Un camino para conceptualizar la Constitución es sostener que ella es la Ley de leyes; la Norma de las normas, a la cual está sometido el conjunto de nuestro ordenamiento jurídico. También: es la Ley escrita fundamental de la organización de nuestro Estado que ha sido ordenada sistemáticamente; es un documento jurídico-político fundamental que, integrado por los poderes ejecutivo, legislativo, judicial y electoral, facilita el cumplimiento y desarrollo del Estado social de derecho.

Notemos que las primeras constituciones del modelo liberal fueron la estadounidense de 1778 y la francesa de 1791. Ellas fueron muy importantes para el desarrollo del derecho constitucional latinoamericano y para la cristalización de la Constitución signada en 1821, en la Villa del Rosario de Cúcuta.

Como puede observarse en los textos de las constituciones de 1821, 1842, 1848, 1850, 1852, 1860, 1863, 1886, 1910, 1936, 1945, 1968 y 1991, se han plasmado los puntos más significantes de las ideologías políticas occidentales que han orientado a los líderes de la Nación, durante los siglos XIX a XXI. Nótese que las grandes controversias en torno a centralismo y federalismo; el papel del Estado en la economía; la relación entre el Estado y las iglesias; el énfasis en el presidencialismo; las relaciones entre los poderes; el manejo de la política de la paz; la importancia de las libertades; la dirección de la política ambiental; y el papel de la integración latinoamericana... han quedado definidas en nuestros textos constitucionales.

Características de la Constitución de 1991

Si revisamos la Constitución vigente[75], encontramos en ella un conjunto de características que podríamos destacar al compararla con la estructura sustantiva de la de 1886 y sus reformas. Ellas son: i.- La incorporación del Estado Social de Derecho, en cuya virtud las instituciones públicas son instrumentos al servicio de la sociedad y especialmente de los sectores más débiles de la misma. La carta de derechos y las garantías para su aplicación, son las herramientas que garantizan el desarrollo del Estado Social de Derecho. ii.- La consagración de la Tutela ha permitido acercar, el texto constitucional, a amplios sectores de la población y agilizar el cumplimiento de derechos. iii.- La organización de la Corte Constitucional con poderes

75 Al comparar los procesos que dieron origen a nuestros ordenamientos constitucionales y sus respectivas reformas, es posible sostener que la Constitución de 1991 fue resultado de una amplia participación de diversos sectores sociales y políticos. Vale la pena anotar que serios analistas la reconocen como una *Constitución incluyente*.

definidos para la guarda de los preceptos e instituciones de la Carta. iv.- La creación de la Fiscalía y la apertura hacia la institucionalización del sistema acusatorio. v.- La apertura política que abrió la posibilidad de organizar un régimen político pluripartidista que modificó el tradicional bipartidismo que, en distintos periodos, actuó en forma excluyente frente a otros movimientos ideológicos. vi.- El conjunto del articulado que plasma orientaciones definidas para la protección del medio ambiente. vii.- El grupo de disposiciones dirigidas al desarrollo de las minorías étnicas. viii.- La definición de la autonomía de la Junta Directiva del Banco de la República. ix.- La conveniencia de buscar un nuevo orden político, económico, social, cultural y ambiental, comprometido con el impulso de la unidad latinoamericana; y x.- La creación de instrumentos tales como: el referendo, el plebiscito y la revocatoria del mandato, que permiten transitar hacia la configuración de la democracia participativa como una construcción superada de la representativa.

3.2.2 Paz

¿Existirá una sola perspectiva que se presente con pretensiones de validez universal sobre la paz? La realidad nos indica que este concepto ha evolucionado con el paso del tiempo y los procesos de cambio. Gracias a la interdisciplinariedad en ciencias sociales – y la paz a la que nos referimos es, por supuesto, una noción esencialmente política- hoy tenemos que su construcción tiene implicaciones históricas, políticas, económicas, sociales, culturales, ambientales e internacionales. ¿Cómo podríamos conceptualizarla? Desde el decenio de los 70 cientistas sociales reconocidos, asesores gubernamentales rigurosos e importantes autoridades de Naciones

Unidas, la conciben como la ausencia de violencia abierta, estructural y cultural[76].

Pensando en los últimos seis decenios de nuestra lucha política, conocemos que lamentablemente los colombianos no hemos tomado las decisiones de autoridad precisas; *no hemos formulado, implementado y avaluado políticas públicas adecuadas* para solucionar el problema de gobernabilidad democrática, la estabilidad de las instituciones y el imperio del Estado social de derecho. En este tiempo, no debemos olvidar que hemos tenido distintos tipos de violencias: desde la preconizada por los partidos tradicionales y vinculada especialmente al manejo de la burocracia y los intereses en torno al desarrollo del campo..., hasta la contemporánea, donde encontramos el surgimiento de un tipo complejo y original de violencias que combina guerrilla, narcotráfico, narcoguerrilla, paramilitarismo, minería ilegal, terrorismo y delincuencia común.

3.2.3 Universidad

Notemos que desde su surgimiento en Europa en los siglos XII y XIII y su cristalización en París, Bolonia, Salerno, Oxford y Salamanca; su fundación en 1538 en Santo Domingo y su desarrollo en Harvard, la universidad ha sido una institución de educación superior clave para la formación, la investigación y la proyección social. Ahora bien, por su papel histórico decisivo en la sociedad, puede ayudar eficientemente a aclimatar una nueva cultura de paz. ¿Cómo la conceptualizo? Es una institución de educación superior integrada por directivos, educandos, educadores, investigadores, egresados y personal administrativo que está en búsqueda permanente de conocimientos científicos, tecnológicos, artísticos e innovativos y que,

76 Véase al respecto, por ejemplo, las serias elaboraciones del profesor Johan Galtung.

por encima de toda vanidad, ambición o miedo, está en función de innovar y orientar la vida social[77].

Universidad de París. Sorbona

Universidad de Bologna

Universidad de Santo Domingo

3.2.4 Democracia participativa

Es aquella forma de gobierno que, fundada en los preceptos sustantivos de la democracia representativa, incorpora el voto, el referendo, el plebiscito, la consulta popular, el cabildo abierto, la iniciativa legislativa y la revocatoria del mandato, como mecanismos que organizan un superior grado de intervención de la ciudadanía en el proceso de la toma de decisiones.

---

77 *Para un análisis y compresión del proceso de gestación y desarrollo de las universidades: sus problemas significativos; sus estructuras, aportes y misiones, hasta el siglo XXI,* es conveniente revisar el trabajo de Alfonso Borrero Cabal plasmado en sus extensos aportes del **Simposio permanente sobre la universidad.** Allí se encuentra bibliografía comparada y actualizada sobre los temas concernientes a la comprensión de la problemática universitaria a nivel mundial, latinoamericano y nacional. Un buen texto, dedicado a presentar algunos temas vinculados al desarrollo de la problemática universitaria, es: *Universidad-Utopía*. Icfes, Edilnalco, Medellín, 1994.

3.2.5 Derechos humanos[4]

DECLARACION UNIVERSAL DE DERECHOS HUMANOS

CONSIDERANDO que la libertad, la justicia y la paz en el mundo tienen por base el reconocimiento de la dignidad intrínseca y de los derechos iguales e inalienables de todos los miembros de la familia humana;

CONSIDERANDO que el desconocimiento y el menosprecio de los derechos humanos han originado actos de barbarie ultrajantes para la conciencia de la humanidad; y que se ha proclamado, como la aspiración más elevada del hombre, el advenimiento de un mundo en que los seres humanos, liberados del temor y de la miseria, disfruten de la libertad de palabra y de la libertad de creencias;

Artículo 1. Todos los seres humanos nacen libres e iguales en dignidad y derechos y, dotados como están de razón y conciencia, deben comportarse fraternalmente los unos con los otros.

Artículo 2. (1) Toda persona tiene todos los derechos y libertades proclamados en esta Declaración, sin distinción alguna de raza, color, sexo, idioma, religión, opinión política o de cualquier otra índole, origen nacional o social, posición económica, nacimiento o cualquier otra condición.

(2) Además, no se hará distinción alguna fundada en la condición política, jurídica o internacional del país o territorio de cuya jurisdicción dependa una persona, tanto si se trata de un país independiente, como de un territorio bajo administración fiduciaria, no autónomo o sometido a cualquier otra limitación de soberanía.

Artículo 3. Todo individuo tiene derecho a la vida, a la libertad y a la seguridad de su persona.

Artículo 4. Nadie estará sometido a esclavitud ni a servidumbre; la esclavitud y la trata de esclavos están prohibidas en todas sus formas.

Artículo 5. Nadie será sometido a torturas ni a penas o tratos crueles, inhumanos o degradantes.

Artículo 6. Todo ser humano tiene derecho, en todas partes, al reconocimiento de su personalidad jurídica.

Artículo 7. Todos son iguales ante la ley y tienen, sin distinción, derecho a igual protección de la ley. Todos tienen derecho a igual protección contra toda discriminación que infrinja esta Declaración y contra toda provocación a tal discriminación.

Artículo 8. Toda persona tiene derecho a un recurso efectivo, ante los tribunales nacionales competentes, que la ampare contra actos que violen sus derechos fundamentales reconocidos por la cons-

Artículo 21. (1) Toda persona tiene derecho a participar en el gobierno de su país, directamente o por medio de representantes libremente escogidos.

(2) Toda persona tiene el derecho de acceso, en condiciones de igualdad, a las funciones públicas de su país.

(3) La voluntad del pueblo es la base de la autoridad del poder público; esta voluntad se expresará mediante elecciones auténticas que habrán de celebrarse periódicamente, por sufragio universal e igual y por voto secreto u otro procedimiento equivalente que garantice la libertad del voto.

Artículo 22. Toda persona, como miembro de la sociedad, tiene derecho a la seguridad social, y a obtener, mediante el esfuerzo nacional y la cooperación internacional, habida cuenta de la organización y los recursos de cada Estado, la satisfacción de los derechos económicos, sociales y culturales, indispensables a su dignidad y al libre desarrollo de su personalidad.

Artículo 23. (1) Toda persona tiene derecho al trabajo, a la libre elección de su trabajo, a condiciones equitativas y satisfactorias de trabajo y a la protección contra el desempleo.

(2) Toda persona tiene derecho, sin discriminación alguna, a igual salario por trabajo igual.

(3) Toda persona que trabaja tiene derecho a una remuneración equitativa y satisfactoria, que le asegure, así como a su familia, una existencia conforme a la dignidad humana y que será completada, en caso necesario, por cualesquiera otros medios de protección social.

(4) Toda persona tiene derecho a fundar sindicatos y a sindicarse para la defensa de sus intereses.

Artículo 24. Toda persona tiene derecho al descanso, al disfrute del tiempo libre, a una limitación razonable de la duración del trabajo y a vacaciones periódicas pagadas.

Pensando en una concepción de los Derechos Humanos (DDHH), recordemos que estos tuvieron su origen en la Asamblea Constituyente francesa de 1789. Dicho documento recopiló principios universalmente válidos: el derecho a la libertad individual, a la de pensamiento, de credo y de prensa, así como el respeto a la propiedad, la igualdad y la búsqueda de la fraternidad. Allí mismo se plasmaron los preceptos relativos a la separación de poderes y la soberanía nacional. Los DDHH son, pues, los propios de nuestra especie en Colombia; su aplicación práctica es un reto especialmente para los gobiernos presentes (2024) y futuros.

78 Para una ampliación del tema véanse: Oficina en Colombia del Alto Comisionado de las Naciones Unidas para los Derechos Humanos. (2004) *Derecho Internacional de los derechos humanos*. Servigrafic; y (2001) *Igualdad, Dignidad y Tolerancia*. Panamericana. Bogotá. OROZCO, Iván (2003), *"Aportes para una historia comparada de la justicia transicional". El papel de las ONGS de derechos humanos en los procesos de justicia transicional: los casos de Cono Sur y el Salvador"*, en Revista Análisis Político No. 48. (2000) *"La posguerra colombiana: divagaciones sobre la venganza, la justicia y la reconciliación"* en Revista Análisis Político 46; y (2005). *Sobre los límites de la conciencia humanitaria.* Temis-Uniandes. Bogotá. MONROY CABRA, Gerardo et. al. (2001). *Desaparición forzada de personas*. Librería El Profesional. Bogotá. OSPI-

3.3 HACIA UNA DEMOCRACIA PARTICIPATIVA

Nuestra Constitución es un proyecto inspirado en los principios de la justicia social, la igualdad y la solidaridad, que convoca a los ciudadanos a ejercer, dentro de determinados condicionamientos, el plebiscito, el referendo, la revocatoria del mandato… y la posibilidad de participar más abiertamente en el proceso de la toma de las decisiones que nos afectan como ciudadanos.

NA, Héctor et. al. (2002). *Ética ciudadana y derechos humanos de los niños.* Cinde. Bogotá. Comisión Andina de Juristas. (1994) *Arauca. El Quijote.* Bogotá. Comité Permanente por la Defensa de los Derechos Humanos (2004). *Derechos Humanos en Colombia.* Bogotá. (2005). *Comprensión de los derechos humanos.* Panamericana. Bogotá. COOK, Rebecca et. al. (2003) *Salud reproductiva y derechos humanos.* Profamilia. GALVIS Ligia (2005) *Comprensión de los derechos humanos.* Aurora. Bogotá. PAPACCHINI Angelo (2001). *Derecho a la vida.* Colciencias-Univalle. Cali. DOUZINAS Costas (2000) *The End of the Human Rights,* Hart Publishing, Oxford. PÉCAUT, Daniel (2001), *"Colombia violencia y democracia",* en *Guerra contra la sociedad,* Espasa, Bogotá. Instituto Interamericano de Derechos Humanos (2004). *Los derechos humanos de las mujeres: fortaleciendo su promoción y protección internacional.* Mundo Gráfico. San José, Costa Rica. JULIO ESTRADA, Alexei (2000). *La eficacia de los derechos fundamentales entre particulares.* Universidad Externado de Colombia. Bogotá. LONDOÑO TORO, Beatriz et. al. (Comp). (2005). *Derechos humanos de la población desplazada en Colombia.* Unirosario. Bogotá. VALENCIA VILLA, Alejandro (1991). *La humanización de la guerra. Derecho Internacional Humanitario y conflicto armado en Colombia,* Tercer Mundo, Bogotá. WILSON Richard (1997), Introduction en: Richard Wilson (Ed) *Human Rights, Culture Under context anthropological perspectives.* Pluto Press, London. ROMERO, Mauricio (2003), *Paramilitares y autodefensas 1982 - 2003.* IEPRI. Bogotá. Human Right Watch (2002), *Informe anual Colombia situación de derechos humanos.* REALES, Clara Helena et. al. (2002), *Paz y derechos humanos: del círculo vicioso al círculo virtuoso.* Cijus Uniandes-Colciencias, Bogotá. CUBIDES, Fernando (1998), *"De lo privado y de lo público en la violencia colombiana: los paramilitares",* en Arocha Jaime et. al. (Ed), *Las violencias. Inclusión reciente.* Universidad Nacional Bogotá. LARA, Patricia (2000). *Las mujeres en la guerra.* Planeta. Bogotá. GUILLERMO PRIETO, Alma (2000), *Las guerras en Colombia. Tres ensayos.* Aguilar. Bogotá. CAMACHO, Álvaro, (2002), *"Creo, necesidad y codicia: los alimentos de la guerra",* en: Revista Análisis Político No. 46. Bogotá.

Sabemos que una de las características de la Constitución del 91, fue facilitar la transición de Colombia de una democracia representativa a una participativa. *El pacto de paz*, que es nuestra Constitución, consagró que los colombianos deberíamos construir una sociedad pluralista, multiétnica y pluricultural, dentro de un *Estado Social de Derecho*. Mas también, debemos tener presente que ella estipula la soberanía popular e, invocando la protección de Dios, nos invita a "fortalecer la unidad de la Nación y asegurar a sus integrantes la vida, la convivencia, el trabajo, la justicia, la igualdad, el conocimiento, la libertad y la paz..." Así mismo, es un proyecto inspirado en los principios de la justicia social, la igualdad y la solidaridad, que convoca a los ciudadanos a ejercer, dentro de determinados condicionamientos, el plebiscito, el referendo, la revocatoria del mandato... y la posibilidad de participar más abiertamente en el proceso de la toma de decisiones que nos afectan como ciudadanos.

Conscientes de la evolución del mundo, en el último decenio del siglo XX, los constituyentes definieron un marco jurídico-democrático que propende por un orden político, económico, cultural, social, ambiental y justo, comprometido con el impulso de la integración de la comunidad latinoamericana y, en desarrollo de su articulado, definieron en el 103 que: "*Son mecanismos de participación del pueblo en ejercicio de su soberanía:* el voto, el plebiscito, el referendo, la consulta popular, el cabildo abierto, la iniciativa legislativa y la revocatoria del mandato. La ley los reglamentará".

3.4. LA PAZ Y LA CONSTITUCIÓN DEL 91[79]

El problema de la paz es un problema de fondo: la paz es el bien absoluto, condición necesaria para la realización de todos los demás valores. Norberto Bobbio

---

79 Invito al lector a completar los planteamientos aquí esbozados, con mi texto: "*Liderazgo, gobernabilidad y paz*". (2003), Revista Universitas, No. 103. Facultad de Ciencias Jurídicas. Pontificia Universidad Javeriana. Bogotá, pp. 45-88.

La revisión global de los postulados constitucionales, nos permite encontrar que -nunca como antes- hubo tanta preocupación en el legislador por el tema de la paz. Este es trabajado explícitamente desde el Preámbulo, pasando por los principios fundamentales; los derechos, las garantías y los deberes; los derechos sociales, económicos y culturales; los deberes y las obligaciones. Así mismo, consagra el deber del Presidente de: "conservar en todo el territorio el orden público y restablecerlo donde fuere turbado", para avanzar hasta el artículo 218, donde se consagra que: "la Policía Nacional es un cuerpo armado permanente de naturaleza civil, a cargo de la Nación, cuyo fin primordial es el mantenimiento de las condiciones necesarias para el ejercicio de los derechos y libertades públicas y para asegurar que los habitantes de Colombia convivan en paz".

Norberto Bobbio

Me inclino a pensar que resulta muy útil para los colombianos el correlacionar, por ejemplo, los artículos 2, 22, 67, 95, 189 y 218. Leámoslos cuidadosamente y observemos las concordancias; así podemos desentrañar la gran importancia que el legislador le otorgó a la problemática de la paz. Leamos cuidadosamente:

Artículo 2. Son fines del Estado: servir a la comunidad, promover la prosperidad general y garantizar la efectividad de los principios, derechos y deberes consagrados en la Constitución; facilitar la participación de todos en las decisiones que los afectan y en la vida económica, política, administrativa y cultural de la Nación; defender la independencia nacional, mantener la integridad territorial y asegurar la convivencia pacífica y la vigencia de un orden justo.

Las autoridades de la República están instituidas para proteger a todas las personas residentes en Colombia, en su vida, honra, bienes, creencias, y demás derechos y libertades, y para asegurar el cumplimiento de los deberes sociales del Estado y de los particulares.

Conc[80]. Art.: 1º, 4º, 8º, 11, 12, 12, 15, 21, 22, 40, 58, 83 a 95, 100, 103, 113, 177-2, 188, 216, 282, 365, 366.

Artículo 22. La paz es un derecho y un deber de obligatorio cumplimiento.

Conc. Preámbulo, Arts.: 1º, 67, 95-6 y 377.

Artículo 67. La educación es un derecho de la persona y un servicio público que tiene una función social; con ella se busca el acceso al conocimiento, a la ciencia, a la técnica, y a los demás bienes y valores de la cultura.

La educación formará al colombiano en el respeto a los derechos humanos, a la paz y a la democracia; y en la práctica del trabajo y la recreación, para el mejoramiento cultural, científico, tecnológico y para la protección del ambiente.

El Estado, la sociedad y la familia son responsables de la educación, que será obligatoria entre los cinco y los quince años de edad y que comprenderá como mínimo, un año de preescolar y nueve de educación básica.

La educación será gratuita en las instituciones del Estado, sin perjuicio del cobro de derechos académicos a quienes puedan sufragarlos.

Corresponde al Estado regular y ejercer la suprema inspección y vigilancia de la educación con el fin de velar por su calidad, por el cumplimiento de sus fines y por la mejor formación moral, intelectual y física de los educandos; garantizar el adecuado cubrimiento del servicio y asegurar a los menores las condiciones necesarias para su acceso y permanencia en el sistema educativo.

La Nación y las entidades territoriales participarán en la dirección financiamiento y administración de los servicios educativos estatales, en los términos que señalen en la Constitución y la ley.

---

80 La lectura integrada de las *concordancias* permite una adecuada comprensión de nuestro ordenamiento constitucional. Véase el trabajo realizado al respecto por la ESAP en su segunda edición de la Constitución en 1992 y por Legis, en su edición de 2005.

Conc. Arts.: 1º, 10, 13, 22 , 25, 27, 41, 44, 52, 64, 68, 69, 70, 79, 95, 150-8, 189-21, 221, 300, 336, 356, 366.

Art. 95. La calidad de colombiano enaltece a todos los miembros de la comunidad nacional. Todos están en el deber de engrandecerla y dignificarla. El ejercicio de los derechos y libertades reconocidos en esta Constitución implica responsabilidades.

Toda persona está obligada a cumplir la Constitución y las leyes. Son deberes de la persona y del ciudadano:

1. Respetar los derechos ajenos y no abusar de los propios;Conc. Arts.: 2º, 6º, 13, 33, 44, 85 y ss., 333.
2. Obrar conforme al principio de solidaridad social, respondiendo con acciones humanitarias ante situaciones que pongan en peligro la vida o la salud de las personas; Conc. Arts. 1º, 2º, 6º, 7º, 11, 49, 64, 85, ss.
3. Respetar y apoyar a las autoridades democráticas legítimamente constituidas para mantener la independencia y la integridad nacionales; Conc. Arts.: 2º, 4º, 6º, 40, 188, 189-3. 212, 216, 217.
4. Defender y difundir los derechos humanos como fundamento de la convivencia pacífica; Conc. Arts.: 2, 6º, 9º, 22, 67, 93, 150-16, 164, 189-2, 214-2, 218, 222, 278-4, 282.
5. Participar en la vida política, cívica y comunitaria del país; Conc. Arts.: 1º ss., 25 ss., 40, 87 ss., 103 ss., 125, 133, 154, 170 ss., 177, 184, 191, 231-1, 242, 255, 259, 264, 303, 316, 323, 330, 375 ss., 379.
6. Propender al logro y mantenimiento de la paz; Conc. Arts.: 1º, 6º, 22.
7. Colaborar para el buen funcionamiento de la administración de la justicia; Conc. Arts. 1º, 6º, 116, 152b, 228, 229, 247.
8. Proteger los recursos culturales y naturales del país y velar por la conservación de un ambiente sano; Conc. Arts. 1º, ss., 63, 70, 88, 215, 268, 289, 3-2, 310, 317, 330-5, 333, 360 y ss.
9. Contribuir al financiamiento de los gastos e inversiones del Estado dentro de conceptos de justicia y equidad.

Conc. Arts. 1º, 2º, 4º, 6º, 8º, 13, 22, 23, 40, 41, 44, 49, 58, 64, 67, 72, 79, 88, 93, 98, 103, 116, 221, 223, 228, 333, 338, 345, 363.

Art. 189. Corresponde al Presidente de la República como Jefe de Estado, Jefe de Gobierno y Suprema autoridad administrativa:

4. Conservar en todo el territorio el orden público y restablecerlo donde fuera turbado.

Conc. Arts. 2º, 95-3, 97, 100, 140, 213 ss., 296, 303, 315-2, 330-7.

Artículo 218. La ley organizará el cuerpo de policía.

La Policía Nacional es un cuerpo armado permanente de naturaleza civil, a cargo de la Nación, cuyo fin primordial es el mantenimiento de las condiciones necesarias para el ejercicio de los derechos y libertades públicas, y para asegurar que los habitantes de Colombia convivan en paz.

La ley determinará su régimen de carrera, prestacional y disciplinario.

Conc. Arts.: 22, 95-6, 125, 135-7, 150-19e, 173-2, 189-19, 213, 2165, 219ª, 222, 250-3, 315-2.

Así pues que de la revisión del articulado consagrado por nuestra Constitución, al manejo de la problemática de la paz, puede inferirse que es uno de los temas vertebrales de los que se ocuparon los constituyentes del 91. Es claro por tanto que, según la Constitución colombiana, existe una urdimbre entre el proceso de construcción de la paz, los derechos ciudadanos, la educación, el deber de todo ciudadano de participar para construir y mantener la paz y el deber de los colombianos de engrandecer la comunidad nacional, dentro de un marco jurídico democrático y participativo.

Complementariamente, observamos que, si tenemos en cuenta la información empírica existente en torno a los indicadores sociales en 2019, *existe en nuestro país una gran distancia entre el deber ser planteado en nuestros preceptos constitucionales y la realidad.* Para los futuros estadistas y demócratas colombianos, aquí tenemos un reto inmenso que debe concretarse en políticas públicas eficaces y eficientes. Si esta tarea no se asume con responsabilidad histórica, me inclino a pensar que el proyecto de democracia participativa, será aplazado, con todas las consecuencias que de allí se deriven.

3.5. LOS DERECHOS HUMANOS Y LA PAZ

La paz es un derecho y un deber de obligatorio cumplimiento. Constitución Nacional. Art. 22

Para un demócrata se presenta diáfano que la paz debe ir de la mano de los derechos humanos y de la construcción democrática en todos los ámbitos del valor del trabajo y de la recreación. Y en tratándose de los deberes y obligaciones que nos competen a los ciudadanos colombianos, ¿cómo no tener en cuenta que "el ejercicio de los derechos y libertades reconocidos en esta Constitución implica responsabilidades"? Pensemos en la reflexión que nos propone Bobbio: leamos la Declaración de los Derechos Humanos y miremos alrededor: "¡Cuántas víctimas inocentes de crueles guerras, cuánto espíritu de atropello, de dominio, de perversidad, de desprecio al débil, de ciega envidia del fuerte! ¿Cuánto fanatismo! ¡Lejos queda la dignidad de la persona! La historia del hombre es vieja en milenios pero, comparada con nuestras esperanzas, acaba de empezar".

Preguntémonos ahora: ¿Cómo olvidar que "la paz es un derecho y un deber de obligatorio cumplimiento"? ¿Por qué no retomar en las instituciones educativas, su vocación de constructoras de paz, difundiendo en todos los establecimientos *una nueva cultura* inspirada en nuestros preceptos constitucionales? Me inclinaría a pensar que se han producido algunos hechos significativos, el surgimiento de organizaciones, la celebración de eventos nacionales e internacionales..., pero estamos en mora de ver superiores efectos constructivos al respecto[81].

3.6. LA UNIVERSIDAD Y LA CONSTRUCCIÓN DE LA PAZ

> *"Tengo especialmente en cuenta que hay un grupo pequeño, aunque determinado a actuar, en cada nación, compuesto por individuos que, sin tener en cuenta las consideraciones sociales y las limitaciones, considera la guerra como la fabricación y venta de armas, y simplemente como una oportunidad para aumentar sus intereses y autoridad personal. ¿Cómo es posible que esta pandilla doblegue la voluntad de la mayoría que pierden y sufren con la guerra al servicio de sus ambiciones?" Albert Einstein.30 de julio 1932. Carta a Freud.*

> *"¿Cuánto hemos de esperar antes que el resto de los hombres se conviertan en pacifistas? Es imposible decirlo, y tal vez nuestra esperanza de que esos dos factores -la dimensión cultural del hombre y su bien fundado miedo de la forma que en el futuro puedan tener las guerras, puede servir para poner un fin a la guerra en un futuro cercano, sin quimeras-. Bien por este medio o por otros que se puedan hallar, no podemos predecirlo. Mientras tanto, podemos confiar en la seguridad de que cualquier cosa que se haga por el desarrollo cultural servirá para evitar la guerra". Sigmund Freud. Septiembre de 1932. Carta a Einstein.*

---

81 Analicemos los procesos y eventos organizados, en los últimos años (1991-2024), por Redepaz, Redunipaz, Universidad Nacional, Javeriana, Rosario, Andes, Fescol... Existen aportes, pero... falta un superior compromiso de los estamentos universitarios con la construcción de la paz. También, está pendiente un proceso serio de formulación, implementación y evaluación de políticas de Estado que conduzcan a construir la paz en Colombia. Estúdiese, la trascendencia del *Pacto de Colón*, signado en 2016.

Observemos que Colombia ha sido una Nación con frecuentes procesos bélicos internos desde el siglo XIX, pero ninguno había alcanzado las magnitudes y especificidades del que atravesamos en los últimos tres decenios. ¿Cómo fueron las tipologías y los valores involucrados en los anteriores conflictos? Las características del colombiano hoy, no son como las del El Salvador, Nicaragua o Guatemala... El ingrediente guerrilla, narcotráfico, narcoguerrilla, paramilitarismo y minería ilegal, en la magnitud y con la incidencia que los costos del conflicto tienen en el PIB, es original e inmenso[82]. Si a ellos agregamos los problemas derivados de las conductas desviadas (anomía) y la falta de cohesión social (atonía), la complejidad y originalidad del problema de la paz exige nuestro compromiso constructivo.

La comparación entre las características de los conflictos en el siglo XIX y el actual, nos indica que las diferencias son notables. Por ello, lo mejor de nuestra *intelligentzia* está invitada a aportar en el proceso de paz, bajo los presupuestos de la democracia participativa.

De otro lado, sabemos que las universidades deben ser comunidades integradas por educadores, educandos, investigadores, egresados y personal administrativo que estamos en función permanente de innovar y orientar la vida social en el campo específico de la ciencia, la tecnología, el arte, la cultura y la innovación. Frente a los problemas generados por las distintas formas de violencia, es evidente que los miembros de las comunidades universitarias hemos de desempeñar un papel crucial.

Pensando en los estudios sobre la paz, notemos que es necesario actualizarlos y profundizarlos. Entre nosotros se han desarrollado importantes reflexiones sobre la dinámica estratégica y coyuntural de la guerra pero parecería no haberse superado ese discurso y las perspectivas sobre la transformación positiva han quedado en suspenso. En cambio, sectores de la sociedad civil, en su conjunto, han

82 Según el DNP, el 3.1% del PIB en 1996.

abierto canales de reflexión y acción en torno a la paz, no solo como expectativa o como ilusión, sino como un marco de entendimiento cotidiano para el desarrollo concreto de la democracia.

La disonancia entre desarrollo académico y la dinámica social ha generado un vacío que es necesario llenar entre todos, y no solo a través del trabajo de los académicos porque se correría el riesgo de caer nuevamente en los mismos errores cometidos hasta ahora. Si bien es cierto que la academia ha estado presente en las diferentes convocatorias públicas a favor de un nueva esquema de convivencia, es tiempo ya de que se funde esa intencionalidad en una nueva vocación de servicio: la de repensar y elaborar los procesos de paz simultáneamente. Esbocemos entonces algunas propuestas viables sobre posibles relaciones que se pueden establecer entre las universidades y el proceso de paz.

3.6.1 Propuestas

3.6.1.1 Convocar nuevamente el Consejo Nacional de Paz como espacio de participación y de gestión articulado a la construcción de la paz.

3.6.1.2 Una característica de la vocación universitaria debe ser intervenir en el conflicto con una perspectiva transformadora hacia la paz.

3.6.1.3 Realizar análisis e investigaciones universitarias, en conexión con los actores que, más allá de estar inmersos en el conflicto, han venido construyendo procesos paralelos de convivencia pacífica en diferentes espacios locales y regionales.

3.6.1.4 Superar las elaboraciones descriptivas del conflicto y tender, más bien, al planteamiento crítico de escenarios, esquemas y tendencias de paz, con perspectiva regional.

3.6.1.5 Dialogar con los actores en un contexto internacional y con especialistas que hayan desarrollado esa reflexión teórico-práctica en otros contextos.

3.6.1.6 Monitorear los trabajos desarrollados por otros actores, en regiones de países distintos (Europa, Asia, África, Centro América). Este seguimiento permite adentrarse en otras culturas, conocer métodos de racionamiento y técnicas de tratamiento y transformación para la paz[83].

3.6.1.7 Persuadir a los rectores universitarios y a las instancias académicas para que, con su capacidad de convocatoria y responsabilidad, se facilite reformular los currículos, tanto en ciencias sociales como naturales, incluyendo espacios académicos vinculados a la construcción de una nueva cultura de paz. Así mismo, agenciar los recursos para preparar a los profesores y a los egresados, para que puedan intervenir en la construcción de la paz con eficiencia y eficacia.

3.6.1.8 Organizar en las universidades diplomados, especializaciones, maestrías, doctorados y postdoctorados sobre los distintos aspectos del proceso de paz (liderazgo político, paz y resolución de conflictos, pedagogía de la convivencia, zonas de paz, políticas públicas, relaciones internacionales, gobernabilidad democrática y construcción de la paz en el postconflicto...).

3.6.1.9 Fortalecer los centros de investigación y pensamiento, y los proyectos sobre la paz, haciendo los respectivos seguimientos y produciendo resultados que planteen soluciones realizables.

3.6.1.10 Formar técnicamente grupos profesionales para administrar y difundir -pedagógicamente- las nuevas culturas en torno a la construcción de la paz y el manejo del postconflicto.

3.6.1.11 Celebrar alianzas estratégicas, nacionales e internacionales, para facilitar el surgimiento de una nueva cultura de paz[84].

3.6.1.12 Acudir a la colaboración y el apoyo de instituciones expertas en la problemática de la paz y la solución de conflictos, al estilo de Naciones Unidas y TRASCEND.

3.6.1.13 Examinar y reformular las experiencias y aportes de las universidades públicas y privadas, vinculadas a los procesos de reinserción; y

---

83 Es de gran utilidad revisar los aportes africanos al respecto. También los de El Salvador, Guatemala y Nicaragua… son diversos, pero ayudan a su desarrollo.

84 *¿Olvidaremos acaso la importancia y originalidad que, como laboratorio para la construcción de la paz y la elaboración de tesis doctorales y postdoctorales, ofrece Colombia, a partir del 24 de diciembre de 2016?*

3.6.1.14 Replantear la formación política ofrecida a los estudiantes, para facilitar su compromiso con los principios de la democracia participativa, los partidos políticos y los movimientos políticos y sociales -de tal manera- que se cree una cultura política capaz de derrotar las prácticas clientelistas y corruptas vigentes en amplios sectores de la vida política.

Por ello es que los universitarios estamos invitados a intervenir creativamente en el proceso de paz y a no olvidar que: "Hacer no es agitarse; es realizar lo difícil" (E. Mounier, Manifiesto del personalismo). Nos corresponde intervenir en la más ardua tarea, donde está en juego el destino democrático de Colombia. El espíritu belicista debe ser confrontado por una muy bien informada y planeada solución política negociada[85].

Cambiemos de instancia y ocupémonos de pensar en cinco actitudes que, como ciudadanos, podemos asumir frente al proceso de paz.

3.7. ACTITUDES FRENTE AL PROCESO DE PAZ

En nuestros días, los demócratas estamos invitados a ser constructores de paz y a comprometernos con esta causa, porque de su consolidación depende la supervivencia de la democracia.

Al repensar el proceso político, durante los últimos siete decenios, parecería que a ningún colombiano consciente le sea extraño que el problema más complejo para resolver en el futuro, es la construcción de la paz. ¿Qué actitudes asumir frente al proceso? Nos ocuparemos de analizar cinco de ellas: el ignorante, el indiferente, el enemigo, el politiquero y el comprometido.

---

85 Véase: *Mesa de Conversaciones. Acuerdo Final para la TERMINACIÓN DEL CONFLICTO & LA CONSTRUCCIÓN DE UNA PAZ ESTABLE Y DURADERA (2017). Imprenta Nacional de Colombia. Bogotá.*

3.7.1 Ignorante

Conocemos que tradicionalmente se considera ignorante al que carece de conocimiento; al que desconoce el tema objeto de análisis. Entre nosotros, es ignorante de la magnitud y complejidades del *proceso de paz*, el marginado político, social, económico, cultural y ambiental que, debido a su situación, no puede ser sujeto activo de los procesos societales. También, podría serlo aquel que gozando de una situación de bienestar, desconoce la complejidad de los desequilibrios sociales y de sus deberes como ciudadano, esperando que el Estado sea el gestor de la solución de los conflictos. Crasamente ignorante vendría a ser aquel profesional, empresario, ciudadano o funcionario que no se ha preocupado por vincularse a través de las asociaciones, instituciones, partidos, movimientos, gremios u organizaciones no gubernamentales, que participan en el planteamiento y las soluciones del problema.

3.7.2 Indiferente

Es aquel que conociendo el problema, el proceso y sus causas, no le interesa intervenir en él. Es el individualista por antonomasia que no está dispuesto a comprometerse y sostiene: "Déjenme tranquilo, que yo los dejaré tranquilos; el problema de la paz debe ser resuelto por el Estado, a mí no me perturben." Preguntémonos: ¿A qué nos ha conducido la indiferencia? ¿Cuáles han sido sus resultados hasta ahora? (2024) ¿Cuáles son los costos históricos de este actuar? ¿Es propio de un demócrata ser indiferente después que Colombia ha padecido 76 años (1948-2024), de violencias ininterrumpidas y diversas?

3.7.3 Enemigo

Es el que está contra el proceso porque atentaría contra sus intereses y emplea medios abiertos o soterrados para oponerse. Es el típico reaccionario que parecería vivir a espaldas de la realidad del país, excepto para apoyar las acciones que lo beneficien particular o familiarmente. Ahora sabemos que en los últimos procesos de paz, especialmente los adelantados a partir de 1982-86, estos actores fueron eficientes para producir efectos cada vez más nocivos para todos. También en nuestros días (2024) existen partidos y movimientos políticos que, especialmente por razones personalistas y politiqueras, ejercen oposición a la dinámica de gobierno orientada hacia la construcción de la paz.

3.7.4 Politiquero

Es el que desvirtuando el arte y la ciencia de la política, la ha convertido en un burdo negocio o en un medio para utilizar su poder, influencia y capacidad de manipulación, para enriquecerse indebidamente. Generalmente, es un astuto que está a la espera de la oportunidad para obtener beneficios personales y/o familiares de todas las actividades en que participa. También, es el que hace promesas que está en imposibilidad de cumplir y no se ha preparado para intervenir creativamente en la solución de los problemas. En el mejor de los casos, este ser humano, promete apoyar el proceso de paz, pero a la hora de la verdad no puede contribuir por improvisación e irresponsabilidad histórica con los intereses políticos de la Nación.

Confiaría en que los colombianos estemos muy atentos –en los próximos procesos electorales- para evitar que sigan llegando, a los más altos cargos de dirección y representación política, los que jamás le han servido a la comunidad con sentido de grandeza[86]. Saber distinguir entre el político y el politiquero, debe ser una tarea de pedagogía política en que el Ministerio de Educación, las diversas comunidades educativas, los medios de comunicación y los ciudadanos, puedan intervenir eficientemente para orientar a

86 Especial preocupación reviste al respecto el papel que *el paramilitarismo* ha tenido y tiene, en la configuración del Congreso de la República, en los órganos de elección popular, en algunas gobernaciones y alcaldías y en la Presidencia de la República.

la población en los procesos de participación, conforme a los preceptos constitucionales vigentes.

3.7.5 Comprometido

Es el ciudadano que ha optado por colocar su ser histórico, al servicio de la causa de la paz. Es un ser auténtico que actúa -de tal manera- que existe coherencia entre lo que piensa y lo que hace. En nuestros días, los demócratas estamos invitados a ser constructores de paz y a comprometernos con esta causa, porque de su consolidación depende la supervivencia de la democracia. Me inclino a pensar que, un ciudadano constructor de la paz, la estudia individualmente y en grupo; reflexiona en distintas estrategias y tácticas; y está dispuesto a contribuir en planes a corto, mediano y largo plazo, que conduzcan a su solución.

Esperaría no exagerar al afirmar que el auténtico constructor de paz, impulsado por su adecuada conciencia histórica, interviene con sentido solidario, proponiendo alternativas viables que preserven los principios constitucionales y las prácticas propias de la democracia participativa y del Estado Social de Derecho.

Si hemos de ser reconocidos como defensores de la paz, deben existir manifestaciones expresas de nuestro compromiso; y en él, lo que está en juego, es nuestro ser dinámico y creador; nuestro ser histórico. Comprometemos no tanto nuestro presente, cuanto nuestro porvenir. Observemos que el carácter dinámico y creador de esta opción, nos impulsará a excedernos y superarnos en el diseño y solución del más significante tema colombiano, sin cuya resolución sostenible, el funcionamiento de la democracia será imposible.

3.8. CONCLUSIONES

Aportar eficazmente a la construcción de la paz en Colombia es la tarea más significativa de los colombianos que creemos en la democracia participativa.

Para la culminación del presente ensayo, me permito presentar, para el análisis, discusión y superación de los lectores, las siguientes conclusiones:

3.8.1 Quienes hemos tenido la responsabilidad de acercarnos a la *comprensión de la problemática de la paz*, podemos afirmar que su estudio y solución es el problema más significativo de Colombia, teniendo en cuenta que llevamos 76 años (1948-2024) de enfrentar diversas violencias.

3.8.2 *Las conceptualizaciones* empleadas son de una gran utilidad para este tipo de ensayos. Hoy como ayer, podemos afirmar que el enriquecimiento teórico va de la mano de las precisiones conceptuales.

3.8.3 Conocedores de nuestra *evolución constitucional*, es conveniente tener en cuenta que, nunca como antes, la paz había sido objeto de tanto estudio a lo largo de su articulado. En nuestros días podemos sostener que *el tema de la paz es transversal* a nuestro ordenamiento constitucional.

3.8.4 Pensando en el presente y futuro del país, es evidente que *Colombia representa en nuestros días uno de los más importantes talleres para la realización de investigaciones concernientes a la construcción de la paz.* Por tanto, las universidades públicas y privadas, desempeñan y desempeñarán un papel fundamental en la realización de estudios, investigaciones y publicaciones conducentes a descifrar la complejidad de la problemática, y ayudar a la formulación, implementación y evaluación de las políticas públicas que permitan institucionalizar la paz en nuestro país.

3.8.5 Como demócratas, estamos invitados a *comprometernos* en ser sujetos activos que ejerzamos la ciudadanía, –de tal manera– que aportemos en la transformación de la inequidad social.

3.8.6 Contribuir a *crear una nueva cultura de paz*, mediante la cooperación público-privada, es un camino apropiado para fortalecer el proceso de paz y nuevas formas de ver, vivir y sentir sus beneficios.

3.8.7 Una tarea sustantiva para los demócratas es actuar de forma coherente con los principios orientadores de nuestros preceptos constitucionales. Por tanto, *participar solidariamente, proponiendo y construyendo alternativas viables es una posibilidad creativa y responsable, que permite construir una paz que institucionalice la ausencia de violencias abiertas, estructurales y culturales.*

3.8.8 *Las lecturas y bibliografías propuestas*, facilitarán la continuación de estudios sobre el tema y la realización de eventos (foros, mesas redondas, seminarios, cursos, diplomados, especializaciones, maestrías, doctorados, postdoctorados e investigaciones) que contribuyan a definir políticas públicas, dirigidas a enfrentar –insisto- el problema más significativo de la Colombia de hoy (2024): *construir una paz estable y duradera.*

Bibliografía general

ACADEMIA COLOMBIANA DE JURISPRUDENCIA, (1997). *Declaración sobre la paz.* Revista de la Academia Colombiana de Jurisprudencia. No. 509. Bogotá.

ACADEMIA COLOMBIANA DE JURISPRUDENCIA, (2002). *Sobre el referendo constitucional. Aspectos críticos.* Bogotá.

AGUDELO VILLA, Hernando, (1988). *La democracia está en peligro*. Poligrupo comunicación. Bogotá.

APEL, Karl-Otto y otros. (1990). *Ética comunicativa y democracia*. Crítica. Barcelona.

BACHELARD, Gastón, (1994). *El derecho de soñar*. F.C.E. Bogotá.

BACHELARD, Gastón, (1995). *La poética del espacio*. F.C.E., Bogotá.

BEJARANO, Jesús Antonio, (1995). *Una agenda para la paz: aproximaciones desde la teoría de la resolución de conflictos*. Tercer Mundo Editores. Bogotá.

BOBBIO, Norberto, (1993). *Igualdad y libertad*. Paidos. Bogotá.

BORRERO, Alfonso, (1999). *Simposio permanente sobre la Universidad*. Ceja. Bogotá.

BUNGE, Mario, (1974, 79, 83 y 89). *Treatrise on basic philosophie*. McGill University. 8 Vols. Montreal.

BOURDEAU, George; HAMON, Francis, y TROPER, Michael. (1991), *Manuel de Droit Constitucionnel*. LGDJ. París.

CAMACHO, Álvaro, (1998). *Documento de propuestas. La paz es rentable*. Fotocopiado. Fundación de Amigos del Instituto de Estudios Políticos y Relaciones Internacionales. Universidad Nacional. Departamento Nacional de Planeación. Bogotá.

CAMARA, Helder, (1969). *Universidad y revolución*. Nueva Universidad. Santiago de Chile.

CASTAÑEDA, Jorge, (1994). *La utopía desarmada*. Tercer Mundo. Bogotá.

CEPEDA, Fernando, (1994). *Descentralización y gobernabilidad*. Esap. Bogotá.

CEPEDA ESPINOSA, Manuel José, (1997). *Los Derechos Fundamentales en la Constitución de 1991*. Editorial Temis S.A. Segunda Edición.

CROZIER, M., (1998). *Comment Reformer l'Etat? Trois pays, troys stratégies: Suede, Japón, Etats-Unis. La decumentation francaise*. París.

DEUTSCH, K. W., (1969). *Los nervios del gobierno*. Paidos, Buenos Aires.

DROR, Yehezkel, (1994). *La capacidad de gobernar*. Cartagena de Indias: Club de Roma, Círculo de Lectores.

ECHANDÍA, Darío, (1981). *Obras selectas*. Cinco Tomos. Banco de la República Bogotá.

ECHEVERRY, Álvaro, (1986). *Élites y partidos políticos en Colombia*. Universidad Autónoma. Bogotá.

ESGUERRA PORTOCARRERO, Juan Carlos, (2004). *La protección constitucional del ciudadano*. Primera edición. Legis Editores S.A. Bogotá.

FROMM, Erich, (1969), *El miedo a la libertad*. Paidos. Buenos Aires.

FURTADO, Celso, (1969). *La economía latinoamericana*. Desde la conquista hasta la revolución cubana. Santiago de Chile.

GARAY, Luis Jorge, (1998). *Crisis y construcción de sociedad*. ESAP Publicaciones. Bogotá.

GARCÍA MÁRQUEZ, Gabriel, (1975), *El otoño del patriarca*. Plaza y Janés. Bogotá.

GARCÍA, Antonio, (1971). *Dialéctica de la democracia.* Cruz del sur. Bogotá.
GÓMEZ BUENDÍA, Hernando, (1999) (C.). *¿Para dónde va Colombia?,* Tercer Mundo - Colciencias. Bogotá.
HABERMAS, Jürgen, (1992). *El discurso filosófico de la modernidad.* Taurus. Madrid.
HORKHEIMER, Max, (1974). *Teoría crítica.* Amorrortu. Buenos Aires.
HOYOS, Guillermo, (1986). *Comunicación y mundo de la vida.* En Ideas y Valores. Números 71-72. Universidad Nacional de Colombia. Bogotá.
HUNTINGTON, S. P., (1972). *Orden político en las sociedades en cambio.* Paidós. Buenos Aires.
INSTITUTO DE ESTUDIOS INTERNACIONALES, (1990-2024). Revista Análisis Político. Universidad Nacional de Colombia. Bogotá.
KUHN, Tomas, (1971). *La estructura de las revoluciones científicas.* F.C.E., México.
LEAL, Francisco, (1996). *Tras las huellas de la crisis política.* FESCOL-IEPRI-Tercer Mundo Editores. Bogotá.
LEAL, Francisco, (1999). *Los laberintos de la guerra. Utopías e incertidumbres sobre la guerra.* Tercer Mundo. Universidad de los Andes. Bogotá.
LEAL, Francisco y TOKATLIAN, Juan, (1994). *Orden mundial y seguridad: Nuevos desafíos para Colombia y América Latina.* Tercer Mundo-IEPRI. Bogotá.
LOEWENSTEIN, Karl, (1957). *Teoría de la constitución.* Ariel. Barcelona.
LYOTARD, Francois, (1993). *¿Qué es lo postmoderno? En: Colombia: el despertar de la modernidad.* Foro Nacional por Colombia. Bogotá.
MELO, Jorge Orlando, (1991). *Algunas consideraciones globales sobre la modernidad.* Foro Nacional por Colombia. Bogotá.
MONCAYO, Víctor Manuel, (1990). *Especialidad y Estado: Formas y Reformas.* Facultad de Derecho, Universidad Nacional. Bogotá.
MORALES, Otto, (1987). *Liberalismo destino de la patria.* Plazas y Janés. Bogotá.
PALACIOS, Marco, (1995). *Entre la legitimidad y la violencia.* Colombia 1875 - 1994. Norma. Bogotá.
PÉCAULT, Daniel, (1987). *Orden y violencia en Colombia.* 2 Vols. Cerec-Siglo XXI. Bogotá.
PICO, Joseph, (1988). (Comp). *Modernidad y posmodernidad.* Alianza. Madrid.
PIZARRO LEÓNGOMEZ, Eduardo, (2004). *Una democracia asediada.* Norma. Bogotá.
PNUD, (1994 - 2005). *Informe sobre desarrollo humano.* F.C.E. México.
POMBO, Manuel A. y GUERRA, José J. (1986). *Constituciones de Colombia.* Banco Popular. Bogotá.
RAWLS, John, (1986). *Justicia como equidad.* Taurus. Madrid.
REYES, Alejandro y otros, (1997). *El problema agrario y la paz. Informe de progreso. La paz es rentable.* Universidad Nacional de Colombia. Bogotá.
ROA SUÁREZ, Hernando, (1998). *Temas políticos contemporáneos.* ESAP Publicaciones. Bogotá.

ROA SUÁREZ, Hernando, (1999). *Estado y gobernabilidad.* FESCOL-GTZ. Bogotá.

ROA SUÁREZ, Hernando, (2000). *Liderazgo: ¿Cómo?, ¿Por qué?, ¿Para qué?* En: Magazine Dominical. El Espectador. 27 de febrero. Bogotá.

ROA SUÁREZ, Hernando, (2017). *DARÍO ECHANDÍA OLAYA. Colombiano ejemplar.* Academia Colombiana de Jurisprudencia - Universidad Libre de Colombia. Panamericana. Bogotá.

ROA SUÁREZ, Hernando, (2024). *El liderazgo político. Análisis de casos.* Prólogo: Fernando Carrillo Flórez. Tirant lo Blanch-Academia Colombiana de Jurisprudencia. Bogotá.

SÁCHICA, Luis Carlos y VIDAL PERDOMO, Jaime, (1991). *La Constituyente de 1991.* Cámara de Comercio. Bogotá.

SARMIENTO, Eduardo, (1994). *Reforma y modernización del Estado: La experiencia de Colombia.* ILPES. IIAP. México.

SARMIENTO, Eduardo, (1994). *Cambios estructurales y crecimiento económico. Veinte años de experiencia colombiana.* Uniandes-Tercer Mundo. Bogotá.

SARTORI, Giovanni, (1996). *Ingeniería constitucional comparada.* F.C.E. México.

SHUMPETER, Joseph A. (1968). *Capitalismo, socialismo y democracia.* Aguilar. Madrid.

UNGAR, Elizabeth, (1993). *Gobernabilidad en Colombia: retos y desafíos.* Tercer Mundo. Bogotá.

UPRIMNY, Rodrigo, (1997). *Administración de justicia, sistema político y democracia.* En: Justicia y sistema político. IEPRI-FESCOL, Bogotá.

VIDAL PERDOMO, Jaime, (2004). *Derecho administrativo.* Legis-U del Rosario. Bogotá.

VIDAL PERDOMO, Jaime, (2004). *Derecho constitucional e instituciones políticas.* Legis-U del Rosario. Bogotá.

WEBER, Max, (1974). *Sobre la teoría de las ciencias sociales.* Península. Barcelona.

YOUNES, Diego, (1992). *Las reformas del Estado y de la administración pública.* Temis. Bogotá.

IV. Darío Echandía Olaya. Colombiano ejemplar[87]

RESUMEN:

El presente artículo contiene un conjunto de elaboraciones teórico-prácticas dirigidas a la comprensión de la evolución de la vida y obra de uno de los más importantes líderes político-democráticos, de Colombia y de América Latina, en el siglo XX. Son sus objetivos: Primero. Conocer la personalidad y la labor de un colombiano ilustrado; y Segundo. Crear un espacio de reflexión que facilite acercarse a estudiar uno de los grandes colombianos que ejerció el poder éticamente, habiendo tenido una formación filosófico-política fundada en los valores de la social democracia, practicada dentro del Partido Liberal.

Palabras Clave: Ciencia política, Estado, Constitución, liderazgo político democrático, paz y maestro.

ABSTRACT:

The present study contains a set of theoretical-practical elaborations aimed to understand the evolution of the life and work of one of the most important democratic political leaders of Colombia and Latinoamerica in the 20th century. It has two main objectives. First, to identify the personality and the work of an illustrated Colombian; and second, to create a space for reflection that will help us to get to know an extraordinary leader who exercised power ethically, with a philosophical-political formation founded on the values of social democracy exercised within the Liberal Party.

Key Words: Political science, State, Constitution, Democratic political leadership, peace and teacher.

---

87 Trabajo de ingreso a la Categoría de Miembro Correspondiente de la Academia Colombiana de Jurisprudencia, 1 de marzo del 2017. Me permito insinuar al lector complementar el presente artículo con el libro del autor: (2017). *Darío Echandía Olaya. Colombiano ejemplar*. Bogotá: Academia Colombiana de Jurisprudencia-Universidad Libre de Colombia.

ÍNDICE

4.1. INTRODUCCIÓN

"Hermosa vida que no tiene par en nuestra historia".
Carlos Lleras Restrepo

La coherencia entre la solidez de su formación, la ética, eficiencia y eficacia ejercidas en su vida pública; la práctica de su juridicidad y su ejercicio académico, lo hicieron acreedor al título de Maestro.
Hernando Roa Suárez

Darío Echandía Olaya

Estoy muy complacido de estar en esta Institución dedicada a la cultura de la Jurisprudencia. Es decir, de la *divinarum humanarunque rerum noticiae; justi adque injusti cienciae.* Cuán útil que, en pleno siglo XXI, nos detengamos a reflexionar en la vida y obra de uno de los más ilustres colombianos y latinoamericanos del siglo XX: El Expresidente Darío Echandía Olaya, que honró esta Academia y dignificó a Colombia.

Al adentrarme en el estudio de su vida, sabiduría y autenticidad, he sentido la inmensa satisfacción de encontrarme con un colombiano que, a lo largo de su maravillosa existencia, nos ha legado su testimonio de jurista, humanista, académico, político y diplomático liberal social-demócrata, que bien sirve de ejemplo para los actuales jóvenes y universitarios, tan necesitados de esta clase de líderes políticos y estadistas.

Tuve el gusto de conocerlo siendo un niño, en el decenio de los 50, por mi cercanía a sus sobrinos Lucy, Vicente Fernando y Gustavo. En el decenio de los setenta, presencié su disfrute al calor de la música maravillosa de José A. Morales, en uno de los aniversarios de la Flota Mercante Gran Colombiana. El Maestro Echandía era un ciudadano poseedor de profunda cultura y de trato amable y cordial.

4.1.1. Agradecimientos

Sea el momento de expresar mis reconocimientos por los comentarios y el aporte de bibliografía pertinente, suministrada por Benjamín Ardila, Augusto Trujillo y Jaime Aponte. Estoy muy reconocido con la colaboración de la Biblioteca Luis Ángel Arango y la de Jurisprudencia de la Universidad del Rosario. Mil gracias a Rosa Margarita y nuestros hijos: Hernando José, Mario y Margarita, y Santiago y July, por su solidaridad.

4.1.2 Importancia del tema[88]

¿Por qué es importante este tema? Ante las múltiples crisis provocadas por: el debilitamiento del Estado, especialmente en el intervalo (1970-2017), salvo excepciones; la decadencia de los partidos políticos que han desvirtuado sus fines y se han convertido en *empresas electorales*[89] cristalizadas en la problemática de los avales de 2015; la configuración inequitativa de la estructura del poder, olvidando institucionalizar y desarrollar la democracia participativa; la toma frecuente de decisiones improvisadas dentro del régimen presidencial; la falta de un número cualificado de liderazgos políticos democráticos y estadistas; las deficiencias provocadas por la existencia de violencias abiertas, estructurales y culturales; la presencia de conductas desviadas (anomia) y la falta de cohesión social (atonía); la expansión de la corrupción político-administrativa en distintos estamentos sociales y en parte significante de los miembros del Congreso de Colombia; la práctica de irregulares comportamientos por parte de *algunos* miembros de nuestras Cortes; las inconsistencias existentes en el sistema de justicia co-

88 Invito al lector a revisar las notas al margen. Frecuentemente encontrará información complementaria o explicativa de gran utilidad.

89 Téngase en cuenta que, desde el decenio de los setenta, Hernando Gómez Buendía advirtió sobre las implicaciones de este fenómeno.
Es muy preocupante, para el futuro de la democracia, la crisis contemporánea (2024) de los partidos políticos.

lombiano[90]; y la gran incertidumbre que existe para los demócratas, debido a la elección del señor Trump..., el conocimiento de la vida, obra y personalidad del Maestro Echandía es de gran utilidad, especialmente para las juventudes universitarias, necesitadas de conocer ejemplos de líderes políticos, estadistas y juristas éticos[91] que les indiquen caminos apropiados para replantear la vida política de nuestra democracia[92].

4.2 CONCEPTUALIZACIONES BÁSICAS

Séame permitido presentar algunas conceptualizaciones. Sabemos que ellas deben ser adecuadas mediaciones entre la concreción y la abstracción, que faciliten la comprensión del objeto de estudio. Las que se enuncian a continuación, están íntimamente ligadas a la comprensión de los procesos históricos dentro de los que desarrolló su polifacética personalidad, el Maestro Echandía.

Aquí precisaré sólo seis conceptualizaciones de las diecisiete, que están en el libro preparado en honor del Maestro.

---

90 Estúdiese la reforma implementada en junio de 2015, relacionada con el equilibrio de poderes.

91 Revísese cuidadosamente el peligro que, para nuestro tiempo y los futuros decenios de nuestra democracia, tiene el desprecio y/o rechazo de amplios sectores de nuestra juventud a comprometerse con el conocimiento teórico-práctico de la política, acompañado del fenómeno de la abstención (2016, Plebiscito) del 63% de la población, en capacidad de hacerlo, en los procesos electorales.

92 Véase al respecto el pensamiento de Emmanuel Mounier en su texto: (1976). *El manifesto del personalismo*. Tauros. Madrid. Aquí se encuentran reflexiones significantes.

4.2.1 CIENCIA POLÍTICA[93]

Me permito presentarles los conceptos, sin que hoy rastree su proceso de construcción. ¿Qué entiendo por ciencia política contemporánea? Es una disciplina social que se ocupa del estudio sistemático de: el Estado; de la problemática de la legitimidad; de la estructura del poder; de la composición de las clases y los estratos sociales; de la organización de los partidos políticos y los movimientos sociales; de los procesos electorales; del funcionamiento de los grupos de presión; del proceso de la toma de las decisiones; de la problemática ambiental; de la paz y la solución de conflictos; de la gobernabilidad y de la problemática del liderazgo, en espacios y tiempos determinados. (Véase el gráfico N° 1 en 2.2.4 de esta publicación).

Qué útil se me presenta tener en cuenta ahora, la reflexión de Darío Echandía a propósito de la política como arte y ciencia[94]. Sostuvo el Señor Profesor: "*Se ha dicho, con razón, de aquella disciplina, que no es una ciencia sino un arte; pero el ejercicio afortunado de un arte requiere, no sólo conocer sus técnicas, siempre susceptibles de aprendizaje, sino que también es necesario, en quien la profesa, tener ingenio...*"

4.2.2 ESTADO

Es la más importante institución política de la vida contemporánea. Según mi percepción, es la institución jurídico-política, que, integrada por los poderes ejecutivo, legislativo, judicial y electoral es racionalizadora de los intereses generales. Es la Institución de las instituciones; la Organización de las organizaciones.

---

93 Para una ampliación fundamentada de la política como arte y ciencia, estúdiese el artículo del autor sobre el tema, en *elespectador.com.* Marzo 13 de 2009. pp. 1-31, y su libro: (2016). *La política: arte y ciencia.* 2ª Edición. gs impresores. Bogotá.

94 ECHANDÍA, Darío. (1981). *Obras selectas.* Tomo II. Personajes e ideas. Banco de la República-Talleres gráficos. Bogotá, p. 56.

En cuanto a lo jurídico, recordemos que el ordenamiento social, fundado en la justicia, susceptible de coacción y ordenado al bien común -en que consiste el derecho[95]- es soporte sustantivo para la constitución y el desarrollo de un Estado democrático-participativo. Recordemos el pensamiento de Darío Echandía: "*...al mismo tiempo que al artista, el cultor del derecho debe asimilarse al sabio, que verifica con rigor científico y analiza con precisión escrupulosa la exactitud del dato, para moldearlo mediante la aplicación de la técnica, en precepto legal. Pero este arte y esta ciencia no tienen sentido sino en cuanto crean una regla justa*"[96].

Y su incisiva intervención en ésta Academia, a propósito de los fines del derecho, donde afrmó: "*... la verdad es que la ciencia jurídica no se puede calificar entre las que se fundan exclusivamente en la observación de la naturaleza y que, por antonomasia solemos llamar ciencias. Pertenece a aquellas otras que el célebre Dilthey llamaba las ciencias del espíritu. Su objeto es el espíritu humano, que no siempre se deja aprehender por la percepción de los sentidos externos. El derecho no trata de investigar cómo es el mundo ni cómo fue, sino que pretende descubrir y aún decidir imperativamente cómo debe ser.*

Para lograrlo se requiere una cultura variada y honda; conocer el secreto del misterioso valor del ser humano con sus debilidades, sus alucinaciones, sus prejuicios que no pocas veces parecen razonables; con sus disparatadas incoherentes contradicciones que, en ciertos momentos, llegamos hasta juzgar honestas y respetables; es necesario familiarizarnos con la historia de las ideas generales y de las ciencias positivas, que suelen influir tanto en las convicciones políticas de los hombres, de donde resultan, a su turno los sistemas jurídicos"[97].

---

95 Véanse los apuntes personales de la asignatura: (1959). *Introducción al derecho*, dictada por Rodrigo Noguera Laborde. Universidad Javeriana. Bogotá.

96 Véase: (1982). *Obras Selectas.* Tomo I. Banco de la República. Bogotá, p. 44.

97 Léase en la Revista de la Academia Colombiana de Jurisprudencia. (1998). Cita del académico Cesáreo Rocha Ochoa. Nº 311. Bogotá, pp. LIII-LIV.

4.2.3 CONSTITUCIÓN

Es la Ley de leyes; la Norma de las normas a la cual está sometido el conjunto de nuestro ordenamiento jurídico. Es un documento jurídico-político fundamental para el cumplimiento y desarrollo del Estado social de derecho. Su estudio y conocimiento se me presenta básico para acrecentar la cultura cívica-ciudadana y profundizar la democracia. Ahora bien, del análisis comparado entre la Constitución de 1886 y la del 91, surgen un conjunto de características cuyo conocimiento es conveniente hacer explícito. Veámoslas.

Características de nuestra Constitución

Por la significación del tema, me permito insinuar ver las características de la Constitución vigente en 3.2.1.

4.2.4 LIDERAZGO POLÍTICO DEMOCRÁTICO

Pensando históricamente, conocemos que el aparecimiento del liderazgo es concomitante con la evolución que converge en el surgimiento de lo humano. Si tenemos presente las elaboraciones comprensivas weberianas[98], vemos que coetáneamente a los procesos de las sucesivas dominaciones, se han dado también liderazgos carismáticos, tradicionales y legales, según sea el carisma, el peso de la tradición o el fundamento legal, lo que legitime prioritariamente ante la comunidad, el carácter del liderazgo.

A lo largo de los siglos XIX y XX, se han presentado casos en el que el carisma (Bolívar), la tradición (Catalina II), y la ley (Alberto Lleras), se combinan de manera diversa en distintos sistemas y regímenes políticos.

---

98 Weber, Max. (1973). *Economía y Sociedad.* Tomo I. México D.F. F.C.E., pp. 228-242; Tomo II. pp. 1076- 1103 y Weber, Max, *Ensayos sobre metodología sociológica.* Bs. As. Amorrortu, pp.175-221. Roa Suárez, Hernando. (1996). *Marx y Weber. Científicos Sociales.* ESAP Publicaciones. Bogotá, pp. 15-85.

Tratándose de los liderazgos carismáticos, es cierto que: "La llama que enciende todo líder puede iluminar un pueblo (De Gaulle), pero también lo puede sumir en el terror de las tinieblas" (Hitler)[99].

Manuel Murillo Toro

¿Qué es entonces un líder político democrático? Creo que es un(a) ciudadano(a), conductor(a) y jefe que, con prestigio intelectual y humano y reconocida capacidad de mando y ejecución, asume un proyecto histórico capaz de generar seguidores organizados democráticamente y comprometidos con su causa, para el ejercicio del poder. Es una persona que está identificada con el proceso político que impulsa y desarrolla históricamente. A manera de ejemplo, se me presenta aleccionante la elaboración de Darío Echandía, a propósito de Murillo Toro, como líder político colombiano.

Leamos cuidadosamente: "Los contemporáneos de Murillo admiraron su maravilloso ingenio político. ¿En qué se fincaba aquel raro poder que hacía seguir espontáneamente sus inspiraciones, acatándolo como guía y capitán nato, a tantas preclaras figuras de su partido y de su tiempo? Proverbial fue la riqueza y variedad de sus aptitudes: finura diplomática, sagaz penetración psicológica, exquisito trato social, intuición segura de los secretos resortes que determinan la conducta de los hombres, flexibilidad para adaptarse a las cambiantes y complejas situaciones concretas, talento para negociar y pericia y energía para quebrantar las intransigencias de los adver-

---

99 Santos, Juan Manuel. (11 de abril de 1993). *Lecturas Dominicales*. Bogotá: El Tiempo, p. 4. Los paréntesis son míos. Véanse las reflexiones sobre De Gaulle, Hitler y Mussolini, consignadas en el libro del autor: (2024). *Liderazgo político. Análisis de casos*. 6ª Edición. Tirant lo Blanch- Academia Colombiana de Jurisprudencia. Bogotá, Capítulo IV.

sarios y contener las proclividades de los propios, ágil inventiva que le permitía idear soluciones oportunas y realistas y encontrar salidas ingeniosas para las más arduas coyunturas. Es legendaria su destreza en conciliar los intereses y halagar las vanidades de los hombres"...

"Murillo Toro fue el más experto conductor de hombres, en su tiempo, pero no solía comprometerse en mezquinas maniobras personales, sino que buscaba el compromiso civilizador, reflexivo, razonable no inspirado por la pasión, a menos que se tratara de la pasión del bien público"[100].

4.2.5 PAZ

Teniendo en cuenta los planteamientos y elaboraciones de científcos sociales, especialistas en el manejo de la problemática de la paz y la solución de conflictos, en nuestros días podemos conceptualizarla así: es un proceso interdisciplinario e interinstitucional que organiza sistemáticamente la ausencia de violencias abiertas, estructurales y culturales, hacia la construcción de un modelo de desarrollo sostenible.

Y ahora, entremos a una noción clave de esta investigación:

4.2.6. MAESTRO

Como occidentales, como iberoamericanos, como colombianos, como seres humanos, al pensar en el Maestro, tenemos un punto de referencia problematizador: la Grecia de hace 2500 años; pensamos en Sócrates y en su discípulo Platón.

Sabemos bien que instruir puede cualquiera, pero enseñar, sólo podrá hacerlo históricamente, quien sea reconocido como Maestro. El Maestro no es instructor, el Maestro no es un profesor; el Maestro no es un funcionario que se lucra de las falencias del sistema educativo; el Maestro forma; el Maestro se forma formando, y formando

---

100 ECHANDÍA, Darío. (1981). *Obras selectas*. Tomo II. *Personajes e ideas*. Banco de la República-Talleres gráficos. Bogotá, pp. 53-61.

impulsa el proceso de recreación de la realidad que, como sabemos, es dialógico, profundo, histórico...

El Maestro no es un negociante del bello proceso de aprender a aprender con nuestros educandos; el Maestro no es un descrestador; es un ser en búsqueda inagotable de conocimiento, de sabiduría; es un ser que facilita los caminos para ser superado por sus educandos. El Maestro construye... fertiliza la realidad compleja e inagotable de lo humano. Su ejemplo es el mejor de los discursos.

Pensando en nuestros días, creo que el Maestro es un mediador que dinamiza la consciencia creativa del educando, invitándolo al ejercicio profundo y responsable de su libertad. Algunos ejemplos occidentales de Maestros pueden ser: Sócrates, Platón, Wolfgang von Goethe, Jean Piaget, Emmanuel Mounier, Edgar Morin, Manuel Murillo Toro, Nicolás Esguerra, Darío Echandía, Agustín Nieto C., Orlando Fals Borda, Paulo Freire, José Félix Patiño, Guillermo Páramo, Carlo Federicci, Guillermo Hoyos, Julio Carrizosa Umaña, Rodolfo Llinás, Alfredo Sarmiento Gómez, Alfonso Borrero, Gerardo Molina, Ricardo Hinestrosa, Fernando Hinestrosa, Francisco de Roux, Leopoldo Uprimny, Cesáreo Rocha O. y Francisco Leal, entre otros[101].

101 Compleméntese con el texto del autor: (2017). *EN TORNO AL MAESTRO UNIVERSITARIO, HOY.* Grupo Editorial Ibánez. Bogotá, pp. 19- 20; 37-48.

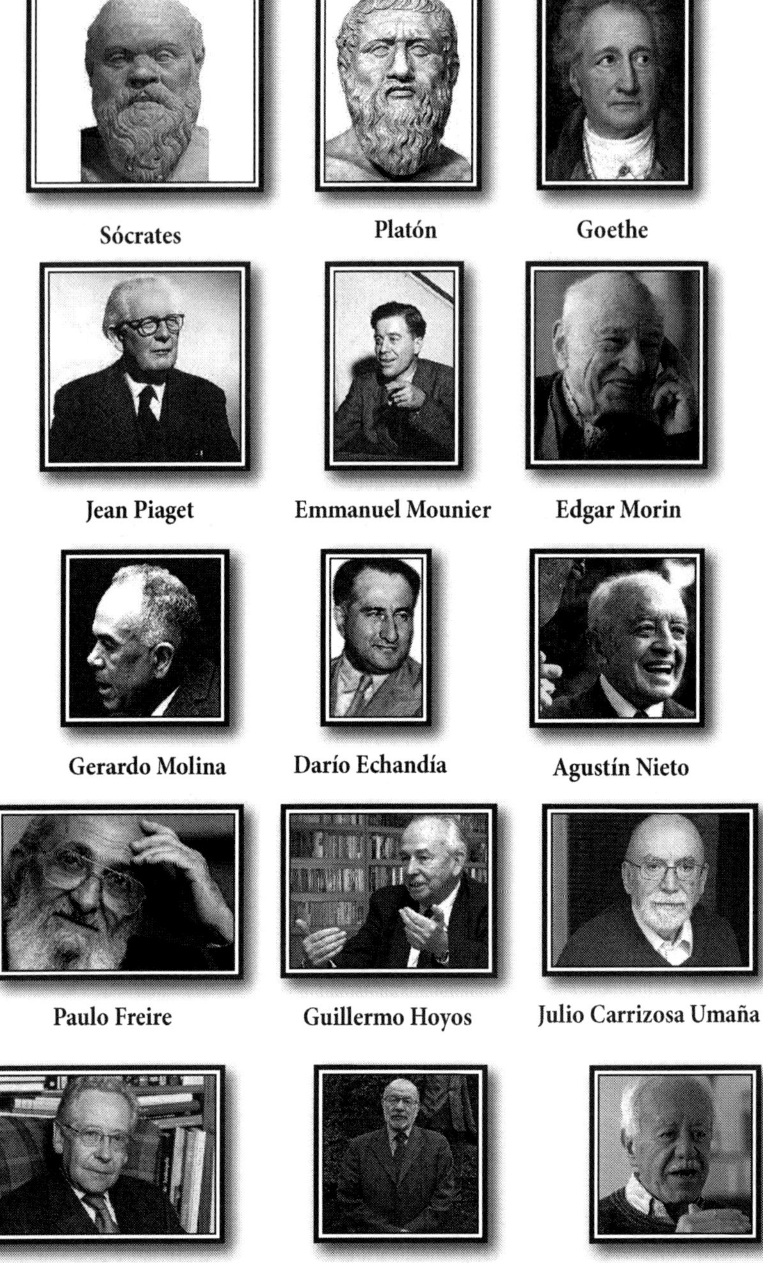

Sócrates Platón Goethe

Jean Piaget Emmanuel Mounier Edgar Morin

Gerardo Molina Darío Echandía Agustín Nieto

Paulo Freire Guillermo Hoyos Julio Carrizosa Umaña

Fernando Hinestrosa Alfredo Sarmiento Gómez Francisco Leal Buitrago

Darío Echandía

Ser reconocido como Maestro, se me presenta como el resultado de un bello proceso en que hemos aprendido con nuestros educandos a realizarnos como seres humanos integrales. Para ser reconocidos como Maestros, tenemos que alcanzar el mérito de haber aprendido el arte de enseñar, habiendo ejercido la vocación con *estudio, cuidado, constancia y consciencia crítica*[102]. *Sí, Darío Echandía tiene razón: "... el maestro debe ser creador de civilización."*[103]

Complementariamente, disfrutemos su incisivo párrafo donde se refiere al vínculo entre el maestro y los discípulos: "*No basta con la ciencia, para crear entre el maestro y los discípulos aquel vínculo estrecho e incoercible donde consiste el secreto de la persuasión. El gusto artístico acendrado, y la belleza de la forma que agrega a la convicción razonada la emoción estética, fueron también parte, y parte decisiva, en la acción educadora y el poder magistral de Carrasquilla*"[104].

Agreguemos a lo expuesto, los siguientes aportes del Maestro Alfonso Borrero: "*En toda educación en lo superior y para lo superior, es imprescindible la presencia del maestro, cuya figura tiene derecho de asilo permanente en la memoria del discípulo.*"

"*Ser maestro no es grado académico que se otorgue tras discusión ni se someta a exámenes y concurso. Es consenso espontáneo. No es función burocrática que se asigna. No es honor que se compre. Cualquiera sea el dominio intelectual del maestro, hay algo que lo señala*

102 Véase del autor: (2010). *La política: arte y ciencia.* gs impresores. Bogotá, pp. 13-15.
103 Véase: (1982). *Obras Selectas.* Tomo I. Banco de la República. Bogotá, p. 35.
104 ECHANDÍA, Darío. (1981). *Obras selectas.* Tomo II. Banco de la República. Bogotá, p. 28.

como modelo. La maestría muestra, sin necesidad de demostrarla, la conquista del hombre sobre sí mismo".

"Ser maestro es algo que define una existencia en viaje reversible hacia el saber y la verdad". "La obra del maestro persiste más allá de los linderos del tiempo y del espacio. Distante o ausente, su obra perdura. Muerto, influye aun en quienes nunca lo conocieron. Con el hombre, cuando muere, se enmudece su cultura personal. La del maestro desaparecido persevera, maestra, como recuerdo eficaz".

"Al contacto con el maestro, el discípulo se reconcilia con la vida, y al contacto con el discípulo, el maestro se reconcilia con su muerte"[105].

Quien revise cuidadosamente la vida y obra de Darío Echandía podrá concluir que las reflexiones precedentes y lo planteado en los capítulos III, IV y V del libro que he preparado, a raíz de la generosa designación que hoy compartimos, permiten precisar el por qué se le designó Maestro[106].

4.3 ESBOZO BIOGRÁFICO

Una existencia como la suya, bien vale la pena vivirla.

4.3.1 Una vida ejemplar

Darío Echandía Olaya nació en Chaparral el 13 de octubre de 1897, en el hogar formado por Vicente Echandía Castilla y Carlota Olaya Bonilla, en plena evolución de la hegemonía conservadora iniciada en 1880. Fueron sus hermanos: Vicente, Domingo, Filomena, Carlota, Celmira, Beatriz y Julia.

---

105 Roa Suárez, Hernando. (2012). *Colombia política*. Javeriana- Ibáñez. Bogotá, p. 476.

106 Véase del autor: (2016). *Construir Democracia. 45 AÑOS DE PERIODISMO DE OPINIÓN*. Prólogo: Alfredo Sarmiento Gómez. Universidad Nacional-IEPRI; Universidad Javeriana-Instituto PENSAR; Compensar; Redunipaz; Domopaz; Editorial Ibáñez. Bogotá, pp. 879-888.

Ha sido reconocido como uno de los más importantes dirigentes e ideólogos del Partido Liberal colombiano en el intervalo comprendido entre 1930 y 1970[107]. Sus estudios iniciales los realizó en su ciudad natal habiéndose trasladado posteriormente a Bogotá. Aquí, culminó sus estudios de bachillerato en los colegios de orientación liberal Araujo, Ramírez y el Rosario. Su carrera profesional la adelantó en el Colegio Mayor del Rosario, donde recibió el honor de ser Colegial y se graduó el 12 de noviembre de 1917 con la Tesis: "Estudio de la responsabilidad civil por los delitos y culpas"[108].

Se me presenta significante recordar que el promedio alcanzado en sus estudios universitarios fue de 5.0. Veamos en el Documento nº 1, la certificación de sus notas del último año cursado, expedida el 20 de noviembre de 1915[109].

Su profesión fue una combinación afortunada entre jurista, filósofo, humanista, político y diplomático. Contrajo matrimonio con Emilia Arciniegas Castilla el 23 de septiembre de 1936 y falleció el 10 de mayo de 1989, a los 91 años, en Ibagué.

Su carrera política evolucionó de la siguiente manera: Siendo militante -desde muy joven- del Partido Liberal, fue diputado del Tolima entre 1918 y 1922. Después, ejerció como juez civil del circuito de Ambalema entre 1924 y 1927 y Magistrado del Tribunal Superior de Ibagué entre 1927 y 1928. En este año es nombrado gerente del Banco Agrícola Hipotecario en Armenia hasta 1931, cuando es Senador por el Tolima. En 1932, es electo Representante principal a la Cámara.

Así mismo, intervino activamente en la campaña que desembocó en el triunfo de Enrique Olaya Herrera como Presidente, de

---

107 Véase Perozzo, Carlos; Renán Flores y otros. (1988). *Forjadores de Colombia contemporánea*. Tomo II. Editorial Planeta. Bogotá, p. 74.

108 Véase: (1981). Tomo I de sus *Obras Selectas*. Banco de la República. Bogotá, pp. 33-89.

109 Roa Suárez, Hernando. Darío Echandía. Colombiano ejemplar. Universidad Libre-Panamericana. Bogotá, p. 50.

1930 a 1934. Fue miembro de la Dirección Liberal Nacional en varias ocasiones, hasta su exaltación a la Presidencia de la República en calidad de Designado.

A lo largo de su extensa vida pública ocupó diversos cargos judiciales, habiendo sido también: diputado, parlamentario, gobernador, ministro de Justicia, de Educación y de Relaciones Exteriores. Fue embajador ante la Santa Sede en dos ocasiones, Magistrado de la Corte Suprema de Justicia y varias veces encargado de la Presidencia de la República.

En unión de Alberto Lleras Camargo, Carlos Lleras Restrepo, Carlos Lozano y Adán Arriaga Andrade… hizo parte del grupo de jóvenes liberales que fueron promovidos intencionalmente por el espíritu de estadista de López Pumarejo a lo largo de sus dos gobiernos: 1934-38 y 1942-45.

Rafael M. Carrasquilla

Complementariamente, recordemos que fue catedrático de derecho[110]; disciplinado conocedor de la juridicidad; y lúcido y aguerrido parlamentario que obtuvo uno de sus más importantes éxitos con la defensa que realizó en el Congreso de la República, a propósito de la Reforma Constitucional de 1936[111]. Es sabido que sus mejores éxitos se alcanzaron en la defensa teórico-práctica de los valores socio-democráticos y conviene recordar que Monseñor Rafael María Carrasquilla, Rector del Colegio del Rosario, lo consideró como "*el mejor alumno de su rectoría*"[112].

110 En las universidades del Rosario, Nacional, Externado y Libre, regentó las Cátedras de Filosofía e Introducción al Derecho.

111 Véase 4.4.6 y 4.4.7 del libro del autor sobre Darío Echandía, ya mencionado.

112 Véase ARIZMENDI POSADA, Ignacio. (1989). *Presidentes de Colombia (1810-1990)*. Planeta, Bogotá, p. 243.

En su calidad de Primer Designado, ocupó la Presidencia entre el 19 de noviembre de 1943 y el 16 de mayo de 1944. Adicionalmente, el 10 de julio de 1944, en la mitad del segundo gobierno de López Pumarejo, asumió la Presidencia a raíz del conocido "golpe de Pasto"[113]. También, lo hizo posteriormente en 1960 (Gobierno de Alberto Lleras Camargo); y en 1967 (Gobierno de Carlos Lleras Restrepo).

Darío Echandía y Emilia Arciniegas

Por su conocimiento de las disciplinas jurídicas, y su específica capacidad como jurisconsulto y constitucionalista, fue acreedor a que se le denominara "la conciencia jurídica de la Nación". Es evidente que intervino eficientemente en la orientación jurídica de serios procesos políticos, amén del papel que desempeñó especialmente, en los dos gobiernos de López Pumarejo y en el surgimiento, organización y cristalización del Frente Nacional (1958-74). Siendo líder, contó con la confianza del Director del Partido Liberal, López Pumarejo quien lo eligió Ministro de Gobierno en 1934. En este mismo año, fue Representante a la Cámara y posteriormente el Presidente López lo hizo Ministro de Educación y de Relaciones Exteriores.

Avance 10 de julio 2024 la Presidencia de Eduardo Santos (1938-42), fue embajador ante el Vaticano y regresó en 1942 para promover la reelección de Alfonso López quien, al ser electo, lo designó

113 Este evento ocurrió el 10 de julio, cuando el Coronel Diógenes Gil puso preso al Presidente López Pumarejo en Pasto, intentando un Golpe de Estado. El papel desempeñado por el Designado Darío Echandía y las intervenciones radiodifundidas por Alberto Lleras, facilitaron magistralmente la estabilidad del Gobierno de López Pumarejo y el ulterior castigo de los responsables. Nótese que este evento fue una grave "intentona" de un irresponsable Coronel.

Ministro de Relaciones Exteriores. El Senado lo nombró Designado a la Presidencia.

Ante los graves hechos de orden público, ocurridos a raíz del "Bogotazo", con motivo del asesinato de Jorge Eliécer Gaitán (9 de abril de 1948) aceptó, respaldado por el Partido Liberal, integrarse al gabinete de Unidad Nacional, promovido por el Señor Presidente Mariano Ospina, en su calidad de Ministro de Gobierno. En 1949, teniendo en cuenta que las metas del Gobierno de Ospina no se habían cumplido, renunció al Ministerio de Gobierno y fue nominado candidato a la Presidencia de la República por el Liberalismo.

Según la situación de violencia expandida en muchas regiones del territorio nacional; la falta de garantías a los liberales; y el propio atentado del que fue objeto -donde murió su hermano Vicente- lo obligaron a retirar su candidatura y se produjo el ascenso y nombramiento de Laureano Gómez, quien triunfó sin contendor electoral, para gobernar entre el 7 de agosto de 1950 y el 13 de junio de 1953.

El régimen adelantado durante el Gobierno de Laureano Gómez, propició la violencia abierta y produjo tal estado de cosas que, dirigentes importantes de Colombia, llegaron a definirlo como "la República invivible". Una de las manifestaciones específicas de la situación política, lo constituyó el asalto y quema -en un solo día- de las instalaciones de El Espectador, El Tiempo, la Dirección Liberal Nacional y las residencias de Alfonso López Pumarejo y Carlos Lleras Restrepo, quienes tuvieron que exiliarse en México para salvar sus vidas.

Sede del Espectador. Bogotá

Sede del Espectador

El Tiempo y Calibán

La prolongación de las violencias abiertas propugnadas por el ala laureanista del Partido Conservador, desembocó en el Golpe de Estado presidido por el General Rojas Pinilla con el respaldo de la fracción ospinista del Partido Conservador y el Partido Liberal. Este Golpe de Estado fue llamado con precisión, por el Maestro Echandía, como un "Golpe de opinión". Y es que, debe recordarse que el ascenso de Rojas Pinilla al poder, se produjo sin alteraciones del orden público y con la aclamación del 99% de la población adulta, que sintió un gran alivio por cesar la política de violencia agenciada por el gobierno laureanista[114].

Al Maestro Echandía, que fue una personalidad metódica, estudiosa e ilustrada, se le reconoce también por un conjunto de frases célebres[115], sobre diversos aspectos de la situación colombiana, que condensó en forma muy particular. Algunas de ellas son: "¿El poder para qué?"; "Colombia es un país de cafres"; "Habrá paz cuando podamos volver a pescar de noche"; "La democracia colombiana es un orangután con sacoleva"; "Los liberales colombianos deberían llamarse socialdemócratas"; "El sectarismo es el opio del pueblo" y "En política se pueden meter las patas pero no las manos"...

4.3.2 UNA PERSONALIDAD POLIFACÉTICA

Buscando condensar comprensivamente -en sentido weberiano- rasgos sustantivos de la personalidad de Darío Echandía Olaya, y tomando distancia frente a la investigación realizada, me permito sintetizarlos así:

---

114 Para un estudio de la personalidad de Laureano Gómez, véase el texto del consagrado profesor Francisco Socarrás: *Psicoanálisis de un resentido,* Librería Siglo XX. 1942. Bogotá.

115 Que invito a estudiar contextualmente.

4.3.2.1 *Político,* que ejerció los más altos cargos públicos con responsabilidad y eficiencia, sirviendo a la causa de la paz y la justicia social, desde sus convicciones de militante liberal socialdemócrata, que buscó la concordia con el partido conservador.

4.3.2.2 *Estadista:* En su calidad de Gobernador, Ministro, Embajador y Presidente de la República, se destacó por su dominio de lo público y la responsabilidad en el ejercicio de sus cargos, desarrollando tareas que correspondían a programas del Partido Liberal. Su conocimiento apropiado de lo jurídico-político, fue utilizado para defender reformas sociales que facilitaron el ingreso de Colombia a la modernidad[116].

4.3.2.3 *Jurista:* A partir de su tesis de grado y continuando como juez municipal, Magistrado del Tribunal Superior de Ibagué, Congresista y Magistrado de la Corte Suprema de Justicia, utilizó su sabiduría -constitucional y jurisprudencial- para impulsar el imperio del derecho y la justicia.

4.3.2.4 *Diplomático:* Como tal, manejó eficazmente las relaciones del Estado colombiano con el Estado del Vaticano, en las dos oportunidades que fue designado Embajador.

4.3.2.5 *Profesor universitario:* Como gran lector y pedagogo expositor, transmitía con claridad a los educandos sus intensas jornadas de lectura, escritura, discernimiento[117] y práctica política.

4.3.2.6 *Ciudadano ético.* Esta cualidad acompañó transversalmente el ejercicio total de su polifacética vocación.

---

116 Véase al efecto su defensa de la Reforma Constitucional de 1936. Tomo I de su *Obra Selecta.* Banco de la República (1981). Bogotá, pp. 221-343.

117 Un ejemplo de ello es la exposición que realizó en la Biblioteca Nacional de Colombia en 1954, sobre *Teoría Constitucional.* Otro caso es el *Ciclo de Conferencias* dictado en la Universidad del Rosario titulado: *"De Hegel a Marx"* y que se encuentra en el Tomo I de sus *Obras Selectas.* Bogotá: Banco de la República, 1981.

4.3.2.7 *Maestro:* Por su sabiduría jurídica, formación humanística, responsabilidad político-diplomática, vocación académica, valor personal, y eficiencia y eficacia en el conocimiento teórico-práctico de lo público, fue reconocido como Maestro[118].

Al efecto, se me presenta conveniente recordar la semblanza plasmada por Cesáreo Rocha, Presidente de nuestra Academia, con motivo del centenario de Echandía: "Echandía vivió como pensó y pensó como vivió. Austeramente, sin dejar que las tentaciones del mundo material lo gobernaran, nunca tuvo lujos ni en su casa paterna, ni en su infancia, juventud o madurez. Murió pobre como había nacido y dejó una estela ejemplar de brillo intelectual, de moralidad, de principios, de autenticidad. Un claro y cada vez mejor derrotero ideológico se advirtió en sus actitudes esenciales. Por ello, un día afirmó en el recinto del Congreso": "La vida ha sido demasiado generosa para mí, tan generosa, que me ha permitido llevar con desenfado, sin pesadumbres, el lujo exquisito de ser pobre".

Sí, no fue al azar que un estadista de la talla de Carlos Lleras Restrepo, hubiera sostenido: "*Hermosa vida que no tiene par en nuestra historia*".

4.4. SOBRE SU PENSAMIENTO

> *Echandía es una personalidad de roble que blinda un corazón de pan. Fabio Lozano S.*

Detengámonos, a grandes zancadas, a recordar algunas dimensiones de su rico pensamiento. Para el abordaje de esta dimensión, me ocuparé de presentar[119] cada uno de los cinco tomos de su Obra

---

118 Compleméntese con lo planteado en 2.17 del libro ampliado del autor, sobre el Maestro.

119 Después de la introducción a cada uno de los tomos, el lector encontrará extractos del pensamiento del Maestro Echandía sobre algunos de los

Selecta, según la selección realizada por Aníbal Mendoza Noguera y editada en buena hora por el Banco de la República en 1981.

4.4.1 TOMO I. DE HEGEL A MARX Y FILOSOFÍA DE UN CAMBIO

4.4.1.1 Notas introductorias

Contiene un cuidadoso y extenso Prólogo de Otto Morales Benítez que se refiere a cada uno de los tomos. Después, está el Ciclo de Conferencias que dictó en la Facultad de Filosofía de la Universidad del Rosario y que se titulan: *De Hegel a Marx.* En tercer lugar, encontramos un conjunto de temas, de teoría y filosofía política, dictado en la Biblioteca Nacional de Colombia en 1954, bajo el título: *Filosofía de un cambio,* haciendo alusión a la Reforma Constitucional de 1936.

4.4.1.2 Prólogo

Con mi especial reconocimiento, detengámonos en el texto preparado por ese gran colombiano que fue Otto Morales Benítez: DARÍO ECHANDÍA: UN MAESTRO DE LA IDEOLOGÍA LIBERAL. El lector encontrará una descripción paulatina de características de quien conoció bien de cerca y de quien destaca su eticidad en el ejercicio de su labor política, el desprendimiento frente al poder y sus "éxitos parlamentarios, contribución al cambio de las estructuras estatales, avance en la democratización de la cultura, sentido social de la responsabilidad del Estado y sus gobernados, etc..., etc".

Darío Echandía y Otto Morales

---

componentes de cada tomo. El autor espera así, facilitar que el lector aborde la totalidad de la obra y disfrute la *sabiduría* allí contenida.

Sostiene Otto Morales:

"Al incorporarse a la política, venía con sus amplios merecimientos. Estos y su calidad intelectual de profesor, le conquistaron fácilmente el calificativo de Maestro. Nadie ha osado discutírselo...". "*Y otra cualidad más: en medio de ese pavoneado circo de la política, su capacidad de no demandar nada para sí, de no forzar ningún homenaje; de no insistir en la permanencia de su nombre; de no perturbar con el rumor de su sabiduría; de no codear a nadie para que regresara la mirada sobre su estampa de prócer sin ostentación*".

4.4.2 TOMO II. PERSONAJES E IDEAS

4.4.2.1 Notas introductorias.

Aquí, deseo recordar que contiene una combinación maravillosa y fundamentada entre el profesor, conocedor de la argumentación jurídica; el humanista que -en todo su esplendor- sitúa apropiadamente a los grandes personajes de que se ocupa; y al político que conoce la estructura del Estado y del poder. Una magnífica e incisiva Introducción de Pedro Gómez Valderrama inicia este Tomo. De la lectura global de esta, y la rigurosidad de la vida intelectual de Pedro Gómez Valderrama, puede verse diáfanamente un juicio certero.

Quienes revisen el texto final que contiene, con los prólogos de Fernando Dejanón y Carlos Gustavo Cano, encontrarán dos oraciones magistrales del Maestro Echandía: El discurso pronunciado en el homenaje fúnebre al Expresidente Enrique Olaya Herrera, en 1937, y su intervención en el acto conmemorativo del centenario del natalicio de Monseñor Rafael María Carrasquilla, en 1957.

Invito a los asistentes a contrastar el lenguaje, el nivel de análisis y los ideales de Darío Echandía con los utilizados, por ejemplo –a raíz del Plebiscito de 2016- por ciertos "invertebrados intelectuales" que solo beneficios personales y familiares han obtenido con su ejercicio politiquero y mediocre de la más bella de las vocaciones: la política. Sí, porque ella es el arte de gobernar sirviendo a los demás; no de servirse y lucrarse.

4.4.2.2 En su escrito a propósito de ***La vida de Olaya Herrera*** sostuvo al final:

"Sirvió a la República con la convicción fuerte de que solo cuando el poder se ejercita en beneficio de todos se podrá decir que se ejercitan las instituciones jurídicas realmente; ***inició una transformación de las costumbres políticas*** *que desde entonces no ha cesado de proseguir camino adelante, pero siempre ante los ojos el ejemplo de su agudo sentido de las realidades concretas, freno imprescindible, piedra de toque que nos ha de mostrar muchos peligros que evitar en el escabroso sendero del triunfo".*

Reflexionemos ahora en torno el texto echandiano sobre Monseñor Carrasquilla.

4.4.2.3 El pensamiento filosófico y político de Monseñor Carrasquilla.

"...Los discípulos del doctor Carrasquilla sabíamos bien, y por experiencia, que el hecho de estar afiliados a uno u otro de los partidos, no influía para nada ni en favor ni en contra de los alumnos en el ánimo del Rector". "Aquí a nadie se imponen ideas ni opiniones en asuntos meramente políticos" decía.

Y como lo decía, lo practicaba. "Los conciliarios, los catedráticos, el Rector, no aspirábamos a ganarle soldados a este o aquel caudillo, a uno u otro fervor político que hoy es y mañana no parece", agregaba. "En una palabra: su política era cerebral y no instintiva o pasional".

Continúa Echandía: "La política es, verdaderamente, la "ciencia y el arte del gobierno", y se traslada de las regiones de los odios y de los egoísmos al plano superior en que se debaten las ideas y campean los más altos y depurados sentimientos patrióticos". Y culmina su intervención sosteniendo: "Hoy más que nunca sus discípulos, cualesquiera que sean las discrepancias y contradicciones que la vida haya suscitado entre nosotros, sentimos que nos liga un vínculo infrangible; y que su desdén por los intereses transitorios y efímeros y su devoción por aquellas puras, inmóviles y bien aventuradas ideas con que soñó Platón, deberán inspirarnos perpetuamente en la lucha sin fin por el advenimiento de la justicia y la defensa de la libertad".

4.4.2.4 *En este tomo encontramos también, su discurso sobre Manuel Murillo Toro, el político del Olimpo Radical.*

M. Murillo Toro

En la revista reciente, la 362 de ésta benemérita Academia, plena de merecimientos históricos, nuestro actual Presidente sostuvo: "Hubo un día -dice Felipe Pérez- en que se llamó a Santander el Hombre de la Leyes; vendrá también otro en que se llame a Murillo el Hombre de las Instituciones... si Nariño denunció a Colombia los Derechos del Hombre, Murillo los hizo incrustar en nuestra legislación".

Pues bien, Murillo Toro es uno de los grandes demócratas admirados por Darío Echandía y de quién aprendió varias de sus virtudes y prácticas políticas. ¿Cómo no hacer notar que esta intervención es el consagrado reconocimiento a la vida política de un grande de Colombia?

Leamos a Echandía: "Ante la amenaza de un eclipse moral, que espíritus acaso demasiado inquietos puedan discernir en nuestro futuro, es necesario cultivar las mentes y las sensibilidades nuevas, para inclinarlas a la contemplación de otras edades en que el **alma nacional**[120] parecía tener caracteres más netos y se manifestaban con más vigor y espontánea vehemencia ciertos atributos peculiares de nuestra gente", que creo parecerían olvidarse, a veces.

"No ha habido quizás, en momento alguno de nuestra historia, si ponemos aparte el de la guerra emancipadora, un despliegue más brillante de inteligencias superiores al servicio de la rectoría política de este país. Talentos especulativos como Manuel Ancízar y Ezequiel Rojas; áureos escritores como los Pérez, Teodoro Valenzuela, Tomas Cuenca; juristas profundos y sutiles como Zaldúa; parlamentarios consumados como Becerra; tribunos excelsos como Rojas Garrido; nobles y recogidos pensadores como Felipe

120 Véase el contenido del Discurso de Uribe Uribe: *Notas sobre el Alma Nacional.* Roa Suárez, Hernando. (2005). *El liderazgo político. Análisis de Casos.* 4ª Edición. Universidad Pedagógica Nacional. Bogotá, pp. 119-120, 2005.

Zapata y Camacho Roldán; tales fueron algunas de las *figuras estelares que brillaron en aquel Olimpo inolvidable*". "*Entre ellas, y por unánime consenso, fue Murillo Toro el político, por excelencia y antonomasia, o, como dijo Núñez, el que demostró "más poderosa inspiración política*".

Continúa el Maestro: "Hoy hace un siglo inauguró Murillo como Presidente de Colombia el telégrafo Morse. También fue aquella una revolución. "Los maravillosos progresos técnicos pueden producir transformaciones sociales más hondas y persistentes que las que se hacen cambiando los preceptos legales o los sistemas políticos. *Sin el genio de los que inventaron la máquina de vapor o los motores de explosión, no existiría tal vez la democracia*".

Complementemos este testimonio de Echandía, con las reflexiones del Señor Presidente de nuestra Academia, publicado en agosto del año pasado: "Enaltecemos su memoria. Le rendimos culto a su pensamiento. A su ideario. Vale decir, a la huella profunda que dejó en la historia, postulados que estimamos deberían cobrar vigencia en estos primeros años del siglo XXI, que deberían rescatarse del olvido para que las actuales y futuras generaciones se detengan en el análisis de su trayectoria vital, como un ejemplo a seguir o al menos como material de escrutinio cultural imprescindible".

Notemos entonces que, con Presidentes de la estructura personal y el liderazgo de Manuel Murillo Toro, Enrique Olaya Herrera y Alfonso López Pumarejo; y maestros como Monseñor Carrasquilla, podemos explicar -parcialmente- el surgimiento de personalidades, alumnos y copartidarios de la calidad humana de Darío Echandía. ¡*Cuánto aprender de estos liderazgos, hoy*!

Continuemos con la presentación del tomo III.

4.4.3. TOMO III. IDEOLOGÍA Y POLÍTICA

4.4.3.1 Notas introductorias

Este tomo contiene un artículo inicial de Fabio Lozano Simonelli sobre *¿El poder para qué?* y continúa con exposiciones sobre aspectos de su ideología política contenidos en intervenciones realizadas en distintos escenarios entre 1934 y 1978. Sólo me ocuparé de dos.

4.4.3.2 ¿El poder para qué? Recreémonos brevemente con esta Introducción. Sostiene Fabio Lozano: "Digamos de entrada que aparte de lo que la pregunta signifcó en su momento, cuando el poder no estaba como fruta madura a la mano del sector desarmado de colombianos al que encabezada Echandía, *eso de "el poder para qué" es el acto más consecuente y sabio de lealtad a unas ideas y, sobre todo, a un pueblo.* Es punto de referencia indispensable para tomar nota de la lógica interna del pensamiento echandiano en un ambiente donde no siempre resplandece la coherencia intelectual y moral. ¿Para qué el poder cuando las masas no ejecutaban una revolución, sino se habían lanzado, rabiosas y borrachas, de bruces a la anarquía? La vivencia del "Bogotazo" fue, por lo negativa, clave para la formación revolucionaria de Fidel Castro, según declaraciones suyas a la Revista "Bohemia". Castro se dio cuenta, en ese día y los siguientes, de cómo no se hace una revolución. Lo cual coincide con lo que comprendió Echandía y en él encierra, además, un valor ético. Porque *para Echandía no hay tal de que "el poder es para poder"*, como sentencian cínicos y graciosos que tampoco saben mucho del espíritu de "El Príncipe". *El poder es un instrumento de servicio racional al pueblo. Usarlo de otro modo se llama piratería o ineptitud. Tal el cuesco de su enseñanza*".

Al referirse a la función social de la propiedad, Lozano sostiene: *"El poder ¿para qué?" Para ser usado como instrumento racional de transformación social. Que los ricos tributen, que la tierra se reparta y se cultive, que en el país se forme una base industrial, que la educación y la salud se extiendan"...*

Y más adelante agrega: "Es por eso por lo que Echandía ha luchado en Colombia: Porque nuestra democracia no sea la democracia falaz y falseada "de jeques y latifundistas" de que habla Strachey en el que se mueve a los electores como mesnadas. Contra ella insurgió el laborismo. *Y mucho se parecen a la caricaturesca democracia colombiana de gamonales, espadones y epulones.*

El desconcertante y demoledor humorista Echandía la ha comparado con un "orangután con sacoleva". En las páginas de esta antología se advierte que el pensador del Chaparral no es inferior al de Eaton y Oxford".

Y concluye Lozano. Recordemos: "A más del pensador insigne que discurre por esta antología, *es Echandía una personalidad de roble que blinda un corazón de pan*".

4.4.3.3 Darío Echandía: **A propósito de la construcción de la paz en Colombia.** Uno de los valores sustantivos que defendió el Maestro, en distintos momentos del desarrollo de su protagonismo político, fue el vinculado a la construcción de la paz. *Conocemos el papel decisivo que desempeñó el 9 de abril de 1948, para evitar problemas institucionales adicionales a los que se habían producido por el asesinato de Jorge Eliécer Gaitán.* Por acuerdo realizado con el partido liberal, asumió -a nombre de este-, el Ministerio de Gobierno. Sin embargo, al no cumplir el gobierno de Ospina con las políticas acordadas, renunció al cargo. Sabemos que en el proceso electoral de 1950 Laureano Gómez ascendió al poder sin que en el proceso electoral hubiera participado el partido liberal, por falta evidente de garantías.

De la lectura del texto: "Acuerdo para la paz nacional" puede observarse el ambiente de violencia abierta que se había desatado en octubre de 1949 y que continuó al no aceptar el partido conservador las propuestas pacíficas liberales. Acerquémonos ahora al tomo IV.

4.4.4 TOMO IV. EL GOBERNANTE, EL PARLAMENTARIO

4.4.4.1 Notas introductorias

Inicia este tomo con un artículo de Moisés Prieto: "El uso de la palabra" y contiene aportes del Maestro como gobernante y parlamentario.

4.4.4.2 Paz, orden, concordia

Veamos extractos de su memorable discurso para posesionarse como Presidente de la República en su condición de Primer Designado.

"No habrá para el gobierno acto alguno oficial, de cualquier tiempo, que pueda considerarse excluido de investigación o libre de la censura del Parlamento, o que no esté el gobierno dispuesto a esclarecer, con todas sus consecuencias".

"Os ofrezco, señores miembros del Congreso, toda colaboración, porque ese es mi deber, y porque es apenas la retribución del ánimo generoso con que habéis querido recibir mi elevación a este cargo. Ofrezco a todos los partidos, a todos los grupos, a todas las tendencias políticas imparcialidad, igualdad de trato, ecuanimidad y justicia. *Ofrezco a todos los ciudadanos, el más voluntarioso esfuerzo del gobierno para impedir que en el breve tiempo de mi mandato, no se hagan, por culpa del Ejecutivo, más desfavorables las condiciones en que están sirviendo a la grandeza y al interés de Colombia*".

4.4.4.3 Y sobre la restauración de la paz en el Tolima ¿Qué pensar? ¿Cómo no recordar que quien había desempeñado exitosamente los más altos cargos públicos, *aceptó en agosto de 1958, ser Gobernador del Tolima,* para contribuir eficazmente a aclimatar la paz en este su terruño azotado por las violencias? Observemos cuidadosamente cuál es el espíritu y con qué niveles de responsabilidad el Expresidente Echandía le sirve al Tolima y a la Nación, convocando a los tolimenses para reconstruir el tejido social y fortalecer el espíritu solidariamente constructivo.

Revisemos algunos apartes de su discurso de posesión como Gobernador del Tolima en agosto de 1958, hace casi 66 años: "*¿Cómo lograremos reestablecer el sentimiento de confianza, hacer renacer el espíritu de cooperación, estimular la solidaridad, entre los tolimenses? La empresa de la pacificación es obra conjunta del gobierno y de los ciudadanos. Requiere la eliminación de viejos prejuicios,* ***el olvido de odios sectarios,*** *la inteligencia sincera de los partidos para el bien común*".

"*La lucha contra la violencia no es solamente una empresa militar o policiva; es una tarea de regeneración social*[121]*, que consiste en levantar el nivel cultural y económico de la población, y, sobre todo, de*

121 Según mi percepción, aún lo es en 2024.

la población campesina. Esta tarea puede exceder, con mucho, de los límites y posibilidades de la entidad jurídica y política departamental; es la Nación la que tiene que acometerla y con todos sus recursos, para extirpar el mal en sus raíces, según la concepción clara y el propósito irrevocable del gobierno nacional".

"Pediré la cooperación de los mejores ciudadanos; de los más capaces, prestigiosos y respetables, para que sirvan las alcaldías municipales. Una de las mayores urgencias nacionales es ***la restauración del municipio.*** *Más difícil que cualquier otra es la de revivir el municipio tolimense".*

Y termina su intervención recordando la voluntad de concordia y paz de los tolimenses: "Mi advenimiento a la Gobernación del Tolima no es, ciertamente, una causa racional de optimismo; pero sí ha sido una ocasión de manifestar esa unánime voluntad de concordia y de paz. Yo pido a mis coterráneos que persistan en este noble impulso, que olviden mis errores y flaquezas, para no pensar sino en mí inquebrantable voluntad de servirles. Espero que en esta tarea tendré siempre su comprensión y apoyo. De otro modo no será posible realizar ninguna obra sólida y fructífera".

He aquí un texto que nos permite conocer, en la plenitud de su madurez, el pensamiento y la voluntad política de un Expresidente de la República con consagrada vocación al servicio de los intereses de nuestra democracia y de la construcción de la paz en un departamento que había sido especialmente azotado por la violencia bipartidista.

4.4.5 TOMO V. EL JURISTA, EL MAGISTRADO

De izq. a der.: Fernando Hinestrosa, Antonio Rocha y Darío Echandía. Bogotá

Y en el último tomo encontramos los siguientes temas: De la responsabilidad civil por los delitos y las culpas (su tesis de grado). Facultades del legislador en relación con la junta directiva del Banco de la República; y Sentencias en la Corte Suprema de Justicia. Teniendo en cuenta la especificidad de los temas planteados en este tomo y esta exposición, invito a los lectores a ocuparse directamente de los mismos.

4.4.5.1 Notas introductorias. En relación con la Introducción a este tomo, fue rigurosamente elaborada por el Rector de la Universidad Externado de Colombia. Allí sostuvo Fernando Hinestrosa Forero: "Radical de cuna, escolástico de escuela, no tardó en desasirse y en emprender caminos propios, concordes con su curiosidad intelectual y el romanticismo de su mocedad: Kant, Hegel, la izquierda hegeliana, Marx, el positivismo, el solidarismo. Para quienes en su infantilismo ignorante e insolente tratan de exigir a cada quien que se afilie a una tendencia, que se incorpore a una secta, *desconcierta el realismo escéptico de Darío Echandía, su serenidad y madurez apabullantes;* no las de hoy en su augusta senectud (1980), sino las de siempre: las que puso de manifiesto junto con su garra polémica en la defensa de la Reforma Constitucional de 1936, revolucionaria entonces y, habida consideración del conservadurismo colombiano, todavía hoy: *escrita y siempre en trance de realización futura,* y las que ya se atisbaban en sus primeros ensayos universitarios.

Darío Echandía es uno de los grandes de Colombia, al lado del Fundador de la República y del doctor Murillo, su coterráneo, quizá modelo recóndito de su trayectoria vital y, con ellos, abogado, término más cabal que el de connotación soberbia de jurista, por la actividad, la lucha, la combatividad que aquella encierra, y no por casualidad, sino por destino"[122].

Y más adelante afirma: "A la Corte Suprema de Justicia llegó con 1954 y en ella permaneció todo ese año, en el propósito de restaurar la confianza perdida en la jurisdicción y con ímpetu renovador, en que lo acompañaron juristas eminentes, varios de ellos condiscípulos suyos, consagrados todos a una tarea que hizo recordar la Corte ilustre de 1935, que él contribuyera a integrar como Ministro de Gobierno en la primera administración de Alfonso López. Noble aliento de las esperanzas puestas en el *Golpe de opinión,* según su apelativo afortunado, que a poco se vanaron (sic) por la ceguera, la codicia, y *el conservadurismo de lo que vino a convertirse en una dictadura militar*".

4.4.5.2 Procede entonces a condensar **la labor del Magistrado Echandía:**

"Una sentencia de constitucionalidad y diez y siete de casación civil fueron pronunciadas en ese tiempo por el Magistrado Darío Echandía"[123].

Terminada la labor anterior, Fernando Hinestrosa continúa con los siguientes comentarios significantes: "En estas sentencias como bien puede apreciarse aún por quienes no tengan preparación jurídica o, teniéndola, no sean versados en el ramo o en la técnica del recurso de casación, *sobresalen la sencillez y el rigor de la argumentación; la construcción de las frases es elemental, repetitiva y, por eso mismo, contundente, demoledora, así puede no estarse de acuerdo con el giro interpretativo de esta o aquella norma o el sentido de alguna conclusión.*

---

122 Las bastardillas del aporte de Fernando Hinestrosa, son mías.

123 Fernando Hinestrosa sintetiza esta labor, que se encuentra en las páginas 15 a 29 del tomo citado.

Es la exégesis de sus mejores manifestaciones: conocimiento cabal, si se quiere preciosista, de las disposiciones en singular y del sistema del ordenamiento; convicción de que los preceptos están contenidos en textos que emplean sustantivos, adjetivos, adverbios y tiempos gramaticales que poseen un significado preciso de conocimiento y respeto forzoso, que no puede dejarse de lado, sea por ignorancia, confusión mental, o inconformidad. Delimitación cabal de los campos de acción del legislador y del juez, quien no puede suplantar al legislador bajo ningún pretexto. *El derecho concebido como un sistema compacto, armónico y unitario, que cumple una función: para el caso la de resolver los conflictos entre los particulares, confiada al juez. Juez que se ve actuando con majestad y elegancia, desprovisto de cualquier asomo de soberbia, celoso de guardar distancias y de imponer la justicia y la equidad*".

Agrega el Exrector Magnífico externadista: "La obra jurídica de Echandía se proyectó con intensidad y hondura en el terreno legislativo: *estuvo presente en todas las reformas constitucionales realizadas de 1936 en adelante* y son muchas las disposiciones que muestran el sello de su personalidad: su espíritu de avance social, igualitario; su romanticismo realista; su agnosticismo y, por qué no decirlo, la decepción que le ha dejado tanta ilusión fallida, no suya sino de la Nación. *Fue él quien emprendió la tarea de reforma de la administración de justicia, para volver a los cauces institucionales y de prestancia de los sistemas y las gentes, que se realizó bajo el gobierno del Presidente Carlos Lleras Restrepo en 1968 y 1970*".

Y culmina el introductor al tomo V, con una síntesis típica de su estilo: "*Darío Echandía ha tenido la presuntuosidad de ser modesto y el carácter y la suerte suficientes para que se le haya tolerado que lo sea, auténtico, y se le respete en esa condición*"[124].

124 La elaboración de Fernando Hinestrosa data de enero de 1980 en Bogotá.

4.4.5 TESTIMONIOS

El libro que elaboré sobre el Maestro Echandía en 2017, contiene los testimonios analíticos de los señores Presidentes Carlos Lleras Restrepo y Alberto Lleras Camargo, y los de colombianos de la responsabilidad política e intelectual de: Fernando Hinestrosa, Otto Morales, Pedro Gómez Valderrama, Luis Eduardo Nieto Caballero, Benjamín Ardila, Augusto Trujillo y Jaime Aponte[125].

4.4.6 CONCLUSIONES

> *Por su sabiduría jurídica, formación humanística, responsabilidad político-diplomática, vocación académica, valor personal y eficiencia y eficacia en el conocimiento teórico-práctico de lo público, Darío Echandía fue reconocido como Maestro.*

Cuán grato ha sido recorrer el camino de la presente investigación. A lo largo de ella me ha sido viable aproximarme al conocimiento de los rasgos principales de la *vocación* de un gran colombiano y latinoamericano del siglo XX y presentar aspectos sustantivos de su vida y pensamiento. Me inclino a pensar que los universitarios y profesionales contemporáneos, que examinen su contenido, podrán tener un espacio para *reafirmar la fe en el conocimiento de la política como arte y ciencia y prepararse para contribuir a la profundización del proceso democrático latinoamericano, en pleno siglo XXI.* Veamos las conclusiones.

4.4.6.1 Excepcional demócrata. Darío Echandía fue un excepcional demócrata. Se distinguió por su versación en el ordenamiento jurídico de nuestro país; su responsabilidad como líder político liberal-socialdemócrata; el ejercicio de su profunda vocación académica

---

125 Véase del autor: *Darío Echandía Olaya, colombiano ejemplar*. Prólogo: Fernando Dejanón y Carlos Gustavo Cano. Universidad Libre. Panamericana. Bogotá, pp. 49-62 y 143-166.

y humanística; la práctica de la ética en el ejercicio de la función pública como Juez, Gobernador del Tolima, Magistrado de la Corte Suprema de Justicia, Ministro de Relaciones Exteriores, de Educación y de Justicia, Embajador ante el Vaticano, y Presidente de la República.

4.4.6.2 El papel de las conceptualizaciones. Las conceptualizaciones han sido trabajadas cuidadosamente para facilitar un conocimiento comprensivo de aspectos socio-jurídico-políticos y culturales fundamentales del pensamiento echandiano.

4.4.6.3 Un paradigma de virtudes. El estudio de su biografía nos permite acercarnos a conocer un paradigma de las virtudes que deberíamos poseer los demócratas colombianos y, específicamente, los líderes políticos constructores de paz en el siglo XXI. Tengamos presente que él fue uno de los artífices que, con su juridicidad, humanismo y prácticas políticas, contribuyó eficazmente a la inserción de Colombia en la modernidad.

4.4.6.4 Darío Echandía: Una vida digna de ser imitada y superada. En momentos de crisis ético-política, como los vividos en 2024[126], estamos invitados a estudiar el ejemplo de quienes nos enseñaron a **ser**. Por su vida y obra, Darío Echandía es un ejemplo digno de ser imitado y superado –cambiando las cosas que haya que cambiar– por quienes consideramos que la democracia es la forma de gobierno óptima para organizar políticamente nuestro país.

En pleno siglo XXI, la lectura y comprensión de su pensamiento es un magnífico ejercicio para quien desee conocer las raíces de la democracia representativa y participativa, así como la evolución de "una personalidad de roble que blinda un corazón de pan"[127].

4.4.6.5 *Testimonios de estadistas sobre el Maestro.* Los análisis y testimonios dados por estadistas de la calidad de los expresidentes

126 Estúdiese, por ejemplo, el manejo que se le dio a la llamada: "Feria de los avales" y el contenido de lo planteado en la *importancia del tema.* Véase (2.1.4).

127 Fabio Lozano Simonelli en ECHANDÍA, Darío. (1982). *Obras Selectas.* Tomo III. Banco de la República. Bogotá, p. 15.

Alberto Lleras Camargo y Carlos Lleras Restrepo y la responsabilidad política e intelectual de Fernando Hinestrosa, Otto Morales, Pedro Gómez Valderrama, Benjamín Ardila, Augusto Trujillo y Jaime Aponte, nos permiten sostener que *el liderazgo jurídico-político y ético, como el ejercido por el Maestro Echandía, es una invitación cuidadosa a la juventud universitaria contemporánea (2024), a retomar sus pasos y a prepararse para fortalecer el conocimiento teórico-práctico de la política como arte y ciencia, y constituirse en una seria renovación del alto porcentaje de quienes han desvirtuado los valores democráticos, especialmente en el intervalo 1970-2024, salvo excepciones, poniendo en peligro nuestra institucionalidad, con todas las consecuencias que de allí se derivan.*

4.4.6.6 La significación de su vida y obra. Si un estudiante universitario me pregunta en nuestros días (2024): ¿por qué es conveniente estudiar la vida y obra de Darío Echandía, ¿qué le respondería? Creo que es conveniente insistir, porque: i) A lo largo de su vida universitaria y profesional, practicó éticamente su labor. ii) Como funcionario público fue estudioso y responsable con los cargos que le fueron asignados. iii) Como consagrado jurista, contribuyó eficazmente a construir el espíritu pacifista entre los colombianos y a profundizar los valores de la democracia representativa y participativa. iv) Como profesor actuó con erudición y sabiduría; y v) La coherencia entre la solidez de su formación; la ética ejercida en su vida pública; el ejercicio de la política; la práctica de su juridicidad y de la cátedra, lo hicieron acreedor al título de Maestro.

4.4.6.7 Ejemplo para la juventud. Ante la gravedad que significa para la Colombia contemporánea: la magnitud del proceso de la corrupción administrativa y política; la minería ilegal; el fenómeno paramilitar; los residuos guerrilleros y de bandas criminales; y el peligro de la desinstitucionalización de nuestra democracia[128] -en el

---

128 Léanse las implicaciones que se derivan de las condenas proferidas por la Corte Suprema de Justicia contra los exministros Sabas Pretelt, Diego Palacio y la exdirectora del DAS María del Pilar Hurtado, hasta abril de

mediano plazo-, la vida y obra de Darío Echandía son un ejemplo para la juventud contemporánea.

4.4.6.8 ***Maestro de todas las virtudes ciudadanas.*** Deseo observar: No es al azar que, en una de las paredes principales de la Universidad del Rosario, se le consigne a Darío Echandía, un preciso reconocimiento en los siguientes términos:

HONRA
A ESTE COLEGIO MAYOR
Y A LA REPÚBLICA
DARÍO ECHANDÍA
1897-1989
COLEGIAL CATEDRÁTICO PATRONO
Y
MAESTRO
DE TODAS
LAS VIRTUDES CIUDADANAS

Bibliografía General

ADORNO, Theodoro. *La personalidad autoritaria.* Buenos Aires. Proyección, 1982.
AGUDELO VILLA, Hernando. *La revolución liberal.* Bogotá. T.M. Editores, 1996.
APEL, Karl-Otto y otros. *Ética comunicativa y democracia.* Barcelona. Crítica, 1990.
ARCINIEGAS, José Ignacio. *Darío Echandía, su vida su pensamiento.* Bogotá. Gráficos Margal, 1980.
ARENDT, Hannah. *On revolution.* New York. Viking Press, 1963.
ARISTÓTELES. *La Política.* Madrid. Alianza Editorial, 1986.

2015, por beneficiar ilegalmente los intereses específicos del Expresidente Álvaro Uribe, cuando ejercía el mando. También, estúdiese el impacto que, al interior del sistema político colombiano, ha producido la empresa criminal organizada por Odebrecht.

BACHELARD, Gastón. *La formación del espíritu científico.* Buenos Aires. Siglo XXI, 1975.
BALLÉN, Rafael. *Liberalismo, hoy.* Bogotá. Editorial Carrera Séptima, 1985.
BENJAMIN, Walter. *L'Homme, le langage, et la culture: essais.* París. Denoel Gonthier, 1974.
BERLIN, Isaiah. *Cuatro ensayos sobre la libertad.* Madrid. Alianza, 1988.
BÉRTOLA, Luis y José Antonio Ocampo. *El desarrollo económico de América Latina desde la independencia.* México D.F. Fondo de Cultura Económica, 2012.
BOBBIO, Norberto. *Liberalismo y democracia.* México D.F. Fondo de Cultura Económica, 1988.
CENTRO de Investigación y Educación Popular, CINEP. *"Movimientos y paros cívicos en Colombia".* Bogotá. CINEP, 1986.
CEPEDA, Fernando. *Descentralización y Gobernabilidad.* Bogotá. ESAP, 1994.
CORNU, August. *Carlos Marx y Federico Engels.* Buenos Aires. Platina, 1965.
DEUTSCH, K.W. *Los nervios del gobierno.* Buenos Aires. Paidós, 1969.
DE Gaulle, Charles. *Memorias de guerra.* Volumen III. París. Luis de Caralt, Ediciones G.P., 1970 .
EBENSTEIN, William. *Los grandes pensadores políticos.* Madrid. Revista de Occidente, 1965.
ECHANDÍA, Darío. *Obras Selectas.* 5 Tomos. Bogotá. Banco de la República, Talleres gráficos, 1981.
ECHANDÍA, Darío, *Humanismo y técnica.* Bogotá. Instituto Colombiano de Cultura Hispánica, 1969.
FROMM, Erich. *El miedo a la libertad.* Buenos Aires. Paidós, 1962.
GARAY, Luis Jorge. *Replantear Colombia.* Bogotá. PNUD, 1998.
GARCÍA, Mauricio. "Democracia y Estado Social de Derecho". En: *La reforma política del Estado en Colombia.* Bogotá. Cerec-Fescol, 2005.
HABERMAS, Jürgen. *El discurso filosófico de la modernidad.* Madrid. Tauros, 1992.
HELLER, Hermann. *Teoría del Estado.* México D.F. Fondo de Cultura Económica, 1992.
HERNÁNDEZ Quintero, Hernando (Comp.). *Darío Echandía y el Estado social de derecho.* Ibagué. León Gráficas, 2007.
HERNÁNDEZ Quintero, Hernando, *Echandía Memorias del centenario de su nacimiento.* Ibagué. Corporación Universitaria de Ibagué, 1998.
HOYOS, Guillermo. *"Positivismo y dialéctica".* En: Roa Suárez, Hernando (Comp. y Edit.) *La investigación científica en Colombia, hoy.* Bogotá. Guadalupe, 1979.
JARAMILLO Uribe, Jaime. *La personalidad histórica de Colombia.* Bogotá. El Áncora Editores, 1994.
JORDÁN, Fernando (Comp.). *Antología del pensamiento y programas del partido liberal. 1820-2000.* 3 Volúmenes. Bogotá. Servigraphic, 2000.
KEYNES, Jhon Maynard. *The general theory of employment interest and money.* Mansfiel.: Martino Publishing, 2011.

LEAL Buitrago, Francisco. *EN LA ENCRUCIJADA. Colombia en el siglo XXI.* Bogotá. Norma, 2006.

LIÉVANO Aguirre, Indalecio. *Los grandes conflictos sociales y económicos de nuestra historia.* Bogotá. Tercer Mundo, 1964.

LLERAS Camargo, Alberto. *Memorias.* Bogotá. Banco de la República-El Áncora editores, 1997.

LLERAS Camargo, Alberto. *Mi gente. Memorias.* Bogotá. Ediciones Talleres gráficos del Banco de la República, 1975.

LLERAS Camargo, Alberto. *Mensaje enviado, en su condición de Presidente de la República, al pueblo tolimense, con motivo de la designación del Maestro Echandía como Gobernador del Tolima.* Bogotá. Presidencia de la República, 1958.

LLERAS Restrepo, Carlos. *Historia y política.* Bogotá. Osprey impresores, 1980.

LLERAS Restrepo, Carlos. "*Borradores para una historia de la República Liberal*". *Nueva Frontera.* Bogotá, 1975.

LLERAS Restrepo, Carlos. *Obras completas.* Esap. Imprenta Nacional. Bogotá

LÓPEZ, Alejandro. *Obras selectas.* Bogotá. Cámara de Representantes-Imprenta Nacional, 1983.

LÓPEZ Pumarejo, Alfonso. *Obras selectas.* Bogotá. Fondo de publicaciones Cámara de Representantes, 1980.

LÓPEZ Michelsen, Alfonso y otros. *El Partido Liberal colombiano y la socialdemocracia.* Bogotá. Promotora de ediciones y comunicación, 1982.

MARX, Carlos (1958). *La ideología alemana.* Pueblos Unidos, Montevideo.

MATURANA, Humberto. *La Democracia es una Obra de Arte.* Bogotá. Cooperativa del Magisterio, 1994.

MELO, Jorge Orlando. *"Algunas consideraciones globales sobre modernidad y modernización". Colombia: El despertar de la modernidad.* Bogotá. Foro Nacional por Colombia, 1991.

MOLINA, Gerardo. *Las ideas socialistas en Colombia.* Bogotá. Tercer Mundo, 1987.

MOLINA, Gerardo. *Las ideas liberales en Colombia.* Tres tomos. Bogotá. Tercer Mundo editores, 1980.

MORALES Benítez, Otto. *Maestro Darío Echandía.* 5 Tomos. Prólogo. Bogotá. Ediciones del Banco de la República, 1982.

MURILLO Toro, Manuel. *Obras selectas.* Cámara de Representantes. Bogotá. Imprenta Nacional, 1979.

NIETO Caballero, Luis Eduardo. *Escritos Escogidos.* 5 Tomos. Bogotá. Biblioteca Banco Popular, 1984.

OCAMPO, José Antonio. *Colombia en la economía mundial: 1830-1910.* Bogotá. Ediciones Siglo XXI, 1985.

PARDO, Carlos Orlando y otros. *Protagonistas del Tolima siglo XX.* Ibagué. Pijao editores, 1995.

POPPER, Karl R. *El desarrollo del conocimiento científico.* Buenos Aires. Paidós, 1967.

RADKAU, Joachim. *Max Weber. La pasión del pensamiento.* México D.F: Fondo de Cultura Económica, 2011.

RAWLS, Jhon. *Justicia como equidad.* Madrid. Tauros, 1986.

ROA Suárez, Hernando. *COLOMBIA POLÍTICA. Ensayos y escrito.* Bogotá. Universidad Javeriana-Grupo Editorial Ibáñez 2012.

ROA Suárez, Hernando. "*¿Cómo construir paz y democracia en América Latina? Aportes a su debate y concreción.*" *Revista Análisis Político.* Nº 75. Bogotá. Universidad Nacional-IEPRI, 2012.

ROA Suárez, Hernando. *El liderazgo político. Análisis de casos.* 6ª edición. Prólogo: Fernando Carrillo Flórez. Academia Colombiana de Jurisprudencia-Tirant lo Blanch. Bogotá, 2024.

ROA Suárez, Hernando. *Estado y gobernabilidad.* Fescol. Bogotá, 1999.

ROA Suárez, Hernando. *Ciencia, Investigación, Universidad y Pedagogía.* Prólogo: Rafael Rivas Posada. 2ª edición. Bogotá. ESAP Publicaciones, 1984.

ROA Suárez, Hernando. *Construir democracia. 50 años de periodismo de opinión.* III tomos. Prólogo: *Alfredo Sarmiento Gómez.* Tirant lo Blanch- Academia Colombiana de Jurisprudencia, Bogotá, 2023.

ROA Suárez, Hernando. *Darío Echandía Olaya. Colombiano ejemplar.* Prólogos: Fernando Dejanón y otro. Academia Colombiana de Jurisprudencia. Universidad Libre - Panamericana editores. Bogotá. 2017.

ROCHA Ochoa, Cesáreo. "*Darío Echandía: Símbolo de la Patria*". *Revista de la Academia Colombiana de Jurisprudencia.* Nº 311. Bogotá. 1998, pp. XLIII-LVIII.

SAFFORD, Frank y Marco Palacios. *Colombia país fragmentado sociedad dividida.* Bogotá. Editorial Norma, 2002.

SANTOS Calderón, Enrique. *Fuego cruzado: guerrilla, narcotráfico y paramilitares en la Colombia de los ochenta.* Bogotá. Cerec, 1988.

SHUMPETER, Joseph A. *Historia del análisis económico.* Barcelona. Ariel, 1971.

SUN, Tzu. *Los trece artículos sobre el arte de la guerra.* Madrid. Ministerio de Defensa de España, Madrid, 1988.

TIRADO Mejía, Álvaro y Mágdala Velásquez. *La reforma constitucional de 1936.* Bogotá. Oveja Negra-Fundación Friederich Nauman. 1982.

TOCQUEVILLE, Alexis De. *La democracia en América.* Traducción Raimundo Viejo Viñas. Madrid. Akal, 2007.

TORRES Almeida, Jesús. *Manuel Murillo Toro, caudillo radical y reformador social.* Bogotá. Ediciones El Tiempo, 1984.

TRUJILLO Muñoz, Augusto. *De la escuela republicana a la escuela del Tolima.* Bogotá. Ediciones de la Academia Colombiana de Jurisprudencia. Digiprint, 2007.

TRUJILLO Muñoz, Augusto. "La república liberal". *Manual de historia del Tolima.* Ibagué. Pijao editores, 2007.

TRUJILLO Muñoz, Augusto. "La ética del poder y del derecho en el Maestro Darío Echandía". *Echandía: Memorias del centenario de su nacimiento.* Ibagué. Coruniversitaria, 1998.

TRUJILLO Muñoz, Augusto. "El Maestro Echandía, ideólogo del Estado social de Derecho y precursor de la Corte Constitucional". *Revista de la Academia Colombiana de Jurisprudencia.* Nº 311 (1988).

VIDAL Perdomo, Jaime. *Derecho constitucional general e instituciones políticas colombianas.* Bogotá. 9ª Ed. Legis, 2005.

VILLAR Borda, Luis. "Programas y convenciones históricas del liberalismo". *Revista Cuadernos Americanos. Nueva época.* Nº 74 (1999). Universidad Nacional Autónoma de México.

VON Clausewitz, Karl. *De la guerra.* Barcelona. Labor, 1984.

WALLERSTEIN, Inmanuel. *Abrir las ciencias sociales.* México D. F.:UNAM - Siglo XXI, 1996.

WEBER, Max. *Sobre la teoría de las ciencias sociales.* Barcelona. Península, 1974.

WEBER, Max, *Ensayos sobre metodología sociológica.* Buenos Aires. Amorrortu, 1973.

WEBER, Max, *Economía y sociedad.* 2 Tomos. México D.F. Fondo de Cultura Económica, 1969.

V. A propósito de la gobernabilidad democrática y la paz. El caso colombiano. Reflexiones teórico-prácticas

RESUMEN:

Uno de los temas sustantivos para la comprensión de la problemática colombiana actual, es el de la gobernabilidad democrática y sus múltiples relaciones con la construcción de la paz. La presente elaboración desea contribuir especialmente, al desarrollo de aspectos significativos de la gobernabilidad democrática y de nuestro proceso de paz.

Palabras clave: Ciencia política; Estado; gobernabilidad democrática; y paz.

ABSTRACT:

One of the substantive issues for understanding the current Colombian problem is that of democratic governance and its multiple relationships with the construction of peace. The present elaboration wishes to contribute especially to the understanding of significant aspects of democratic governance and our peace process.

Key words: Political science; State; democratic governavility; and peace

ÍNDICE

5.1 NOTAS INTRODUCTORIAS

Institucionalizar la gobernabilidad democrática es una de las alternativas para facilitar la consolidación del proceso de paz en Colombia.

5.1.1 Consideraciones iniciales

Gobernabilidad democrática y paz, son temas de una gran significación para el científico social del siglo XXI y por supuesto que —por su naturaleza— lo serán también para el universitario y el ciudadano interesado en el devenir histórico de nuestra Nación, de Iberoamérica y del mundo.

Reflexionando en torno a *la gobernabilidad democrática*, en cuanto a Iberoamérica se refiere, sabemos que es un término que, hacia el siglo VI antes de nuestra Era en Grecia, estuvo íntimamente ligado a la visión que se tenía de la cibernética[129], como el arte de conducir atribuida a los pilotos de mar. Mas ha sido hacia el decenio de los setenta cuando científicos comoHuntington, Deutsch, Watanuki, Crozier, Dror... fueron perfilando sus nuevas elaboraciones para llamar la atención de la academia y de los hombres de gobierno en torno a distintos tipos de gobernabilidades.

En Iberoamérica, se han realizado importantes eventos donde jefes de Estado y cientistas sociales han sido convocados para formular alternativas viables que permitan institucionalizar una gobernabilidad democrática, con capacidad de enfrentar los problemas de atraso, injusticia social y desequilibrios que siguen atentando contra la estabilidad y el progreso de los regímenes democráticos. Ahora, tenemos publicaciones, investigaciones, especializaciones, maestrías, doctorados y postdoctorados, dedicados a profundizar en el tema. Es relevante el número de eventos y publicaciones, nacionales e interna-

129 Norbert Wiener precisó su conceptualización como *la ciencia de la comunicación y el control.*

cionales, que —especialmente a partir del decenio de los noventa— se han organizado y por supuesto, es significante el interés que, en Naciones Unidas y particularmente en el PNUD, se le ha dado a la problemática.

En relación con la problemática de la paz, anotemos que los aportes de Sun Tzu y Karl Von Clausewitz son de gran utilidad para develar históricamente, aportes sustantivos de las estrategias y tácticas de la guerra.

Ante la complejidad y originalidad de los procesos de construcción de la paz en Colombia, puede resultar muy útil caracterizar los distintos tipos de violencias, de acuerdo a la siguiente periodización: 1948-1953 (asesinato de Gaitán–golpe de opinión contra Laureano Gómez); 1953-1957 (Gobierno de Rojas Pinilla); 1957-1974 (gobierno de transición de la Junta Militar y desarrollo del Frente Nacional); 1974-1986 (Gobierno de López Michelsen–fin del Gobierno de Belisario Betancur; toma del Palacio de Justicia 1985); 1986-2002 (surgimiento de nuevas formas de violencia); 2002-2010 (gobierno Uribe. (2002-2006) serias confrontaciones con las FARC); 2010-2018 (gobierno Santos, firma del Acuerdo de Paz 2016); 2018-2022 (gobierno Duque, deficiente implementación del proceso de paz); 2022-24 (gobierno Petro. Búsqueda de Paz Total...).

Pensando en una conceptualización adecuada que nos permita la comprensiónde la problemática de la paz en Colombia, la concibo como la ausencia de la violenciaabierta, estructural y cultural[130].

Ante las crisis de liderazgos, gobernabilidad y la construcción de la paz, que agencien propuestas políticas de trascendencia histórica en Colombia, este ensayo es una invitación, especialmente a los estamentos universitarios, para una toma de conciencia sobre la necesidad de responder, desde el interior de las aulas y los procesos investigativos, innovativos y extensivos, a los retos que demanda una democracia participativa en pleno proceso de desarrollo, como lo es la colombiana.

130 Galtung, Johan. *Conferencias de sistemas internacionales. Notas personales.* Flacso, Santiago de Chile. 1969.

Mas no partimos de cero. Tenemos ejemplos históricos que, a nivel mundial (Bolívar, Lincoln, Juárez, De Gaulle, Churchill, Gandhi, Obama, Merkel, Bachelet, Andern, Marin...) nos indican la importancia de pensar y actuar con *sentido de grandeza*. Nuestra Nación, también ha tenido paradigmas de políticos que ejercieron su vocación y liderazgo con responsabilidad, consagración y eticidad. Si pensamos en ejemplos específicos —no los únicos— de períodos en que la gobernabilidad democrática se hizo patente en el siglo XX, podríamos revisar las gestiones de Alfonso López Pumarejo (1934-1938); Darío Echandía (1934-1968[131]); Alberto Lleras (1958-1962) y Carlos Lleras (1966-1970).

En relación con la construcción de la paz, tenemos ejemplos como los de El Salvador, Guatemala y Nicaragua; los aportes del proceso de Irlanda del Norte y por supuesto, las lecciones que se derivan de la conflictual situación de la ETA. Nótese, sin embargo, la especificidad y complejidad del actual proceso colombiano y la evolución de los distintos tipos de violencias a partir de 1948.

En medio de grandes dificultades histórico-estructurales (económicas, políticas,sociales, culturales y ambientales), y de un dinámico proceso de globalización, me inclino a pensar que el destino de Colombia debe encausarse por los caminos de lademocracia participativa —con componentes socialdemócratas— que nos permitanenfrentar creativamente la injusticia social y las distintas manifestaciones de violencias. Ser constructores de paz, parece ser una tarea prioritaria para nuestros futuros estadistas.

5.1.2 Sobre el universo temático

Después de la presentación, el texto se ocupa de precisar la importancia del tema,a la luz de mi concepto comprensivo de la ciencia política contemporánea (2024). En tercer lugar, se elabora

---

131 Examínese su papel al respecto, en distintos momentos del ejercicio del poder. Véase del autor: *DARÍO ECHANDÍA OLAYA. Colombiano Ejemplar*. (2010). Academia Colombiana de Jurisprudencia- Universidad Libre-Panamericana. Bogotá, pp. 60-62; 167-170.

un conjunto de conceptualizaciones que son básicas para estudiar la complejidad de los procesos dentro de los que surgen, así como los temas fronterizos con los que están vinculados la gobernabilidad democrática y la construcción de la paz.

El capítulo cuarto está dedicado a presentar correlaciones existentes entre la gobernabilidad y el proceso de la descentralización. El quinto, correlaciona la gobernabilidad y la paz. Y el capítulo sexto, se ocupa de las conclusiones. A continuación, se encuentran la bibliografía especial[132].

5.1.3 Importancia del tema

La política, como arte de gobernar y como ciencia social, es clave para precisar relaciones entre la gobernabilidad democrática y la paz.

A ningún estudioso escapa que el tema es vital para el estadista y el hombre de acción, por cuanto según sea la percepción de la gobernabilidad democrática y de la paz, estaremos en presencia de proyectos políticos democráticos o represivos; dinámicos o estáticos; creativos o repetitivos.

1. Para un demócrata, el pensamiento debe ser abierto, en proceso de construcción, en plena elaboración y esa mediación entre la concreción y la capacidad de abstracción de la misma, debe ser ajustable mediante una adecuada conceptualización. ¿Cuáles el hilo conductor conceptual, desde el cual se realiza la presente elaboración? Pues no es otro que mi conceptualización sobre la ciencia política contemporánea. Ésta se me presenta como *una disciplina social que se ocupa del estudio sistemático delEstado; de la problemática de la legitimidad; de la estructura del poder; de la composición de las clases y estratos sociales; de la organización de los partidos políticos y movimientos so-*

132 Nótese cuidadosamente que la *bibliografía especial*, puede ser muy útil para elaborar artículos para revistas indexadas y/o tesis de maestrías.

ciales; de los procesos electorales; del funcionamiento de los grupos de presión; de la problemática ambiental; del proceso de la toma de las decisiones; de la gobernabilidad; y del liderazgo, en espacios y tiempos determinados[133].

Desarrollemos pedagógicamente esta construcción: 1.-La primera reflexión que podría realizar es que la política, como ciencia, no se ocupa solamente de los procesos electorales. Los procesos electorales son esenciales, pero no son lo más importante de la política; lo más significante de la política es entender y transformar la estructura del Estado, la estructura del poder, la problemática de los intereses de las clases, de los estratos sociales, de los partidos y de los movimientos políticos y sociales. Y también, de la legitimidad, de la gobernabilidad, de la problemática ambiental, de los liderazgos, y del proceso de la toma de las decisiones, en espacios y tiempos determinados.

2. La política como arte de gobernar y como ciencia, se complementan; ambas requieren cada día —en nuestro país— de más y mejores centros del saber y de la reflexión; de más y mejores políticas educativas; de más y mejores actores; de más y mejores líderes sociales y estadistas; de mejores partidos políticos comprometidos con la mayoría de nuestra población.

3. Históricamente el Estado se me presenta como la más importante institución de la vida política. Es la institución jurídico-política que, integrada por los poderes ejecutivo, legislativo, judicial y electoral, es racionalizadora de los intereses generales. Es la Institución de las instituciones; es la Organización de las organizaciones.

4. En torno a los órganos del poder, observemos que es mediante ellos que se logra la elaboración de leyes y su aplicación, su ejecución y la organización del poder electoral. Más también, observemos que es a través de las políticas públicas[134] como el Estado puede actuar para

---

133 Véase el texto del autor: *La política: Arte y ciencia.* (2020). 3ra. Ed. Presentación: Eduardo Cifuentes Muñoz. Academia Colombiana de Jurisprudencia

134 Véase Vargas, Alejo. (1999). *Notas sobre el Estado y las políticas públicas.* Almodena Editores. Bogotá.

crear estructuras que garanticen la equidad ante el poder de las distintas clases, estratos y movimientos políticosy sociales.

5. Los temas de la gobernabilidad, la paz, la reforma del Estado, la modernización y la democratización en Colombia, implican fortalecer los procesos electorales para que la credibilidad y la legitimidad del sistema político puedan avanzar, a través de elecciones transparentes y donde los partidos políticos puedan ser concebidos —en su práctica histórica— como instituciones de la vida política organizados y estables, con ideología y programas para el ejercicio del poder en el Estado y en la sociedad; no simplemente como aparatos o empresas electorales, incalificables, a veces, en sus organizaciones y procederes[135].

Pero también, donde los *grupos de interés o de presión,* puedan actuar de tal manera, que a través de consulta, negociación o subordinación, puedan ejercer influencia en distintosórganos, instituciones e instancias del Estado, para impulsar sus diversos proyectos e intereses.

6. ¿Y en cuanto a la toma de decisiones en el Estado, qué pensar? Que es en elinterior de las instituciones donde se plasman y ejecutan significantes procesosdirigidos a definir las relaciones entre las diferentes organizaciones e interesesen pugna en una sociedad.

7. ¿Y en torno a la gobernabilidad democrática, qué podríamos anotar? Que como he sostenido, ella es la capacidad del sistema político para ejecutar políticas públicas, dirigidas a la realización de un proyecto, que permita: a.-la satisfacción de los derechos fundamentales de la mayoría de la población; b.-facilite la comunicación ética del gobernante con la comunidad; c.-asegure la estabilidad de un orden político democrático; y d.-permita una acción eficiente y eficaz.

8. ¿Y qué pensar del Estado y los procesos comunicativos? Sabemos que de acuerdo a las orientaciones que guíen al Estado, estare-

---

135 Consúltense, cuidadosamente, los textos de Ariel Ávila: *Herederos del mal. Mafias, ilegalidades y mermelada. Congreso 2014-2018* (2018) y el de la periodista Laura Ardila Arrieta: *La Costa Nostra.* (2023), Rey Naranjo editores.

mos en presencia de sociedades en búsqueda de autonomía, libertad, cohesión, originalidad y creatividad, o sociedades dependientes, opresivas, desintegradas o repetitivas.

Conocemos que a través de los mensajes del conjunto de los medios de comunicación, hay muchas transmisiones y contenidos velados y mensajes subliminales que impiden, a una proporción muy significativa de la población, el que se puedan construir sociedades autónomas; faciliten la desintegraciónde la sociedad o transmiten valores para que seamos repetidores e increativos.

Todas las veces que distintos modos y medios de comunicación, sean usados para cosificar nuestras conciencias, se está atentando contra la consolidación de la democracia, la gobernabilidad democrática y la construcción de la paz.

Se trata entonces de que los medios de comunicación sean usados para tener sociedades en búsqueda de más autonomía, de más libertad, no de libertinaje. Libertad y responsabilidad para enfrentar la anomia y la atonía; las conductas desviadas y la pérdida de tejido social.

Los medios de comunicación deben ser empleados para producir más cohesión social; más conciencia de lo que importa ser colombiano hoy; de las dificultades e injusticias en que se encuentra la mayoría de la población. Y debemos estar atentos a los sectores que han pretendido desprestigiar la democracia colombiana en una forma irresponsable y mal intencionada[136.]

136 Irresponsable y malintencionada porque se ha querido desinstitucionalizar a Colombia para entrar a saco en el proceso industrial y en el proceso financiero; eso tenemos que saberlo y meditar sobre sus efectos. Tenemos que tener una gran Nación, más cohesionada en torno a lo que demócratas como Rafael Uribe Uribe y Alberto Lleras, llamaron los *grandes proyectos nacionales.* Asimismo, que retomemos el pensamiento, por ejemplo, de colombianos como Manuel Murillo Toro, Rafael Uribe Uribe, Alfonso López Pumarejo Darío Echandía, Alberto Lleras, Jorge Eliécer Gaitán, Carlos Lleras Restrepo y Luis Carlos Galán.

9. Sinteticemos: como puede observarse, la problemática de lagobernabilidad y la paz es interdisciplinaria[137] y compleja. El empleo riguroso de la ciencia política, puede ser un camino adecuado para permitirnos articular las diversas instancias de que se ocupa[138]. Pasemos a las conceptualizaciones.

5.2 PRECISIONES CONCEPTUALES

La experiencia académica nos indica la gran utilidad que tiene el precisar y discutir los conceptos.

Teniendo en cuenta la complejidad de las problemáticas de la gobernabilidad democrática y la paz, y la incidencia que en su tratamiento tienenla interdisciplinariedad de las ciencias sociales, nos ocuparemos de precisar las siguientes conceptualizaciones: ciencia política, Estado, gobernabilidad democrática, paz, cultura de la paz, transparencia y desarrollo sostenible.

5.2.1 Ciencia política

Como lo he sostenido y fundamentado, es una disciplina social que se ocupa del estudio sistemático del Estado; de la problemática de la legitimidad; de la estructura del poder; de la composición de las clases y estratos sociales; de la organización de los partidos políticos y movimientos sociales; de los procesos electorales; del funcionamiento de los grupos de presión; del proceso de la toma de las decisiones,

---

137 Porque la economía, la política, la historia, la filosofía, la antropología, el derecho, la sociología, la sicología, el sicoanálisis, la lingüística, la geografía y el trabajo social -trabajados rigurosamente- facilitan la observación, descripción, explicación y predicción de los problemas vinculados a la gobernabilidad democrática y la paz.

138 Para ampliar apropiadamente, problemas de la democracia contemporánea, véase los textos del profesor de Harvard, Michael Sandel, y específicamente *El descontento democrático*. Débate, Bogotá, y otros.

de la temática ambiental, del estudio de la gobernabilidad y de la problemática del liderazgo, en espacios y tiempos determinados.

5.2.2 Estado[139]

Es la más importante institución política de la vida contemporánea. Según mi percepción, es la institución jurídico-política que, integrada por los poderes ejecutivo, legislativo, judicial y electoral, es la racionalizadora de los intereses generales. Es la Institución de las instituciones; la Organización de las organizaciones.

En cuanto a lo jurídico, anotemos que el ordenamiento social, fundado en la justicia, susceptible de coacción y ordenado al bien común —en que consiste el derecho— es soporte sustantivo para la constitución y el desarrollo de un Estado democrático y en paz[140].

5.2.3 Gobernabilidad democrática

Es la capacidad del sistema político para ejecutar políticas públicas, dirigidas a la realización de un proyecto, que permita: la satisfacción de los derechos fundamentales de la mayoría de la población; facilite la comunicación ética del gobernante con la comunidad; ase-

---

139 Para lograr una conceptualización sobre la problemática de los Estados latinoamericanos, se recomienda abordar: Eastman, Jorge Mario. *Constituciones políticas comparadas de América del Sur.* Parlamento Andino, Bogotá, 1992. Fundación Luis Carlos Galán. *Encuentro latinoamericano por la democracia y la integración.* Presencia, Bogotá, 1991. ILPES. *Gestión estratégica, planificación y presupuesto.* Buenos Aires, 1992. ILPES. *Reforma y modernización del Estado.* Santiago, 1995. Molinar H., Juan, (1991). *El tiempo de la legitimidad: elecciones, autoritarismo y democracia en México.* México, 1991. Lowenthal, Abraham. *Latin America: Ready for Partnership. Foreign Affairs, America and the World.* Instituto de Estudios Internacionales. (1990-1994)"; Revista Análisis Político, Universidad Nacional de Colombia, Bogotá, 1993. Perry, Guillermo, *La iniciativa BUSH y la respuesta de América Latina.* Coyuntura económica, vol. 20, 1990.

140 Véase del autor: *Introducción al derecho.* Rodrigo Noguera Laborde. Notas de clase. Universidad Javeriana. Bogotá, 1959.

gure la estabilidad del orden político democrático; y permita una acción eficiente y eficaz[141].

141 *La gobernabilidad democrática* se podrá ampliar en los siguientes textos: Barenstein, Jorge. *Gobernabilidad comparada a nivel local: nuevas tendencias y antiguos desafíos*. En *Reforma y democracia*. Revista del CLAD, nº 1, Caracas, 1994. Blanes J., José *Descentralización político administrativa y gobernabilidad*. En: *Democracia y gobernabilidad en América Latina*, Caracas. CLAD. *Planificación y gestión: coordinación institucional de la formulación, ejecución y evaluación de la política colombiana*. Caracas, 1989. De La Cruz, Rafael. *Gobernabilidad y democracia: condiciones para el desarrollo de América Latina*. Caracas, 1992. PNUD, *Proyecto de desarrollo de las capacidades del Estado*, 1992. Deutsch, K.W. *Política y gobierno*. FCE, México, 1976. Downs, G.W. Y Larkey, P.D. *The Search of Government Efficiency. From Hubris to Helplessness*. Random House, New York, 1986. Dunleavy, Patrick y otro. *Theories of the State: The politics of the liberal democracy*. Mc Millan, London, 1987. Dror, Yehezkel. *La capacidad de gobernar*. Cartagena de Indias, Club de Roma, Círculo de Lectores, 1994. Fajardo De La Mora, César. *Problemas de gobernabilidad e ingobernabilidad en el Estado de México*. En: *Revista del Instituto de Administración Pública del Estado de México*, nº 18. Toluca, 1993. Fiori, José Luis. *Ajuste, transição e governabilidade: o enigma brasileiro*. Instituto de Economía do Setor Público, Fundação do Desemvolvimento Administrativo. São Paulo, 1994. Franco, Rolando. *Estado, consolidación democrática y gobernabilidad en América Latina*. En: *Revista iberoamericana de autogestión y acción comunal*, nº 28, 29 y 30, Madrid, 1993. Guerrero, Omar, *Ingobernabilidad: disfunción y quebranto estructural*. En: *Reforma y democracia*. Revista del CLAD, nº 3, Caracas, 1995. Holzmann, Guillermo. *Integración latinoamericana y gobernabilidad democrática*. En *Política*, nº 28, Santiago, 1993. Longo, Carlos Alberto. *Políticas de estabilização e reforma estructural no Brasil*. Fundación Konrad Adenauer Stiftung, São Paulo. Nogueira, Marco Aurelio. *Democracia política, gobernabilidad y representación*. En: *Reforma y democracia*, Revista del CLAD, nº 1, Caracas, 1994. Prats, Joan. *Gobernabilidad y globalización en la investigación en administración pública, hoy*. Imprenta Nacional, Bogotá, 1998. Reis, Fabio. *Governabilidade, instituições e partidos*. En: *Novos estudos*. nº 41, CEBRAP, São Paulo, 1995. Roa, Hernando. *La reforma del Estado y la gobernabilidad*. Editora Guadalupe, Bogotá, 1997. Pecault, Daniel. *Orden y violencia en Colombia*. 2 vols, CEREC–Siglo XXI, Bogotá, 1987. Torres, Edelberto. América Latina: gobernabilidad y democracia en sociedades en crisis. En: *Nueva sociedad*, nº 128, Caracas, 1993. Vergara, Carlos. *Políticas sociales y gobernabilidad democrática*. En:

Joan Prats, apoyándose en el documento de Fernando Zumbado anota: "Cuando en el PNUD hablamos de gobernabilidad democrática, nos estamos refiriendo fundamentalmente a las capacidades de los gobiernos y demás actores de los países de la región para abordar el reto sistémico de la democracia, el mercado y la equidad. A pesar de los grandes avances realizados, nuestras democracias son todavía jóvenes, carentes de bases institucionales y culturales bien asentadas, prisioneras en parte de las culturas del pasado"[142].

Y apoyándose en el texto de Hugo Fernández F., sostiene: "Fortalecer la gobernabilidad implica, pues, la generación de acuerdos y consensos que permitan construir la referida masa crítica. Ello supone, a su vez, la práctica del diálogo en todos los frentes: Entre actores políticos formales, formadores de opinión y medios de comunicación, interlocutores y organizaciones sociales".
Como una propuesta para ser discutida, me permito insinuar al lector ver la graficación de este concepto, en la Presentación del Universo Temático, de estos Ensayos Político-Jurídicos.[143]

5.2.4 Paz

Según los planteamientos y elaboraciones de científicos sociales especialistas en el manejo de la problemática de la paz, la conceptualizo como la ausencia de la violencia abierta, estructural y cultural[144].

Investigación en política social: propuestas para una agenda futura. Ottawa, CIID, 1993.

142 *Gobernabilidad democrática en tiempos de reforma.* Reunión consultiva sobre el Programa regional de gobernabilidad del PNUD, México, 1996.

143 El capítulo quinto, se ocupa de: *La gobernabilidad democrática y la paz.*

144 Para un abordaje de la problemática de *la paz,* véanse: Sun, Tzu, *Los trece artículos sobre el arte de la guerra,* Ministerio de Defensa de España, Madrid, 1988. Von Clausewitz, Karl, *De la guerra,* Labor, Barcelona, 1984. Ríos, José Noé, *Liberación en el Caguán,* Planeta, Santa Fe de Bogotá, 1998. Ríos, José Noé, y Daniel García Peña, *Construir la paz de mañana. Una estrategia para*

Teniendo en cuenta que el proceso de paz debe enmarcarse dentro del Estado de derecho, resulta útil leer cuidadosamente las observaciones del Señor Fiscal de la Nación[145]:

"i. Un proceso de paz tiene que estar totalmente desvinculado de los afanes electorales y de las coyunturas políticas. El proceso de paz no puede ser una estrategia electoral. ii. Tiene que concebirse como un verdadero proyecto de Estado, a mediano y largo plazo. iii. Se debe caracterizar por la claridad en sus pasos y elementos y no por la ambigüedad o incertidumbre en su lenguaje y objetivos. iv. Debe estar ajeno a la expectacularidad, a su monitoreo y reporte diario, a la inspección cotidiana que desvía la atención pública hacia un cúmulo anecdotario y lo aleja del examen sobre el fondo del mismo. v. No resulta conveniente que los medios de comunicación conviertan a los comandantes militares de la guerrilla o de las autodefensas en grandes protagonistas dándole campo ilimitado a la apología bélica, sin anteponer los filtros y cuestionamientos necesarios para que la opinión ciudadana adquiera una percepción equilibrada y objetiva de sus actos y propósitos. vi. No resulta aconsejable colocar en un

---

la reconciliación, Presidencia de la República, Santa Fe de Bogotá, 1997. Galtung, Johan, *La transformación de conflictos por medios pacíficos. El método transcendente,* ONU, Alfaz del Pi, Ginebra, 1996. Mesa de Conversaciones. (2016). ACUERDO FINAL para la TERMINACIÓN DEL CONFLICTO & LA CONSTRUCCIÓN DE UNA PAZ ESTABLE Y DURADERA. Imprenta Nacional. Bogotá. Roa Hernando y Johan Galtung. *¿Cómo construir la paz en Colombia?,* ESAP Publicaciones, Santa Fe de Bogotá, 1998. Roa, Hernando y otros. *¿Es posible la paz en Colombia?,* ESAP Publicaciones, Santa Fe de Bogotá, 1998. Giddens, Anthony. *Vivir en una sociedad postradicional,* en *Modernización reflexiva,* Alianza, Madrid, 1994. Boutrus Boutros, Ghali. *Un programa de desarrollo.* ONU, Nueva York, 1995 y *Una agenda para la democratización.* ONU, Nueva York, 1996. Wallensteen, Peter. *Un marco teórico para la resolución de conflictos.* Iripaz, Guatemala, 1988. Lederach, Jean Paul. *Un marco englobador de la transformación de conflictos sociales crónicos.* Gernika Gogoratuz, Gernika, 1994 y la bibliografía respectiva señalada en la bibliografía general.

145 *Revista Cambio,* nº 380. octubre 2-9 de 2000, págs. 42-43

plano de igualdad a los factores armados al margen de la ley y a quienes legítimamente actúan dentro del Estado de derecho...".

5.2.5 Universidad

Es una institución de educación superior que, integrada por educadores, educandos, investigadores, egresados y personal administrativo y por encima de cualquier vanidad, ambición o miedo, está en función permanente de innovar y orientar la vida social en el campo específico de la ciencia, la tecnología, la investigación, el arte, la cultura y la innovación.

5.2.6 Desarrollo sostenible

Entiendo por desarrollo sostenible un proceso social global que, buscando satisfacer los derechos fundamentales de la población y la protección de los recursos naturales, no sacrifica las generaciones presentes ni futuras y facilita la construcción de una sociedad centrada en la dignidad humana[146].

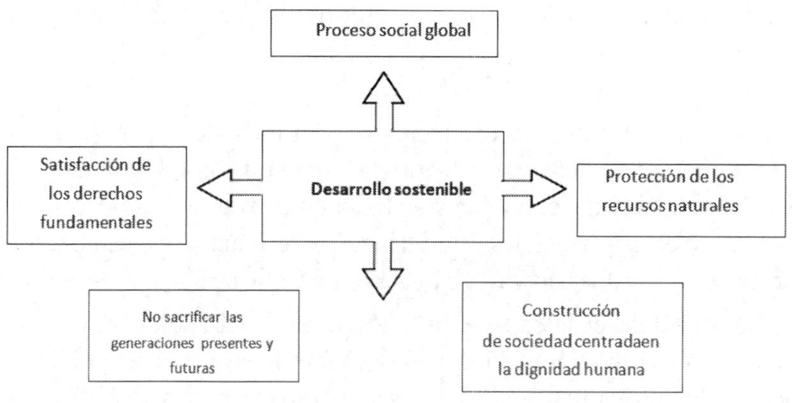

146 Véase el material contenido en los informes de NN.UU–PNUD, sobre *El desarrollo humano,* en el intervalo comprendido entre 1990-2024. Allí reposa información seria al respecto.

5.3 GOBERNABILIDAD Y DESCENTRALIZACIÓN

¿Será válido que el fortalecimiento de lo local es el futuro de losiberoamericanos y que ello será decisivo para impulsar los procesos de descentralización, gobernabilidad y paz?

Según nuestros preceptos constitucionales vigentes, el fortalecimiento de la descentralización es una de las concreciones básicas de la reforma del Estado que facilita la gobernabilidad en un régimen presidencial como el colombiano. Las siguientes trece propuestas buscan contribuir a dinamizar nuestro proceso descentralizador, facilitar la gobernabilidad y la construcción de la paz. ¿Qué hacer entonces?

5.3.1 Reconocer que es urgente fortalecer las instituciones públicas y privadas, —más allá del conocimiento sobre su normatividad y operatividad— para el diseño de nuevas estrategias, metodologías de planificación[147] y esquemas organizativos, fundamentados en el fortalecimiento de valores éticos y culturales que hagan viable una mayor transparencia, justicia y equidad en el acceso a los beneficios del desarrollo.

5.3.2 Vincular la descentralización —en forma comprensiva— a la modernización del Estado. Según la situación colombiana hoy, no es recomendable desmantelar el Estado, sino como lo han propuesto serios cientistas sociales, modernizarlo, ordenarlo, especializarlo, fortalecerlo, fiscalizarlo y hacerlo eficiente y eficaz.

5.3.3 Fortalecer la capacidad tecnopolítica del Estado[148], para la formulación, implementación y evaluación de las políticas públicas. Dentro de un régimen presidencialista como el nuestro, es indispen-

---

147 Revísense al respecto los planteamientos formulados por el autor, en el periódico *El Mundo*, (2000), marzo 22 y 29, pág. 2.

148 Es de gran utilidad para Colombia, fortalecer la *Escuela de Alto Gobierno* (fundada en la ESAP, en junio de 1997) en los aspectos de formación, investigación y extensión. Las especializaciones, maestrías y el doctorado,con

sable el fortalecimiento de la Oficina del Presidente[149]. Impulsar políticas de Estado, en un régimen y en las condiciones actuales de nuestra Nación, sugiere la conveniencia de coordinar (para la planeación, ejecución y evaluación de las políticas públicas descentralizadoras y el funcionamiento del sistema de descentralización), Presidencia de la República, Ministerio del Interior, DNP, ESAP y Congreso de la República.

5.3.4 Reestructurar el Ministerio del Interior, dotándolo de instalaciones modernas y planta de personal, que le permitan ejercer sus funciones como Cancillería de la política interna, facilitando el funcionamiento del Sistema Administrativo del Interior (SAI)[150].

5.3.5 Organizar las relaciones entre los sectores público y privado, de tal manera, que se establezcan relaciones estructurales entre lo económico-político, social, cultural y ambiental, dentro de las condiciones actuales de la globalización. Como ha sostenido Luis Jorge Garay[151]: el proceso del nuevo relacionamiento público-privado "ha de abarcar no sólo a los propios agentes productivos —como los empresarios— y los agentes proveedores de conocimiento, tecnología y servicios, sino también al Estado en su calidad de agente social de última instancia con la función de la preservación del "interés colectivo".

"Se trata de un proceso de coordinación sustentado en una institucionalidad y un patrón de gobernabilidad funcionales para la potencialización de las capacidades reales de acción de los agentes y para el desarrollo de otras nuevas, favorecedoras de mayores niveles

---

sus correspondientes sistemas de investigaciones, facilitarán el surgimiento de *estadistas* como los quenecesita nuestro país para el siglo XXI.

149 Roa, Hernando. *La Oficina del Presidente.* Hurtado y Urbina. Bogotá,1997, pp. 11-123.

150 Véase la asesoría de la ESAP al Ministerio del Interior, sobre *El Sistema administrativo del Interior.*

151 *Crisis y construcción de sociedad*, ESAP Publicaciones. Bogotá. 1998, pp. 27-29.

de eficiencia colectiva y del mejoramiento de la productividad y propiciadoras de ventajas competitivas al nivel sistémico".

"Esta coordinación debe consistir en un proceso permanente de consulta entre los intereses individuales de los actores involucrados, de identificación y de conciliación entre los intereses privados, privados-colectivos y públicos".

"En la medida en que los Estados van restringiendo sus funciones a aquellas de estricto carácter público, los agentes privados han de ir asumiendo la responsabilidad de gestar, financiar y administrar en conjunto actividades que generen externalidades y economías de escala para su beneficio como colectivo".

"En el caso de un país como Colombia la definición de este nuevo arreglo institucional entre firmas, agremiaciones y entes públicos debe partir de la elaboración colectiva de un diagnóstico sobre la situación competitiva de las actividades productivas frente a las exigencias del proceso de globalización y de sus posibilidades de inserción al mercado internacional".

"El desafío actual en Colombia reside en avanzar en el desarrollo institucional de la acción privada-colectiva-pública, y a la vez asegurar un ambiente macroeconómico estable y propicio para el fortalecimiento y modernización de la actividad productiva".

5.3.6 Impulsar la reforma política que permita tener partidos y movimientos políticos modernos; procesos electorales transparentes para la mayoría de la población; y una nueva estructura para la financiación de las campañas políticas.

5.3.7 Expedir la ley orgánica de ordenamiento territorial. Esto implica definir la autonomía de los entes territoriales, actualizando la Ley 60 de 1993 y la 136, sobre régimen municipal. Asimismo, consolidar la capacidad fiscal de los municipios y departamentos[152].

---

152 Estúdiense por ejemplo, los debates parlamentarios sobre el tema, adelantados en abril 25 de 2001 y años posteriores.

5.3.8 Desarrollar las veedurías ciudadanas, para supervisar la asignación de recursos y mejorar la calidad de la función pública en todas sus instancias.

5.3.9 Fortalecer el sistema de comunicación territorial (SCT), conforme a los adelantos científico-tecnológicos contemporáneos y según las complejidades de un territorio como el nuestro.

5.3.10 Consolidar los Programas mejor gestión y anticorrupción. Ellos son muy útiles para cambiar la imagen y la racionalidad deseable en la conducción de lo público.

5.3.11 Mejorar la capacidad tecnopolítica de la Contraloría General de la República, dotándola de los recursos técnicos y humanos, que le permitan hacer evaluación de la totalidad de las dependencias del Estado. La evaluación del desempeño, es un método muy conveniente para racionalizar la administración pública y favorecer adicionalmente la transparencia y la eficiencia de la gestión pública.

5.3.12 Generar procesos para el seguimiento a la gestión y la evaluación de efectos e impactos de las acciones de desarrollo, garantizando la eficacia de estos sistemas y la participación de la sociedad civil.

5.3.13 Crear una nueva cultura política (civic culture) en la sociedad civil, impulsando el liderazgo político proactivo; fomentando las organizaciones de base, las asociaciones de municipios y formando valores de autogestión y corresponsabilidad con el desarrollo local, como alternativa eficaz para superar el paternalismo y el clientelismo regional, que han suplantado la participación de la sociedad civil. La organización de esta, debe avanzar para que su intervención no se limite a dar respuesta a las convocatorias institucionales, sino que se logre una efectiva y autónoma articulación con las administraciones locales y regionales, en la formulación, ejecución, seguimiento, evaluación y veeduría de los programas y proyectos de desarrollo.

Se trata de crear una nueva cultura cívica, comprometida con el desarrollo de las comunidades ¿será cierto que el fortalecimiento de lo local es el futuro de los iberoamericanos y que ello será decisivo para impulsar la descentralización, la gobernabilidad y nuestra integración?

El siguiente gráfico condensa alternativas viables para impulsar el proceso descentralizador en Colombia.

5.4 GOBERNABILIDAD Y PAZ

Organizar la paz como ausencia de violencia abierta, estructural y cultural, será fundamental para cristalizar la gobernabilidad democrática en Colombia.

Pensando en una adecuada complementación a la presente elaboración, detengámonos a plantear algunas relaciones entre gobernabilidad y paz[153]. Como lo he conceptuado, entiendo por gobernabilidad democrática la capacidad del sistema político para ejecutar políticas públicas dirigidas a la realización de un proyecto, que permita la satisfacción de los derechos fundamentales de la mayoría de la población; facilite la comunicación ética del gobernante con la comunidad; asegure la estabilidad de un orden político democrático y permita una acción eficiente y eficaz. Y por paz: la ausencia de la violencia abierta, estructural y cultural. Por tanto, parece evidente que no tendremos estabilidad del orden político democrático, mientras el conflicto colombiano tenga las características actuales.

Observemos con Luis Jorge Garay, que... "la sociedad colombiana debe asumir la conciencia de que continuar la profundización de la situación de guerra generalizada se verá enfrentada cada vez más al marginamiento internacional tanto en lo político como en lo económico, que la puede llevar no sólo a mayores niveles de disolución interna, sino además a una creciente pérdida de dinamismo económico y al consecuente empobrecimiento generalizado".

"Para Colombia sería muy grave que se entendiera que la guerra puede ser resuelta por un grupo reducido de personas concertando acuerdos parciales en la búsqueda por solucionar algunos de los frentes de la guerra. La sociedad debe asumir resueltamente que hay razones objetivas y estructurales de la guerra generalizada que están

153 Consúltese la bibliografía incluida en 3.3 y 3.4 de este libro.

íntimamente ligadas con la estructura política, económica, social, (ambiental) y cultural del país".

5.4.1 Hacia una nueva cultura de la paz

Ante la situación actual de Colombia, se impone entonces, crear una nueva cultura de la paz. Y para contribuir a crear una nueva cultura de paz en nuestro país, comencemos por precisar su conceptualización. ¿Qué podríamos entender por una cultura de la paz? Recordemos que es una forma de ver, de vivir y de sentir la ausencia de la violencia abierta, estructural y cultural, en nuestros días y hacia el futuro. Esto implica el que podamos construir sistemas, estructuras y personalidades[154] comprometidas y conocedoras de la gran problemática que conlleva la construcción de la paz. Y también, que observemos que es un proceso histórico cuya cristalización facilitará la consolidación de la gobernabilidad.

Algunos caminos que nos pueden servir para construir una nueva cultura de la paz, los podemos extraer del trabajo realizado con Johan Galtung[155], quien nos propone un decálogo:

5.4.1.1 Transformación de conflictos

Es decir, impulsar la formación de muchos trabajadores para la paz con capacidad de intervenir en conflictos; que dialoguen con la gente para facilitar el surgimiento de ideas y alternativas nuevas, concretas y viables.

---

154 Se me presenta conveniente remarcar el papel fundamental que las facultades dedicadas a la formación de Alto Gobierno, Gerencia Pública, Relaciones Internacionales, Administración Pública...tiene en la formación actualizada de líderes políticos y estadistas. Me permito recomendar revisar sus planes de estudio al respecto.

155 Roa, Hernando y Johan Galtung, *¿Cómo construir la paz en Colombia?*, ESAP Publicaciones, Bogotá, 1998, pp. 9-23.

5.4.1.2 Crear actores para la paz

Haciendo énfasis en los grupos de mujeres y de jóvenes, sin olvidar que la paz debe ser un compromiso de todos los estamentos sociales.

5.4.1.3 Educación para la paz

Creando textos, organizaciones e instituciones especializadas en el afianzamiento de políticas de paz. Podemos comenzar por ejercicios prácticos desde las escuelas elementales para llegar hasta los diplomados, las especializaciones, las maestrías y el doctorado.

5.4.1.4 Periodismo para la paz

Seguir entrenando periodistas especializados en ambientar escenarios y políticas constructivas. Que no se siga escribiendo sólo sobre la violencia, sino sobre el conflicto que está detrás de ella y sobre la creación de atmósferas que faciliten su solución. Si el conjunto de las asociaciones colombianas que dirigen nuestros medios de comunicación —elaboran una estrategia común— estoy seguro que este, los futuros gobiernos y las comunidades, van a recibir un apoyo eficiente. No debe olvidarse que si de un lado, está clara la voluntad de paz de diez millones de colombianos, que participamos en el proceso electoral de 1998, de otro, es muy grande la ignorancia existente sobre los caminos reales que debemos recorrer, si de verdad vamos a construir la paz[156].

5.4.1.5 Crear zonas de paz

En ellas debe organizarse la gente a nivel local para vivir con dignidad; con un programa de reconciliación; con una economía de sobrevivencia para eliminar el miedo a la muerte a través del

---

156 Nótese que, si de un lado, fue significante la firma del *Acuerdo* con las FARC-EP en noviembre de 2016, de otro lado, han sido notables las deficiencias en planeación, implementación y evaluación en torno a las tareas a realizar antes y a partir de esa fecha.

hambre. Estas zonas deben estar pobladas por habitantes desarmados. Se podría tener vigilancia, nacional y/o internacional, pero sin armas... Se trata de crear espacios donde sus habitantes puedan aclimatar pedagógicamente, nuevas conductas pacíficas.

5.4.1.6 Mantener la paz

Buscando la cooperación de las fuerzas militares que conociendo a Klausewitz, profundicen más en las estrategias, prácticas y actitudes de Sun Tzu. Se trata de institucionalizar la cultura de *la no violencia* y aprender de los casos exitosos de construcción de la paz.

5.4.1.7 Reconciliación o reconstrucción

Es decir, crear espacios entre la comunidad que les facilite encontrarse en torno a valores comunes; al saber perdonar y al reconstruir sus comunidades en torno al trabajo. Es posible que tenemos que aprender de las magníficas experiencias de África del Sur.

5.4.1.8 Negocios para el desarrollo y la paz

Ello supone garantizar estímulos, especialmente a nuestros campesinos, en el proceso de sustitución de cultivos; garantizarles, por ejemplo, al que cultiva el café, una parte mayor del precio total que paga el consumidor.

5.4.1.9 Promover iniciativas productivas locales

Esto conlleva organizar modos de sobrevivir; energías baratas; formas cooperativas de microcrédito; modos de cultivar para tener alimentación; educación, vivienda, salud, empleo, recreación y vestido indispensables. Para que las zonas de paz puedan funcionar, deben ser autosuficientes en materia de necesidades básicas. Obsérvese que la economía de crecimiento, mata a la economía de subsistencia.

5.4.1.10 Conocer y responder a las patologías culturales

En algunos casos, ellas pueden ser causantes de más tensión en la comunidad. Habría que revisar por ejemplo, la incidencia del machismo en la producción de violencias y complementariamente, fortalecer valores como la lealtad, la honradez, el amor al trabajo, la valentía y un sano nacionalismo, que pueden ser fuente de cohesión y de una nueva mística en torno a la creatividad y a la construcción de la paz.

Obsérvese la complementación y correlación múltiple existente entre los temas propuestos; ellos han sido cuidadosamente discernidos y deducidos del análisis de conflictos y de la formulación de políticas para la paz[157].

5.5 UNIVERSIDAD Y PROCESO DE PAZ

Complementemos los aportes anteriores, buscando responder la siguiente pregunta: ¿Cómo puede la universidad contribuir al proceso de paz?

Pensando en los estudios sobre la paz, notemos que es necesario actualizarlos y profundizarlos. Entre nosotros se han desarrollado importantes reflexiones sobre la dinámica estratégica y coyuntural de la guerra, pero parecería no haberse superado ese discurso y las perspectivas sobre la transformación positiva, han quedado en suspenso. En cambio, sectores de la sociedad civil en su conjunto, han abierto canales de reflexión y acción en torno a la paz, no sólo como expectativa o como ilusión, sino como un marco de entendimiento cotidiano para el desarrollo concreto de la democracia.

157 Notemos que algunas de estas propuestas del decálogo galtuniano, se han implementado en el proceso de implementación del Acuerdo de Paz signado en 2016 en Bogotá. Sin embargo, ha faltado un grado superior de planeación, implementación y evaluación de este Acuerdo, que es el más estratégico y significativo para cristalizar una paz estable y duradera (2024).

¿Será cierto que la disonancia entre el desarrollo académico y la dinámica social, ha generado un vacío que es necesario llenar entre todos -no sólo a través del trabajo de los académicos- porque se correría el riesgo de caer nuevamente en los mismos errores cometidos hasta ahora? Si bien es evidente que la academia ha estado presente en las diferentes convocatorias públicas, en favor de un nuevo esquema de convivencia, es tiempo ya, que se funde esa intencionalidad en una nueva vocación de servicio: la de repensar y elaborar los procesos de paz simultáneamente. Esbocemos entonces algunas propuestas viables[158] sobre relaciones entre las universidades y el proceso de paz.

Propuestas

5.5.1. Intervenir en el conflicto con una perspectiva transformadora hacia la paz debe ser, una característica de la vocación universitaria.

5.5.2. Realizar análisis universitarios en conexión con los actores que, más allá de estar inmersos en el conflicto, han venido construyendo procesos paralelos de convivencia pacífica en diferentes espacios locales y regionales.

5.5.3. Superar las elaboraciones descriptivas del conflicto y tender, más bien, al planteamiento crítico de escenarios, esquemas y tendencias de paz.

5.5.4. Dialogar con los actores en un contexto internacional, regional y local y con especialistas que hayan desarrollado esa reflexión teórico-práctica en otros contextos.

5.5.5. Monitorear los trabajos desarrollados por otros actores, en regiones de países distintos. Este seguimiento permite adentrarse en

158 Véase *El Mundo*, Medellín, mayo 30 de 2000, pág. 2 y el texto del autor: *Periodismo para la democracia*. Presentación: Fernando Carrillo Flórez. 2019. Procuraduría General de la Nación, Academia Colombiana de Jurisprudencia, CPB, Compensar y otros. Grupo Editorial Ibáñez. Bogotá, pp. 169-195; 321-353

otras culturas, conocer métodos de racionamiento y técnicas de tratamiento y transformación para la paz[159].

5.5.6. Preparar a los profesores y reformular los currículos y los planes de estudio, para que los egresados de nuestras facultades puedan intervenir en la construcción de la paz con eficiencia y eficacia.

5.5.7. Organizar en las universidades diplomados, especializaciones y maestríassobre los distintos aspectos del proceso de paz (liderazgo político, resolución de conflictos, pedagogía de la convivencia, zonas de paz, políticas sociales,relaciones internacionales, gobernabilidad...) y en las que cumplan las condiciones académicas, el doctorado[160].

5.5.8. Fortalecer los centros de investigación y los proyectos sobre la paz, para producir resultados que planteen soluciones realizables.

5.5.9. Formar técnicamente grupos profesionales para administrar la paz; y

5.5.10. Celebrar alianzas estratégicas, nacionales e internacionales, para facilitar el surgimiento de una nueva cultura de la paz[161].

Como universitarios, no debemos seguir siendo espectadores y la Asociación Colombiana de Universidades (ASCUN) y la Red de Rectores Universitarios por laPaz, deben seguir produciendo resultados para facilitar la presentación de alternativas que sean viables de implementación. Los universitarios estamos invitados a intervenir creativamente en el proceso de paz y a no olvidar que: hacer no es agitarse; es realizar lo difícil. Nos corresponde intervenir en la más ardua tarea, donde está en juego el destino democrático de nuestra gran Nación. El espíritubelicista debe ser confrontado por una muy bien informada y planeada solución política negociada.

---

159 Se me presenta de gran utilidad revisar críticamente, los aportes africanos al respecto; también, los de El Salvador, Guatemala y Nicaragua.

160 Obsérvese que existen útiles aportes al respecto. Sin embargo, no debe olvidarse que Colombia es uno de los *laboratorios mundiales contemporáneos* para producir alternativas viables y replicables, en vías de construir una paz estable y duradera en los territorios. Véase el Acuerdo de Paz (2016).

161 Véase artículo del autor en: *El Mundo,* Medellín, julio 13 de 1999, pág. 2.

Claro está para los colombianos conscientes, que es indispensable reformular las macropolíticas y alternativas para la paz en Colombia; cómo vamos, el procesoserá más dilatado aún[162].

5.6 A MANERA DE CONCLUSIONES

El sistema educativo será decisivo para la creación de espacios que favorezcan el surgimiento de nuevos liderazgos políticos e impulsen la institucionalización de una gobernabilidad democrática en paz.

Para la culminación del presente ensayo, es muy grato presentar para el análisis,discusión y superación de los lectores, los siguientes comentarios finales.

5.6.1 El examen de la realidad nos indica la gran utilidad que tiene, en nuestros días, adelantar estudios vinculados a la gobernabilidad democrática y la paz. Las reflexiones teórico-prácticas sobre el tema en América Latina y Colombia, seguirán siendo objeto de reformulaciones y reevaluación, en la medida que los distintos gobiernos, de nuestra heterogénea realidad, adelanten políticas que fortalezcan el surgimiento de la paz y organicen la gobernabilidad democrática. Para la conducción adecuada de esos procesos —y sus respectivas evaluaciones— es necesario tomar decisiones estratégi-

162 El estudio histórico de los procesos democráticos colombianos, nos indica que nuestro país seguirá siendo estratégico para la vida de la democracia latinoamericana. Sin embargo, la injusticia estructural y los niveles de pobreza —por encima del 50%— se convierten en serios obstáculos para la consolidación de su gobernabilidad y la construcción de la paz. Por ello, se requerirá un proceso sistemático de formación de nuevos líderes políticos que sean estadistas, capaces de liderar una sociedad democrática real, participante activa, justa, pacífica, libre y con posibilidad de concretar un proceso de desarrollo sostenible, según las elaboraciones formuladas por Naciones Unidas. (Compleméntense estas reflexiones, con el Acuerdo del Colón de 2016).

cas que impulsen la formación y el surgimiento de nuevos liderazgos políticos y pensadores de reflexión profunda (*think tank*), que dirijan y orienten los proyectos que demandan justicia social y desarrollo sostenible en nuestras naciones.

5.6.2 Las construcciones conceptuales que he empleado, como adecuadas mediaciones entre la concreción y la abstracción, seguirán siendo útiles para abordar sistemáticamente, trabajos de esta naturaleza. Pienso que el enriquecimiento teórico irá de la mano con las precisiones conceptuales. Estas son facilitadoras del proceso comprensivo de la realidad y han conllevado unserio esfuerzo de discernimiento y reflexión.

5.6.3 Tener gobiernos colombianos que, en la práctica histórica, estén comprometidos con la comunidad, implica que en la formulación, implementación y evaluaciónde sus políticas públicas, se actúe de tal manera que sea posible organizar estructuralmente la justicia social y construir la paz.

¿Será cierto que buenos gobiernos, con calidad, modernizados (descentralizados, regionalizados, planificados indicativamente en forma participativa y democratizados) y desarrollándose en condiciones pacíficas, legitiman el papel del Estado y facilitan la gobernabilidad?

5.6.4 A sabiendas que la descentralización es un proceso indispensable para lograr un cambio significativo en nuestro país, que fortalezca la gobernabilidad, laspropuestas formuladas facilitarán su dinamización.

Los buenos gobiernos locales, deben estar descentralizados y organizados, permitiendo la participación de los sectores mayoritarios en el proceso de la toma de las decisiones y la construcción de la paz.

5.6.5 Democracias participantes —en vía de construcción como la colombiana— demandarán cada día más organizar estructuras que permitan consolidar la gobernabilidad. Crear una nueva cultura para la paz, afianzará nuestra democraciay facilitará la gobernabilidad necesaria para el desarrollo de la Nación.

5.6.6 Con miras a elaborar caminos nuevos de dirección política, estos ensayos han pretendido plasmar una labor imaginativa dirigida a prevenir —en lo posible— la improvisación para el ejercicio de la vocación política responsable. Inmensos costos históricos ha tenido que asumir nuestra Nación, por la designación de personas que no estaban adecuadamente preparadas para el ejercicio del poder.

5.6.7 Teniendo en cuenta el concepto utilizado de gobernabilidad democrática (5.2.3.), se presenta evidente que, necesitamos líderes políticos y estadistas, muy bien formados, para conducir este proceso con responsabilidad histórica.

5.6.8 Quienes aspiramos a seguir construyendo democracia participativa en Colombia, esperamos que las distintas instancias en que es posible modernizar nuestro Estado, contribuyan eficiente y eficazmente a consolidar la gobernabilidad democrática y la paz en nuestra gran Nación[163].

Bibliografía especializada

ARCHILA, Mauricio y otros (2002). *25 años de luchas sociales en Colombia 1975-2000.* Cinep. Bogotá, pp. 11-43; 205-253.

ATTENBOROUGH, Richard. (2004). *GANDHI. Sus propuestas sobre la vida, el amor y la paz.* Editorial Amat. Barcelona, pp. 13-106.

BACHELARD, Gastón. (1973). *El compromiso racionalista.* Siglo XXI. Buenos Aires, pp. 148-164.

BALANDIER, Georges. (1969). *Antropología política.* Barcelona, pp. 61- 141.

BENDIX, Reinhard. (1970). *Max Weber.* Amorrortu. Buenos Aires, pp. 273-428.

CASTELLS, Manuel. (1986). *La ciudad y las masas.* Alianza. Madrid, pp. 245–453.

CHERNICK, Marc (2008). *Acuerdo posible. Solución negociada al conflicto armado colombiano. Seis décadas de violencia veinticinco años de procesos de paz.* Ediciones Aurora. Bogotá, pp. 11-53; 187-244.

DE LA CUADRA, Mario. (1996). *La idea del Estado.* FCE. México, pp. 85-124; 141-2020.

163 Las bibliografías han sido preparadas para facilitar la actualización y profundización de temas cruciales para el destino de la democracia colombiana e impulsar la realización de estudios comparados complementarios

EBENSTEIN, William. (1965). *Los grandes pensadores políticos*. Revista de Occidente. Madrid, pp. 339-417, 433-641; 658-723.

EQUIPO CINEP. (1992). *Colombia: Análisis al futuro.* Cinep. Bogotá, pp. 53-105; 213-258.

FISAS, Vicenç. (2006). *Cultura de paz y gestión de conflictos.* UNESCO. Barcelona, pp. 17-64; 117-140.

GARCÍA CANCLINI, Néstor. (1995). *Consumidores y ciudadanos. Conflictos culturales de la globalización.* Grijalbo. México, pp. 79–103; 117–148; 185–198.

HABERMAS, Jürgen. (1987). *Teoría de la acción comunicativa, I.* Taurus. Madrid, pp. 110–249; 439–465.

HELLER, Herman. (1977). *Teoría del Estado.* FCE. México, pp. 19-82; 141-298.

HICKS. D. (Comp.). (1999). *Educación para la paz.* Ediciones Morata-Ministerio de Educación y Cultura. Madrid, pp. 279-292.

HOYOS VÁSQUEZ, Guillermo. (1994). *Derechos humanos, ética y moral.* En: *Escuela de Liderazgo Democrático.* Viva la ciudadanía/Fundación Social/Universidad Pedagógica Nacional. Bogotá.

HUNTINGTON, Samuel. P. (1972). *El orden político de las sociedades en cambio.* Paidós. Buenos Aires, pp. 13-92.

LEAL BUITRAGO, Francisco. (2006). *EN LA ENCRUCIJADA.* Norma. Bogotá, pp. 11-24; 513-544.

LEAL, Francisco. (1989). *Estado y política en Colombia.* Siglo XXI. Bogotá, pp. 41-65; 187-337.

LÓPEZ HERNÁNDEZ, Claudia. (Ed.) (2010). *...y refundaron la Patria.* Debate. Bogotá, pp. 79-213; 317-331; 426-457.

MATURANA, Humberto. (1996). *El sentido de lo humano.* Dolmen Ediciones. Santiago de Chile, pp. 39-87; 295-334.

MILMANIENE, José E. (1996). *El Holocausto. Una lectura psicoanalítica.* Paidós. Buenos Aires, pp. 59–90; 131–148.

MORALES BENÍTEZ, Otto. (2007). *Periodismo, ética y paz.* Programa editorial Universidad del Valle. Cali, pp. 33-60; 69-102; 103-123; 181-201; 247-285.

PÉREZ ESCOBAR, Jacobo. (1997). *Derecho constitucional colombiano.* Temis, Bogotá, pp. 149-243.

RÍOS, José Noé y García Peña, Daniel. (1998). *Construir la paz en Colombia. Una estrategia para la reconciliación.* Presidencia de la República, Bogotá.

ROA SUÁREZ, Hernando. (2021). *Reflexiones político jurídicas.* En: *Revista de la Academia Colombiana de Jurisprudencia.* No. 374. DGP Editores. Bogotá, pp. 295-329.

ROA SUÁREZ, Hernando. (2021). *Cibernética y política.* En: *Revista de la Academia Colombiana de Jurisprudencia.* No. 373. DGP Editores. Bogotá, pp. 357-381.

ROA SUÁREZ, Hernando. (2020). *La política: Arte y ciencia. Aplicaciones a Colombia.* En: *Revista de la Academia Colombiana de Jurisprudencia.* No. 370. DGP Editores. Bogotá, pp. 187-229.

ROA SUÁREZ, Hernando. (2019). *Periodismo para la democracia.* Presentación: Fernando Carillo Flórez y Augusto Trujillo Muñoz. Procuraduría General de la Nación, Academia Colombiana de Jurisprudencia. Grupo Editorial Ibáñez. Bogotá, pp. 665-697.

ROA SUÁREZ, Hernando. (2012). *¿Cómo construir paz y democracia en América Latina? Aportes a su debate y concreción.* Revista Análisis Político No. 75. Universidad Nacional-IEPRI. Bogotá, 139-153.

ROA SUÁREZ, Hernando. (2010). *Política, Estado, gobernabilidad y democracia. Aplicaciones a Colombia.* Cátedra inaugural, maestría en gobernabilidad y democracia. Universidad Santo Tomás. Bogotá.

ROA SUÁREZ, Hernando. (2001). *Política y administración.* PLC-Servigraphic. Bogotá, pp. 51-62.

ROA SUÁREZ, Hernando. (2000). *Liderazgo: cómo, por qué, para qué.* En: *El Espectador.* Magazín Dominical, 27 de febrero, Bogotá, 2000, pp. 6 y 7.

ROA SUÁREZ, Hernando. (1999). *Estado y gobernabilidad. Aportes a un debate nacional.* Fescol-GTZ. Giro Editores. Bogotá, pp. 13-23; 37-48.

ROA SUÁREZ, Hernando y Galtung Johan. (1998). *¿Cómo construir la paz en Colombia?* ESAP Publicaciones. Bogotá, pp. 9-21.

ROA SUÁREZ, Hernando. (1997). *La reforma del Estado y la Gobernabilidad. El caso colombiano.* Editora Guadalupe. Bogotá., pp. 35-135; 143-149.

ROA SUÁREZ, Hernando, Arthur Leycester-Scott Coltman, Xavier Driencourt, Gabriel Elorriaga Pisarik, Gary Philip Hughes, Edgar González Salas, José Antonio VARGAS, Edgar Forero, Tito Huertas, y otros. (1997). *La Oficina del Presidente. Análisis de casos.* ESAP Publicaciones. Bogotá, pp. 25-65; 83-108; 119-123.

ROA SUÁREZ, Hernando. (1996). *La reforma del Estado y la gobernabilidad en Colombia.* Primer Congreso Interamericano del CLAD. CLAD, BID, PNUD, AECI. Caracas, pp. 274-304.

ROJAS, Fernando. (2003). *La necesidad de gobernabilidad y la calidad de gobierno.* En: Giugale, Marcelo M. y otros (Eds.) (2003). *Colombia. Fundamentos económicos de la paz.* Banco Mundial. Bogotá, pp. 93-104.

SANTANA, Pedro. (1989). *Los movimientos sociales en Colombia.* Ediciones Foro Nacional por Colombia. pp. 153–172; 198–223.

SUN, Tzu (1988*). Los trece artículos sobre el arte de la guerra.* Ministerio de Defensa de España. Madrid, pp. 69-125.

VALENCIA, León. (2014). *Mis años de guerra.* Aguilar. Bogotá, pp. 15-23; 147-286.

VALENCIA, León. (2003). *Miserias de la guerra, esperanzas de la paz.* Intermedio. Bogotá, pp. 11-62; 167-269.

VALLEJO, César. (1999). *¿Para dónde va Colombia?* Tercer Mundo. Bogotá, pp. 114-118.

VARGAS, Ricardo. (Comp.) (1995). *Drogas, poder y región en Colombia. Impactos locales y conflictos.* Cinep. Bogotá, pp. 191-282; 315-343.

VARGAS Velásquez, Alejo. (Comp.) (1999). *Guerra, violencia y terrorismo.* Universidad Nacional de Colombia. Bogotá, pp. 201-265.

VARGAS Velásquez, Alejo. (1998). *Ensayos de paz en medio de una sociedad polarizada.* Almudena Editores. Bogotá, pp. 9-81; 203-233.

VELANDIA Jagua, Carlos Arturo. (2014). *La paz es ahora ¡carajo!* Fica. Bogotá, pp. 137-157; 187-202.

VIDAL Perdomo, Jaime. (1996). *Derecho constitucional general e instituciones políticas colombianas.* Legis. Bogotá, pp. 27–36; 91–102; 155–181; 365-366.

VON Clausewitz, Karl. (1988). *De la guerra.* Labor. Barcelona, pp. 83-153; 157-229.

WIESNER, Eduardo. (1992). *Colombia: Descentralización y federalismo fiscal*; y (1995). *La profundización de la descentralización y la eficiencia del gasto social en Colombia.* Bogotá, pp. 45-88; 373-383; 386-392.

YOUNES, Diego. (1995). *Derecho constitucional colombiano.* Jurídicas. Bogotá, pp. 73-94; 103-107; 219-222.

VI. Cibernética y política. Una aproximación

RESUMEN:

Este texto se ocupa de presentar diversos rasgos históricos de la cibernética y presupuestos sustantivos de la teoría política cibernética, complementados con conceptualizaciones básicas y relaciones entre la cibernética y la política.

Palabras clave: Ciencia política, cibernética, sistema, comunicación, información, homeóstasis, conciencia y voluntad.

CYBER AND POLITICS AN APPROXIMATION

ABSTRACT:

This article focuses on presenting diverse historical traits of cybernetics and the substantive principles of cybernetics political theory, which are complemented by basic conceptualizations and relations between cybernetics and politics.

Key words: Political science, cybernetics, system, communication, information, homeostasis, conscience (consciousness, awareness) and will.

ÍNDICE

6.1 INTRODUCCIÓN

La cibernética, como ciencia de la comunicación y el control, es clave para fortalecer el desarrollo científico-tecnológico de la Nación.

A la par que en la época de la segunda post guerra mundial se inició un proceso de desarrollo y fortalecimiento de la política -como disciplina social- se produjo también la cristalización de *la cibernética como ciencia de la comunicación y del control.* Dos decenios después, estaba claro el interés existente entre la comunidad de los científicos sociales por relacionar la comunicación y el control políticos, de un lado, con el desarrollo socio-político, del otro. Como resultado de estas correlaciones, se realizaron múltiples estudios, acompañados de trabajo empírico, que permitieron avalar esas relaciones, no sólo al interior de los sistemas políticos nacionales, regionales y locales, sino también en el campo de las relaciones internacionales.

Karl Deutsch

Conocemos que, en tratándose de la ciencia política moderna[164], se ha hecho especial énfasis en el estudio e investigación sobre el Estado y el poder, como conceptualizaciones y problemas fundamentales de la vida política. Desde el punto de vista del enfoque cibernético, aplicado a la política, el acento está centrado en la conducción, haciendo notar que ella «es, fundamentalmente, un problema de comunicación». Hace

164 Una aplicación de la teoría de los sistemas en Colombia se empleó al constituirse el Sistema Nacional de Salud.

años, se planteaba «el interés existente por la teoría general de los sistemas y por la simulación de los procesos políticos, mediante computadores»[165].

Para el hombre contemporáneo, consciente de la utilidad de la política, como arte y como ciencia, es muy útil intervenir en ella para profundizar su participación en los procesos de cambio y desarrollo. Del estudio cuidadoso de la política y la cibernética, puede inferirse la importancia de facilitar la comunicación, teórica y práctica, entre estas dos disciplinas. Procediendo así, se impulsa el desarrollo y el progreso del conocimiento humano y algunos de los mecanismos para una adecuada conducción de la vida política.

Quienes creemos en la conveniencia de consolidar y profundizar nuestras instituciones democráticas estamos invitados a contribuir en la creación de un proceso de desarrollo sostenible que permita la existencia de una sociedad y un Estado justos, pacíficos y libres. La política como ciencia y como arte, es un camino viable que nos debe permitir participar en el proceso dirigido a aquellas metas.[166]

6.1.1 Objetivos

La presente elaboración tiene como objetivos: Primero. Rastrear aspectos fundamentales en torno al surgimiento de la cibernética. Segundo. Facilitar la comprensión de conceptos básicos de la cibernética aplicados a la ciencia política. Tercero. Analizar aspectos útiles que permitan vincular la cibernética y la política; y Cuarto. Acercarnos a conocer aplicaciones de la cibernética en diversos aspectos de la realidad nacional.

---

165 Véase la bibliografía al final del artículo y en particular (1972). Deutsch, Karl. *Los nervios del gobierno.* Paidós. Buenos Aíres, pp. 13–27.

166 Véase del autor: (2006), La importancia de la política. En: elespectador.com noviembre 27 y en su libro: (2020). La política: arte y ciencia. Procuraduría General de la Nación, Academia Colombiana de Jurisprudencia Compensar, CPB. DGP Editores. Bogotá, pp. 27-57.

6.1.2 Secuencia

Para el cubrimiento de la temática propuesta, seguiré el siguiente camino: Después de la introducción, se presentan unos rasgos históricos sobre la cibernética. En tercer lugar, se formulan presupuestos sustantivos de la teoría política cibernética. En cuarto lugar, están las conceptualizaciones básicas. En el quinto punto, se analizan algunas relaciones entre la cibernética y la política. En el sexto, encontramos ejemplos específicos de aplicación de la cibernética a la realidad sociopolítica y otras instancias de la complejidad colombiana y en el último, están las conclusiones acompañadas de la bibliografía general.

6.1.3 Origen del texto

El presente ensayo es una continuación de mi elaboración sobre: (1984). **La teoría política sistémica[167].**

6.2 RASGOS HISTÓRICOS

La cibernética surge de una compleja asociación de condiciones histórico-sociales que recibieron el apoyo de las disciplinas tecno-científicas, físico-matemáticas y biológicas.

Pensando cronológicamente, sabemos que Platón (Siglo V, a.C.) empleó la cibernética en tres acepciones: como arte de dirigir un barco, como el de conducir a los hombres o como el de gobernar en sentido general. Posteriormente Blas Pascal (1623 -1662) la emplea en sus construcciones físico-matemáticas. Ampere (1775–1836) retoma el concepto en el sentido de control o dirección y lo utiliza en sus elaboraciones en torno al electro-magnetismo. Más adelante, James Maxwell (1831–1879) la emplea dándole un significado vin-

167 ESAP - Ducal. Bogotá, pp. 43-45; 97-116; 131-143.

culado a las nociones de regulador o gobernador. Mas es Norbert Wiener (1894–1964), quien se considera el padre de la cibernética contemporánea.

Platón Blaise Pascal André-Marie Ampère

James Maxwell Norman Wiener Karl Deutsch

Buscando tener una visión sintética, en torno al proceso histórico que permitió el surgimiento de la cibernética, presentaremos aspectos histórico-sociales, técnico-científicos, físico-matemáticos y biológicos, que dieron lugar a esta disciplina.

6.2.1 Aspectos histórico-sociales

De una manera distinta a la de los animales, que sólo se adaptan en forma pasiva a las condiciones del medio externo, es el hombre quien las modifica activamente, y las subordina a sus fines o intereses en el curso del trabajo.

Una característica peculiar del trabajo humano es su naturaleza dirigida hacia un fin. El proceso de desarrollo de la producción maquinizada, en la segunda mitad del siglo XVIII, facilitó la realización de cambios profundos en la historia humana. No es al azar que el período de fines de siglo XVIII y comienzos del XIX se denomine época de la *revolución industrial.* La fábrica, como sistema de máquinas, elevó la productividad del trabajo. En esta producción, las acciones físicas del hombre son un factor imprescindible. ¿Cuál es el papel de estas acciones? Se reducen, en lo fundamental, a la función de dirigir la máquina.

Observemos que antes de la revolución industrial y de que surgiera esta etapa de la producción, se conocían dispositivos que funcionaban sin la participación directa del hombre. Estos sistemas auto-dirigidos, llamados autómatas, se construyeron por primera vez, durante la época esclavista. Sin embargo, el problema de automatizar la producción sólo surge en la época maquinizada. Al automatizar los procesos de producción, se mecaniza su función de dirección, con lo que se logra un ascenso gigantesco de su eficiencia.

La necesidad de tecnificar el control de la producción planteó nuevos problemas a la teoría científica. En respuesta a esa exigencia de la técnica, nació la ciencia de los procesos de dirección. Anotemos que el papel creciente de estos procesos en la práctica social, crea la necesidad objetiva de formular diversos problemas teóricos y soluciones prácticas, con lo que se llega al surgimiento de una nueva disciplina científica: la cibernética.

6.2.2 Aspectos tecno-científicos

Entre los aspectos tecno-científicos que contribuyeron al nacimiento de la cibernética, se puede señalar, en primer lugar, el descubrimiento de la *radiotelefonía*, a fines del siglo XIX.

El progreso de la *radiotecnia* permitió intensificar y acelerar la transmisión de las informaciones en proporciones inconmensurables. La práctica de la *radiotecnia* fue la base para que se enriqueciera la teoría de la información, parte fundamental de la cibernética. Otro antecedente técnico-científico, fue el desarrollo de la *radioelectrónica*, que siguió al descubrimiento de la radiotelefonía.

Norbert Wiener

Aporte complementario fue el producido por el perfeccionamiento de las calculadoras electrónicas. Los dispositivos mecánicos del cálculo aparecieron en el siglo XVII (aritmómetro de Blas Pascal), pero sus posibilidades (por ejemplo, la cantidad de operaciones por segundo) no resisten comparación alguna con las máquinas electrónicas modernas. En la calculadora electrónica (la primera fue construida en 1944 por el científico norteamericano Vannover Bush) se utiliza una propiedad fundamental de las lámparas electrónicas: su capacidad de hallarse en un solo estado entre dos posibles: conectada o desconectada. Esta propiedad se expresa con el principio de «todo o nada», que desempeña un gran papel en la cibernética.

A. Rosenblueth

El anterior principio permite utilizar en las calculadoras electrónicas el cálculo binario (el más simple, que utiliza sólo dos signos: 0 y 1). Ya en el trabajo original de McCulloch y W. Pitts (1943) se estableció la significación de este principio para la cibernética. Puede afirmarse que en él se fundamentó el aspecto neurofisiológico de la cibernética y que, junto con los estudios de N. Winer y A. Rosenblueth, tuvo una importancia primordial en lo que respecta a los principios iniciales de la nueva ciencia.

6.2.3 Aspectos físico-matemáticos

Andrey Marcov

El desarrollo de la *física* y la *estadística*, a fines del siglo XIX, fue el punto de partida para fundar el concepto de *causalidad estadística*, que se desarrolló posteriormente en la microfísica contemporánea.

Las categorías de la física estadística son de extraordinaria significación para elaborar las tareas actuales de la dirección y sobre todo, para la teoría de la información. Los trabajos sobre *la teoría de las probabilidades*, también contribuyeron en gran medida, a la fundamentación teórica de la nueva ciencia.

Otra orientación de las ciencias físico-matemáticas, que creó la base teórica de la cibernética, es la *lógica matemática*. Esta elaboró en particular la doctrina del algoritmo («una prescripción exacta que determina el proceso de cálculo y que a partir de distintos datos iniciales, conduce hacia el resultado buscado». A. Marcov) que amplió extensamente la matemática del cálculo.

6.2.4 Aspectos biológicos

Ivan Pavlov

Así mismo, son dignos de tener en cuenta los aportes provenientes de la biología. Los trabajos de Pavlov permitieron elaborar un método objetivo para investigar los procesos mediante los cuales el sistema nervioso central dirige la actividad del organismo. Los éxitos obtenidos al estudiar la actividad nerviosa superior de los animales y del hombre, crearon condiciones necesarias para intentar la producción de algunos procesos psíquicos en modelos tecnológicos. También constituyeron una notable contribución a la cibernética, los métodos fisioquímicos de investigación del *metabolismo*, que revelaron los mecanismos por los cuales el organismo vivo mantiene su equilibrio con las cambiantes condiciones del medio externo. Las elaboraciones anteriores crearon un terreno propicio para el trabajo exitoso de los profesores N. Wiener y A. Rosenblueth, cuyo resultado fue la formulación de diversos principios básicos de la cibernética. Esta, en consecuencia, surgió de una compleja asociación de condiciones histórico-sociales que recibieron el apoyo de las disciplinas tecnocientíficas, físico-matemáticas y biológicas.

6.3 PRESUPUESTOS DE LA TEORÍA POLÍTICA CIBERNÉTICA

La actividad política puede servir tanto para producir innovaciones, avances y aún dirigir procesos de cambio radical, como para preservar valores, prácticas, comportamientos y procesos conservadores del orden establecido.

Para estudiar los presupuestos epistemológicos, teóricos, metodológicos y la utilización de sus técnicas, debemos tener presente la relación existente entre la construcción elaborada especialmente por Karl Deutsch y las que subyacen al interior particularmente de: Max Weber, Robert Merton, Talcott Parsons, Harold Laswell, Ludwig Bertalanffy, Norman Wiener, David. Apter, Carl J. Frederich, Gabriel A. Almond, Gabriel B. Powell, James S. Colleman, David. Easton, Robert Dahl y Seymour M. Lipset entre los más importantes e influyentes[168].

168 Dentro de las obras más significantes que deben consultarse para estudiar el surgimiento y construcción de la teoría política cibernética, véanse: Weber, Max. (1968), *Economía y sociedad.* F.C.E. México, y (1974), *Sobre la teoría de las ciencias sociales.* Península. Barcelona. Parsons, Talcott. (1966), *El sistema social.* Revista de Occidente. Madrid. Bertalanffy, Ludwing von. (1979), *Teoría general de los sistemas.* Alianza Editorial. Madrid. Wiener, Norbert. (1961), *Cibernética. Wiley.* New York. Deutsch Karl (1969), *Los nervios del gobierno. Paidos. Buenos Aires.* Lasswell, Harold. (1971), *El futuro de la ciencia política.* Tecnos. Madrid. Easton, David. (1969), *Esquema para el análisis político.* Amorrortu. Buenos Aires. Dahl, Robert. (1968), *Análisis sociológico de la política.* Fontanella. Barcelona. Friederich Carl J. (1968), *El hombre y el gobierno.* Tecnos. Madrid. Almond, Gabriel A. y G.B. Powell. (1972), *Política comparada.* Paidós. Buenos Aires. Lipset, Seymour, Martin. (1968), *El hombre político.* Eudeba. Buenos Aires.
Revísese cuidadosamente el proceso de conceptualización empleado por David Easton y el artículo del autor publicado en (2005), Revista UNIVERSITAS No. 109, Javegraf, Bogotá, p.p. 641-698.

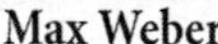

Max Weber

Robert Merton

Harold Lasswell

Rastreando la influencia de las grandes corrientes socio-políticas, que incidieron en la elaboración de la teoría política cibernética, es conveniente destacar el reconocimiento que se hace a Max Weber, por el intento explicativo que hace de la realidad, a través del empleo de su herramienta heurística que es el tipo ideal. Así mismo, se retoma el modelo estructural-funcional de Talcott Parsons, haciendo especial énfasis en sus funciones: el mantenimiento de sus pautas básicas, la adaptación al ambiente y a sus cambios, el logro de objetivos y la interacción de subsistemas en un conjunto coherentemente coordinado. Deutsch amplía esas funciones incorporando dos aspectos notables: promover el cambio de metas e introducir la autotransformación. En relación con la explicación dada por la teoría política sistémica de Easton, la retoma y explica el sistema político que como uno autorregulado de comunicación y control que permite contener la información que se tenía, como información nueva. En cuanto a Norbert Wiener, es importante la construcción de Deutsch al adaptar los magníficos aportes cibernéticos a procesos significativos de la vida política.

El conocimiento de los logros, las limitaciones, los alcances y los presupuestos sustantivos que existen al interior del conjunto de los planteamientos de los autores, a los que se ha hecho mención, permite entender y explicar adecuadamente el esfuerzo de creatividad. Pero, también y por supuesto, las limitaciones que acompañan al trabajo teórico y la capacidad explicativa y predictiva de la teoría política cibernética.

Ludwig Bertalanffy **David Easton** **Robert Dahl**

6.4 CONCEPTUALIZACIONES BÁSICAS

Las conceptualizaciones deben ser adecuadas mediaciones entre la concreción y la abstracción.

Buscando facilitar la comprensión de algunos conceptos fundamentales utilizados en la teoría política cibernética, presentaré a continuación las siguientes conceptualizaciones: cibernética, comunicación, información, homeóstasis, conciencia, voluntad y vida política[169].

6.4.1 Ciencia política

Entiendo por ciencia política una disciplina social que se ocupa del estudio sistemático del Estado; de la problemática de la legitimidad; de la estructura del poder; de la composición de las clases y los estratos sociales; de los partidos políticos y los movimientos políticos y sociales; de los procesos electorales; del funcionamiento de los grupos

169 Estas conceptualizaciones pueden complementarse con las presentadas en Hernando Roa. (1984), *La teoría política sistémica.* ESAP Publicaciones Bogotá, pp. 49-86. Véase al respecto el trabajo pionero de Ludwing Von Bertalanffy; sus aportes fueron claves para la elaboración de la teoría política sistémica de David Easton.

de presión; del proceso de la toma de las decisiones; de la paz y la solución de los conflictos; de la problemática ambiental; del estudio de la gobernabilidad; y de la problemática del liderazgo, en espacios y tiempos determinados[170].

6.4.2 Cibernética

Etimológicamente considerada, proviene del griego *KIBERNETIKES.* Su origen se remonta al siglo VI (a.n.e.), cuando la mitología griega cuenta que Teseo hizo un viaje a Creta, conducido por dos pilotos de barco. Para celebrar el hecho, Teseo instituyó la fiesta de los cibernesios (pilotos de mar). Así que está ligada a las nociones de pilotaje, timonel y regulador...

Notemos que existen diversas definiciones de la cibernética. Según Couffignal es el arte de asegurar una acción eficaz. De otro lado, Norbert Wiener, la define como la ciencia del control y las comunicaciones en los sistemas vivos e inanimados. Por ello la cibernética se ocupa de la autorregulación de los sistemas y al ser interdisciplinaria, permite que los descubrimientos y conocimientos de una ciencia, puedan tener condiciones de aplicación a otra. Según este autor, la cibernética es la teoría matemática de la optimización: el estudio teórico del control y de la comunicación de máquinas y sistemas fisiológicos. Sus aspectos operacionales están relacionados con cualquier campo de estudio; sus aspectos formales procuran una teoría general del control.

6.4.3 Comunicación

Es la transmisión de información o transferencia de información cualquiera, de un punto a otro; de una persona a otra o de un equipo a otro. Observemos que el concepto *conjunto* desempeña un papel

---

170 Para ampliar el origen de esta conceptualización ver del autor: (2020). *La política: arte y ciencia. Aplicaciones a Colombia.* Procuraduría General de la Nación, Academia Colombiana de Jurisprudencia, Compensar y otros. DGP Editores. Bogotá, pp. 6-48; 69-79; 85-89; y 152-164.

esencial en la comunicación. Por ejemplo: cuando se piensa en un telegrama, al principio se advierte la cualidad de la singularidad. Sin embargo, el acto de comunicación implica necesariamente la existencia de un conjunto de posibilidades; es decir, más de una. Tan pronto las posibilidades se reducen a una, la comunicación queda bloqueada. Por lo tanto, la comunicación exige necesariamente un conjunto del cual éste proviene.

6.4.4 Información

La información se distingue sustancialmente de los datos, en la medida en que éstos son mensajes en bruto y no evaluados; mientras que la información se traduce en un aumento de conocimientos obtenidos por el receptor mediante la coordinación apropiada de los elementos de los datos con variables de un problema. «La información, sostiene Karl Deutsch, es la adición o el procesamiento de los datos, que puedan proporcionar un conocimiento o bien el entendimiento de ciertos factores». Si todos poseyéramos un conocimiento perfecto, no habría necesidad de información. *Todo aquel que posee un conocimiento menos que perfecto, necesita de la información como auxilio para tomar decisiones.* La información es un acontecimiento o una serie de acontecimientos, en el que tanto el emisor como el destinatario, puede evaluar especialmente, la significación y la utilidad de la información compartida.

Marshall McLuhan

El hecho de que la información contenga el mismo mensaje y sea comunicada de la misma manera y en el mismo momento, no implica que será utilizada igualmente por los mismos destinatarios. Como ha sido sostenido, la información posee una realidad física, es decir, «material», la que es transportada por un proceso integrado por materia-energía. También que «la información puede ser creada y eliminada». En síntesis, siguiendo a Deutsch: la información «consiste en una pauta transmitida que es recibida y evaluada refiriéndola a un conjunto estadístico de pautas relacionadas». Es el conocimiento disponible para uso inmediato que permite orientar la acción al reducir el margen de incertidumbre que cerca las decisiones cotidianas. Por ello, se ha sostenido que: *information is power* (Marshall McLuhan).

6.4.5 Homeóstasis

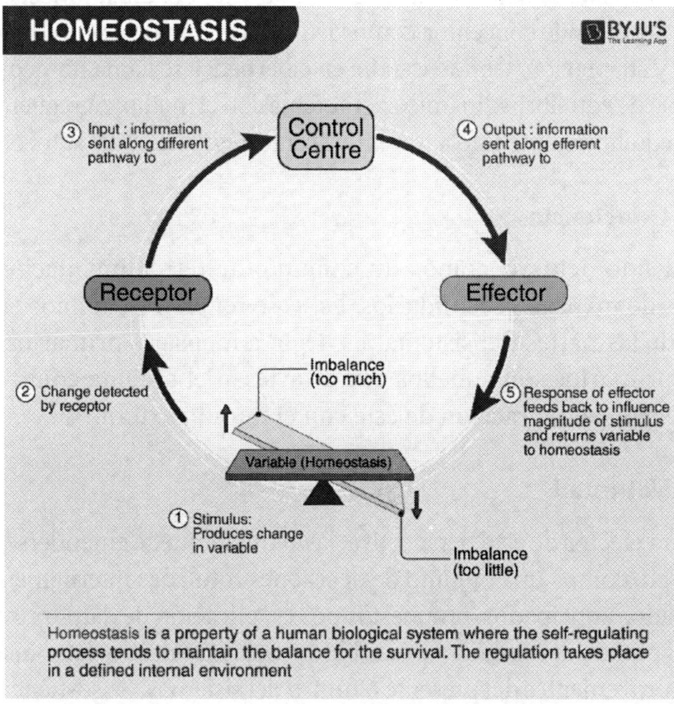

Fuente: BYJUS. https://cutt.ly/BwBIN36a

La retroalimentación es la base del mecanismo homeostático de los sistemas para adaptarse al medio. *La homeóstasis es un mecanismo que les permite a los sistemas mantener la estabilidad de función de equilibrio.* Es decir, que facilita a los sistemas y a las organizaciones, comportarse de tal manera para mantener determinadas variables esenciales para su funcionamiento y estabilidad.

Por ello, ya no es conveniente concebir a las organizaciones como un sistema cerrado. Como sostiene Bertalanffy[171], la ley de la entropía le es aplicable a cualquier organización que se cierre sobre sí misma porque al hacerlo, tiende hacia la muerte técnica. La concepción de la organización, como un sistema abierto a la información y a la energía procedente del contexto, permite concebirla como viva y en permanente proceso de desarrollo y adaptación. Condensando: en cibernética se llama homeóstasis al proceso de equilibrio dinámico del sistema con el medio. Agreguemos que es un equilibrio obtenido a través de la autorregulación del autocontrol.

6.4.6 Conciencia

Ha sido definida como «un conjunto de retroalimentaciones internas de mensajes secundarios. Estos se refieren a cambios en el estado de las partes del sistema. Es decir, a mensajes primarios. Mensajes primarios son aquellos que atraviesan el sistema como consecuencia de la interacción de éste con el mundo exterior»[172].

6.4.7 Voluntad

Para efectos de esta perspectiva, la voluntad puede entenderse, según Deutsch, como «un conjunto de decisiones rotuladas internamente y de resultados anticipados, propuestos por la aplicación de datos provenientes del pasado del sistema y por el bloqueo de impulsos o datos incompatibles provenientes del presente o futuro del sistema». Se sostiene que «la voluntad es relativamente libre de las operaciones del mundo exterior en cualquier momento dado, en la medida que sea el resultado acumulado del pasado de la red, que entra por retroalimentación en las decisiones a tomar»[173]. «Si no existiera una efectiva retroalimentación en las formula-

---

171 Pérez Cajiao, Hugo. (1973), *Aplicación de la teoría general de sistemas.* Cicap, Buenos Aires, p. 31.

172 Léase Easton, David. (1987), **Esquema para el análisis político.** Amorrortu, Editores. Buenos Aires.

173 Deutsch, K. **Los nervios del gobierno.** Paidós. Buenos Aires, pp. 127 - 138.

ciones del pasado, el comportamiento de la red no podría escapar a las presiones exteriores»[174].

La comprensión del concepto de la voluntad facilita entender la relación que existe entre ésta y el poder. Karl Deutsch sostiene que *la voluntad es ineficaz sin el poder, pero que el poder sólo por casualidad es eficaz, si faltare la voluntad.* Cuando se toma una decisión, se cierra el sistema a mensajes adicionales que lo pudieran modificar; nada se gana si no se cuenta con los medios para realizarla.

6.4.8 Vida política

Es una serie compleja de procesos sociales mediante los cuales ciertos tipos de insumos se conviertan en el tipo de productos que podemos denominar políticas autoritarias, decisiones y acciones ejecutivas[175].

Para una comprensión apropiada de la elaboración de Easton, en torno a un sistema político de respuesta dinámica, véase el siguiente esquema[176].

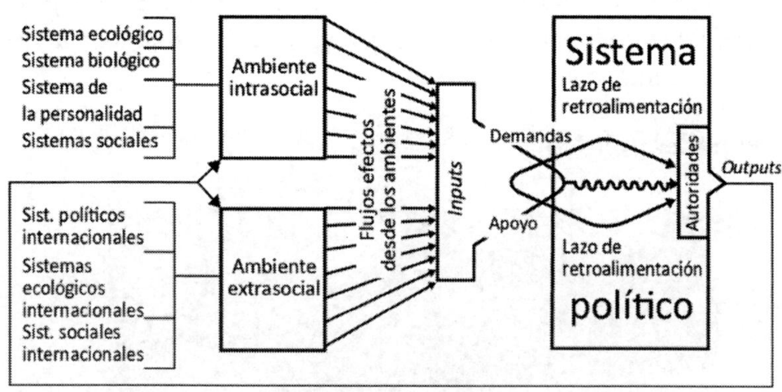

Fuente: Easton, David. Esquema para el análisis político

174 Easton, Op.cit., p. 88.

175 Easton, Op.cit., pp. 95-101.

176 Para una complementación de estos conceptos, véase del autor: elespectador.com, febrero 2 de 2007.

6.5 CIBERNÉTICA Y POLÍTICA[177]

El estudio del proceso de la toma de decisiones es significante para concretar relaciones entre la cibernética y la política.

Un camino para correlacionar la política con la cibernética y sus múltiples conexiones -no las únicas- puede ser el trabajar los componentes de la voluntad política, el poder político, la política de desarrollo y la misión de la política. Veámoslos en forma sintetizada.

6.5.1 La voluntad política

La voluntad política «puede entenderse como la puesta en acción de datos propuestos por el pasado de un sistema formulador de decisiones, de modo de contrarrestar la mayor parte o toda la información recibida en ese momento en su ambiente». Implica, ciertamente, «la prioridad operativa de los datos anteriores a la decisión sobre los datos posteriores a ésta». Y puede concebirse «como un alivio de la carga psicológica que implicaría seguir formulando decisiones». Pienso que una percepción actualizada de la voluntad política, es querer hacer las cosas, con la mediatización de información confiable.

6.5.2 El poder político

Carlos Andrés Pérez (Venezuela), Alfonso López Michelsen (Colombia), Demetrio Lakas (Panamá), Daniel Oduber (Costa Rica), y Omar Torrijos. Cumbre de Contadora

---

177 Los párrafos entre comillas del presente acápite, pertenecen a Karl Deutsch. (1969), **Los nervios del gobierno.** Paidos. Buenos Aires, pp. 139-155; 260-271.

La noción de voluntad, está íntimamente ligada a la de poder político. Y éste puede ser entendido, en un sentido sencillo, como «la capacidad de actuar según su carácter, cualquiera que éste sea». También, en sentido amplio, «la capacidad para explicar una preferencia particular en el comportamiento, o para alcanzar un objetivo particular, con la misma pérdida de capacidad para elegir un comportamiento diferente, o buscar un objetivo diferente». En estas acepciones, puede verse la relación existente entre el poder, la voluntad y la política de desarrollo, que veremos a continuación.[178]

6.5.3 La política de desarrollo

Conocemos que, en sentido general, se acepta que misión o tarea de la política es alcanzar el bien común. Buscando precisar en qué consiste éste, puede sostenerse que es alcanzar como mínimo, la supervivencia de la familia, la comunidad, pueblo o nación. Ahora bien, ello implica «el reconocimiento de que el desarrollo, la adaptabilidad y la capacidad de aprendizaje, son esenciales para la supervivencia de una sociedad y una cultura».

6.5.4 Dimensiones de desarrollo de un sistema político

Las dimensiones de desarrollo de un sistema político, para el enfoque cibernético, pueden sintetizarse en: i) Recursos humanos. ii) Desarrollo económico. iii) Reservas operativas en el sistema. iv) Aumento de la autonomía o de la autodeterminación. v) Capacidad de cambio de sus pautas de comunicación y organización. vi) Aumento en la capacidad de cambiar de objetivos en el ámbito de diferentes fines que es capaz de elegir y buscar la sociedad, la cultura o el sistema político; y vii) La acción recíproca entre las dimensiones de desarrollo de la organización y el de los individuos y de los subgrupos más o menos autónomos que la componen.

---

178 Por ejemplo, el impacto de Contadora en el manejo norteamericano de la crisis centroamericana y del Caribe en los años 80's del siglo XX.

Teniendo en cuenta los aspectos nacionales e internacionales, que conllevan las dimensiones del desarrollo, notemos que: "Un desarrollo combinado del poder y la conciencia de los límites, de la profundidad de la memoria y la apertura a nuevos ámbitos de información, del ingenio y la creatividad social, intelectual y emocional y de la capacidad para el comportamiento integrativo, puede resultar, en conjunto, muy favorable para la supervivencia internacional".

6.6 MISIÓN DE LA POLÍTICA: ACELERAR LA INNOVACIÓN QUE SE NECESITA

La política es un instrumento fundamental para retardar o acelerar, el aprendizaje social y la innovación. Karl Deutsch

Para quienes hemos tenido la oportunidad de reflexionar, en torno a aspectos teóricos y prácticos de la política, está clara su importancia tanto como disciplina científica como actividad social. *Desde el punto de vista de la perspectiva cibernética, es significante el papel que la política desempeña en el proceso de la toma de las decisiones.* Más aún «si definimos el sector básico de la política como el de las decisiones que pueden hacerse cumplir coactivamente o, con más precisión, de todas las decisiones respaldadas por alguna combinación de probabilidades significativas de asentimiento voluntario y coacción, la política se convierte en el método por excelencia que permite asegurar el tratamiento preferencial de los mensajes y las órdenes, y la redistribución de los recursos humanos y materiales, y aparece entonces como un instrumento fundamental para retardar o acelerar el aprendizaje social y la innovación, funciones para las cuales se le ha empleado en el pasado». *Ahora bien, sabemos que la actividad política puede servir tanto para producir innovaciones, avances y aún dirigir procesos de cambio radical, como para preservar valores, prácticas, comportamientos y procesos conservadores del orden establecido.*

Observando los procesos de las democracias occidentales, especialmente después de la segunda mitad del decenio del cuarenta, es útil hacer notar tres grandes técnicas dirigidas a acelerar los procesos de innovación política: «La regla de la mayoría; la protección de las minorías; y la institucionalización del disenso».

La regla de la mayoría -al estilo occidental, permite que el cambio se lleve a cabo con mayor rapidez que cuando las pautas políticas exigen la unanimidad- como es frecuente dentro de las aldeas de Oriente. En relación con *la protección de las minorías*, tiene la especial ventaja de que se «puede evitar que las tasas de cambio impuestas por la mayoría quiebren la integridad y la dignidad de los individuos o grupos disidentes, o rompan los lazos y canales de comunicación que mantienen la cohesión social».

Pensando en *la institucionalización del disenso* y el establecimiento de canales que permitan la expresión de la crítica y la autocrítica, observemos su utilidad para la protección de los intereses de las mayorías y los procesos de cambios democráticos. Estas tres técnicas reforzadas «por modos de pensamiento altamente conscientes, analíticos, críticos y combinatorios, proporcionan a las sociedades y sistemas políticos de Occidente, una infrecuente y amplia serie de recursos e instrumentos para el rápido aprendizaje social y la innovación».

Tomemos distancia y observemos que el conjunto de los instrumentos técnico-sociales, disponibles en nuestros días y sus posibilidades de aplicación para el conocimiento de la política y el proceso de toma de decisiones societales, son fundamentales para los procesos de comunicación y control y facilitan que un volumen mayor de personas intervengan con conciencia informada en la vida política. *Me inclino a pensar que cuando la política es usada para profundizar los procesos de participación societal y el fortalecimiento de las instituciones democráticas, contribuye con eficacia a impulsar y consolidar los procesos de desarrollo.* Notemos cómo los vertiginosos avances de la cibernética son muy útiles para la comprensión de la ciencia y la tecnología contemporáneas. *Por sofisticados que ellos sean, no debe olvidarse que están colocados al servicio de la inteligencia y la transformación de los distintos sistemas políticos contemporáneos.* Mas también, observemos que los gobernantes deben crear condiciones para que la política facilite la comunicación entre los ciudadanos mediante la información oportuna y la institucionalización de la participación en el proceso de la toma de las decisiones.

6.7 APLICACIÓN DE LA CIBERNÉTICA EN CASOS COLOMBIANOS

Contribuir a formar la actitud y prácticas investigativas, a lo largo del proceso de enseñanza-aprendizaje, es un camino para impulsar el cambio social.

A manera indicativa de cómo la cibernética tiene aplicación en nuestro país, me permito insinuar, como ejemplos, la revisión de los siguientes textos[179] que han sido fruto de reflexión universitaria. En

179 Andrade Sosa, Hugo. (2001), *Pensamiento sistémico: diversidad en búsqueda de unidad.* Ediciones Universidad Industrial de Santander. Bucaramanga. Anzola Castillo, Iván E. (2000), *Teoría de la organización: de los clásicos a la cibernética.* Solórzano Editores. Bogotá. Camacho Fernández, Sandra. (2001), *Transformación organizacional con visión cibernética: una oportunidad y un desafío para mantener ventajas competitivas sostenibles en la sociedad del conocimiento y la economía globalizada.* Uniandes. Santafé de Bogotá. Cano Martínez, Jeimy José. (1997), El *sistema de control interno en las entidades del Estado: una aproximación cibernética.* Uniandes. Santafé de Bogotá. Castro Cortés, Heider. (1998), *Visión de la planeación y de la organización del sector energético colombiano dentro de la teoría cibernética.* Uniandes. Santafé de Bogotá. Forero, José Rafael. (1994), *Comparación de dos diagnósticos realizados en una empresa de energía según enfoques cibernético y de calidad total.* Uniandes. Bogotá. García Romero, Carlos Alirio. (1998), *La cibernética del observador en los procesos de investigación-acción-participativa I.A.P.* Uniandes-CIFI. Santafé de Bogotá. Martínez Rincón, Juan Santiago. (1999), *Análisis de la estructura funcional y del desarrollo humano en el área de informática corporativa de Ecopetrol: valoración desde el enfoque cibernético.* Uniandes. Santafé de Bogotá. Matiz Camacho, Hernando. (2004), *Simulación cibernética en la enseñanza de las ciencias de la salud: Guías de procedimientos médicos.* Universidad El Bosque. Bogotá. Patiño, José Félix. (2003), *Computador, cibernética e información.* Panamericana Editorial. Bogotá, D.C. Perilla Forero, Raúl Ernesto. (2001), *Cibernética de la práctica tecnológica en*

ellos encontramos temas de orden político como la construcción de nuevas orientaciones para entender el cambio social; la reformulación del sector energético colombiano; y la reorganización del control interno en las entidades del Estado. Así mismo, reflexiones de naturaleza metodológica como la cibernética del observador en los procesos de investigación-acción participativa (IAP).

Desde el punto de vista organizacional, está la valoración desde el enfoque cibernético del análisis de la estructura funcional y del desarrollo humano en el área de informática corporativa de **Ecopetrol.** Y también, en el campo de la teoría de la organización: de los clásicos a la cibernética y la transformación organizacional con visión cibernética.

Consideremos algunos casos: En relación con la reformulación del sector energético colombiano, Heider Castro sostiene que este "está encargado de la conversión de los recursos naturales en bienes que se puedan transformar para su consumo final a nivel residencial, industrial o comercial". "El sector, tiene como subsectores sustantivos la electricidad, el petróleo, el gas, el carbón y las energías alternas".

"La teoría cibernética ayudó a identificar problemas en el canal algedónico[180] del sector energético" Según el autor: "sí es posible lle-

---

organizaciones. Uniandes. Bogotá, D. C. Puentes Montenegro, Fabio Andrés. (2005), *Un esfuerzo para trascender el desarrollo: hacia la construcción de nuevas orientaciones para entender el cambio social.* Uniandes. Bogotá. Romero Ramírez, Mauricio. (2007), *Diagnóstico cibernético organizacional y rediseño con TICS Schott Envases Farmacéuticos. Uniandes.* Bogotá. Tolosa Guzmán, Guillermo Enrique. (1997), *Reformulación del sector energético colombiano dentro de un enfoque cibernético.* Uniandes. Santafé de Bogotá. Zuluaga Ramírez, Alfonso. (2002), *Aproximación sistémica al estudio de la organización y gestión ambiental rural municipal.* Uniandes. Bogotá.

180 El sistema algedónico "estaba compuesto por un aparato de madera y circuitos análogos que tenía un gráfico que representaba un semicírculo que decía en

gar a una planeación y a una organización del sector energético, tal y como lo propone S. Beer." Y "las fallas detectadas son el producto de que el plan energético nacional (PEN), y en general, todas las planeaciones en todos los subsectores que hacen parte del sector energético, no han sido hechas siguiendo la teoría de S. Beer".

Si tenemos en cuenta la comparación de dos diagnósticos realizados en una empresa de energía, en el efectuado en 1994, por José Rafael Forero,[181] se sostiene que el enfoque cibernético: "motiva cambios de fondo en las empresas dando los elementos que facultan la evolución en el tiempo de la misma. Es por esto que, su implementación, asegura cambios radicales en la eficiencia que con buen uso de la función de conducción debe asegurar el éxito de la **E.E.B.** (Empresa de Energía Eléctrica de Bogotá). Sin embargo, es bueno saber que para efectuar cambios se requiere de capital, el cual solo es un recurso de las empresas que presentan buenos resultados financieros".

Para esa época se sostuvo que: "para la E.E.B., sería ideal estructurarse como una de las llamadas empresas energéticas ya que se solucionarían problemas como la falta de empalme en ciertos procesos y de delegación de funciones…".

Y a propósito de la cibernética de la práctica tecnológica en organizaciones, se afirmó que: "ella busca que a través de la identificación de su identidad en función de sus formas, racionalidad de los modelos administrativos y manejo de la complejidad, pueda detectarse

un extremo "de acuerdo" y en el otro "en desacuerdo". A través de un botón rotativo, la gente podía elegir su opción y enviar la señal en tiempo real usando el sistema de circuito cerrado existente con la municipalidad". http://www.cybersyn.cl/castellano/cybersyn/cyberfolk.html–Cybersyn/sinergia cibernética. Consultada el 3 de diciembre de 2007.

181 Forero, José Rafael. (1994), *Comparación de dos diagnósticos realizados en una empresa de energía según enfoques cibernético y de calidad total.* Uniandes. Bogotá. pp. 75-76.

como las organizaciones sustentan comportamientos propios en torno a esta práctica". Y continúa: "La tecnología no son aparatos, pero los aparatos si son tecnología manifiesta en años de recurrencia de una actividad. Son muchas las cosas que los miembros de una organización y la organización misma pueden ganar en viabilidad, si no niegan la tecnología y la incorporan a su variedad considerándola en sus diferentes niveles administrativos."[182]

Observemos además que, sobre: *El sistema de control interno en las entidades del Estado: Una aproximación cibernética*, se sostiene: "Desde la perspectiva cibernética, las organizaciones deberían perseguir en sí mismas la coordinación y autonomía para lograr una articulación de objetivos y voluntades para permanecer viables en su entorno. Pero para lograr este objetivo, la organización debe *aprender a aprender* de cada situación a la que enfrenta y adaptarse a las nuevas condiciones del ambiente: Banca electrónica, mayores y mejores servicios para los clientes".[183]

José Félix Patiño

Finalmente, para encontrar serias reflexiones pedagógicamente presentadas, es de gran utilidad la lectura del texto que sobre *Computador, Cibernética e Información*, elaboró el Profesor Honorario de Cirugía de la Universidad Nacional de Colombia, Rector de la misma, y director de la Federación Panamericana de Asociaciones de Facultades de Medicina, José Félix Patiño (1927-2020).

182 Perilla Forero, Raúl Ernesto. (2001), *Cibernética de la práctica tecnológica en organizaciones*. Uniandes. Bogotá, pp. 109 – 110.

183 Cano Martínez, Jeimy José. (1997), *El sistema de control interno en las entidades del Estado: una aproximación cibernética*. Uniandes. Santafé de Bogotá, p. 94.

6.8 CONCLUSIONES

Cibernética y política: dos disciplinas cuya comprensión facilita el desarrollo de los sistemas políticos contemporáneos.

6.8.1 El estudio cuidadoso de la política y la cibernética nos facilita la comunicación, teórico-práctica entre estas dos disciplinas. Procediendo así, se impulsa el desarrollo y el progreso del conocimiento humano y algunos de los mecanismos para una adecuada conducción de la vida política.

6.8.2 Para la comprensión de los presupuestos epistemológicos, teóricos, conceptuales, metodológicos y técnicos de la teoría política cibernética, es clave la comprensión de los aportes respectivos de Max Weber, Robert Merton, Talcott Parsons, Harold Lasswell, Ludwig von Bertalanffy, David Easton, Karl Deutsch, Norbert Wiener, Robert Dahl y Saymour Martin Lipset...[184]

6.8.3 La política como arte y ciencia es una posibilidad que nos debe permitir la institucionalización de un *proceso de desarrollo sostenible* que facilite la construcción de una sociedad y un Estado *justos* (con equidad ante el poder), pacíficos (con ausencia de violencia abierta, estructural y cultural) y *libres* (relacionado con todos los países y sin sometimiento a potencia mundial alguna).

6.8.4 Un camino para correlacionar la política con la cibernética, en forma adecuada, es trabajar los componentes de la voluntad política, el poder político, la política de desarrollo y la misión de la política, elaborados por Karl Deutsch y sus discípulos.

6.8.5 Teniendo en cuenta los avances epistemológicos, teóricos, metodológicos y técnicos de la cibernética, *ellos han servido para realizar aplicaciones prácticas en diversas instancias de la realidad colombiana.*

---

184 Véase bibliografía general donde están sus obras vinculadas a este tema.

6.8.6 Los gobernantes deben crear condiciones para que la política facilite la comunicación entre los ciudadanos, mediante la información oportuna y veraz y la institucionalización de la participación en el proceso de la toma de las decisiones.

6.8.7 Cuando la política es usada para profundizar los procesos de participación social y fortalecer las instituciones democráticas, contribuye con eficiencia y eficacia a impulsar y consolidar los procesos de desarrollo sostenible.

Bibliografía general

ALKER, Hayward. 1975. *Uso de la matemática en el análisis político*. Amorrortu. Buenos Aires,

ALMOND, Gabriel A. y COLEMAN, James. 1960. *The politics of the developing areas*. Princeton. New Jersey.

ALMOND, Gabriel A. y Powell, G.B. 1972. *Política comparada*. Paidós. Buenos Aires.

ALMOND, Gabriel A. y VERBA, Sidney. 1963. *The civic culture*. Princeton. New Jersey.

ANDRADE SOSA, Hugo. 2001. *Pensamiento sistémico: diversidad en búsqueda de unidad*. Ediciones Universidad Industrial de Santander. Bucaramanga.

ANZOLA CASTILLO, Iván E. 2000. *Teoría de la organización: de los clásicos a la cibernética*. Solórzano Editores. Bogotá.

ASHBY, William Ross. 1956. *Introducción a la cibernética*. Nueva Visión. Buenos Aires.

BEER, STAFORD. 1965. *Cibernética y administración*. Compañía Editorial Continental. México.

BERGER Y Luckmann. 1968. *La construcción social de la realidad*. Amorrortu. Buenos Aires.

BERTALANFFY, Ludwing Von. 1979. *Teoría general de los sistemas*. Alianza Editorial. Madrid.

CAMACHO FERNÁNDEZ, Sandra. 2001. *Transformación organizacional con visión cibernética: una oportunidad y un desafío para mantener ventajas competitivas sostenibles en la sociedad del conocimiento y la economía globalizada*. Uniandes. Santafé de Bogotá.

CANO MARTÍNEZ, Jeimy José. 1997. *El sistema de control interno en las entidades del Estado: una aproximación cibernética*. Uniandes. Santafé de Bogotá.

CASTEJÓN, Omar. 1976. *Educación, tecnología y cibernética*. Universidad de Carabobo. Caracas.

CASTRO CORTÉS, Heider. 1998. *Visión de la planeación y de la organización del sector energético colombiano dentro de la teoría cibernética*. Uniandes. Santafé de Bogotá,

CORROUX, Humberto. 1992. *"Política: método, teorías, procesos, sujetos, instituciones y categorías"*. Siglo XXI. México.

DAHL, Robert. 1968. *Análisis sociológico de la política*. Fontanela. Barcelona.

DEUTSCH, Karl. W. 1969. *Los nervios del gobierno*. Paidós. Buenos Aires.

DEUTSCH, Karl. W. 1976. *Política y gobierno*. F.C.E. México D.F.

EASTON, David. 1969. *Enfoques sobre teoría política*. Amorrortu. Buenos Aires.

EASTON, David. 1969. *Esquema para el análisis político*. Amorrortu. Buenos Aires.

FORERO, José Rafael. 1994. *Comparación de dos diagnósticos realizados en una empresa de energía según enfoques cibernético y de calidad total*. Uniandes. Bogotá.

FORRESTER, J. W. y otros. 1974. *The sys dynamics national model. Understanding socioeconomic behavior and policy altematives*. Memorandum D-2249-1. System Dynamics Group. M.I.T. Boston.

FRIEDERICH, Carl J. 1968. *El hombre y el gobierno*. Tecnos. Madrid.

FUCHS, Walter Robert. 1986. *El libro de los cerebros electrónicos*. Omega. Barcelona

GARCÍA ROMERO, Carlos Alirio. 1998. *La cibernética del observador en los procesos de investigación - acción-participativa I.A.P.* Uniandes-CIFI. Santafé de Bogotá.

GREENWOOD, William. 1978. *Teoría de decisiones y sistema de información*. Trillas. México D.F..

HUNTINGTON, Samuel P. 1972. *El orden político en las sociedades en cambio*. Paidós. Buenos Aires.

JIMÉNEZ Nieto, Juan Ignacio. 1970. *Política y administración*. Tecnos. Madrid.

JOHANSEN, Oscar. 1975. *Las comunicaciones y la conducta de la organización*. Diana. México D.F.

LA PALOMBARA, Joseph. 1970. *Burocracia y desarrollo político*. Paidós. Buenos Aires.

LANGE, Oscar Richard. 1969. *Introducción a la economía cibernética*. Siglo XXI. México.

LIPSET, Seymour M. 1968. *El hombre político*. Eudeba. Buenos Aires.

LUHMAN, Kiklas. 1994. *Teoría política en el estado de bienestar*. Madrid. Alianza.

MARTÍNEZ Rincón, Juan Santiago. 1999. *Análisis de la estructura funcional y del desarrollo humano en el área de informática corporativa de Ecopetrol : valoración desde el enfoque cibernético*. Uniandes. Santafé de Bogotá.

MATIZ Camacho, Hernando. 2004. *Simulación cibernética en la enseñanza de las ciencias de la salud : Guías de procedimientos médicos*. Universidad El Bosque. Bogotá.

MERTON, Robert K. 1970. *Teoría y estructuras sociales*. Fondo de Cultura Económica. México D.F.

MORIN, Edgar. 1986. *El método: la naturaleza de la naturaleza*. Cátedra. Madrid

PARSONS, Talcott. 1966. *El sistema social.* Revista de Occidente. Madrid.

PATIÑO, José Félix. 2003. *Computador, cibernética e información.* Panamericana Editorial. Bogotá.

PERILLA Forero, Raúl Ernesto. 2001. *Cibernética de la práctica tecnológica en organizaciones.* Uniandes. Bogotá.

PIAGET, Jean y otros. 1973. *Tendencias de la investigación en las ciencias sociales.* Alianza. Madrid.

PUENTES Montenegro, Fabio Andrés. 2005. *Un esfuerzo para trascender el desarrollo: hacia la construcción de nuevas orientaciones para entender el cambio social.* Uniandes. Bogotá.

ROA Suárez, Hernando. 1976. *Teorías políticas.* Lecturas. 4 Tomos. ESAP. Bogotá.

ROA Suárez, Hernando. 1984. *Colombia: Ciencia, investigación, universidad y pedagogía.* 2da. Edición. Prólogo Rafael Rivas Posada. Ducal. Bogotá. 2da. edición.

ROA SUÁREZ, Hernando. 1984. *La teoría política sistémica.* Ducal. Bogotá.

ROA SUÁREZ, Hernando. Noviembre 27 de 2006. *La importancia de la política.* En elespectador.com.

ROA SUÁREZ. Hernando. 2020. *La política: Arte y ciencia. Aplicaciones a Colombia.* Academia Colombiana de Jurisprudencia. Presentación: Eduardo Cifuentes Muñoz. DGP Editores. Bogotá.

ROMERO RAMÍREZ, Mauricio. 2007. *Diagnóstico cibernético organizacional y rediseño con TICS Schott Envases Farmacéuticos.* Uniandes. Bogotá,

ROSE, J. *La revolución cibernética.* 1974. Fondo de Cultura Económica. México D.F.

TOLOSA GUZMÁN, Guillermo Enrique. 1997. *Reformulación del sector energético colombiano dentro de un enfoque cibernético.* Uniandes. Santafé de Bogotá.

UNAM. 1994. *América Latina en el nuevo orden mundial* México D.F.

UNITED STATES INSTITUTE OF PEACE INTERNATIONAL. 1994. *The future of global governance: managing risk and change in the international system.* Washington.

VON BEYME, Klauss. 1994. *Teoría política del siglo XX: de la modernidad a la postmodernidad.* Madrid, Alianza.

WEBER, Max. 1969. *Economía y sociedad.* Fondo de Cultura Económica. Dos Tornos. México D.F.

WEBER, Max. 1974. *Sobre la teoría de las ciencias sociales.* Península. Barcelona.

WIENER, Norbert. 1961. *Cibernética.* Wiley. New York.

ZULUAGA Ramírez, Alfonso. 2002. *Aproximación sistémica al estudio de la organización y gestión ambiental rural municipal.* Uniandes. Bogotá.

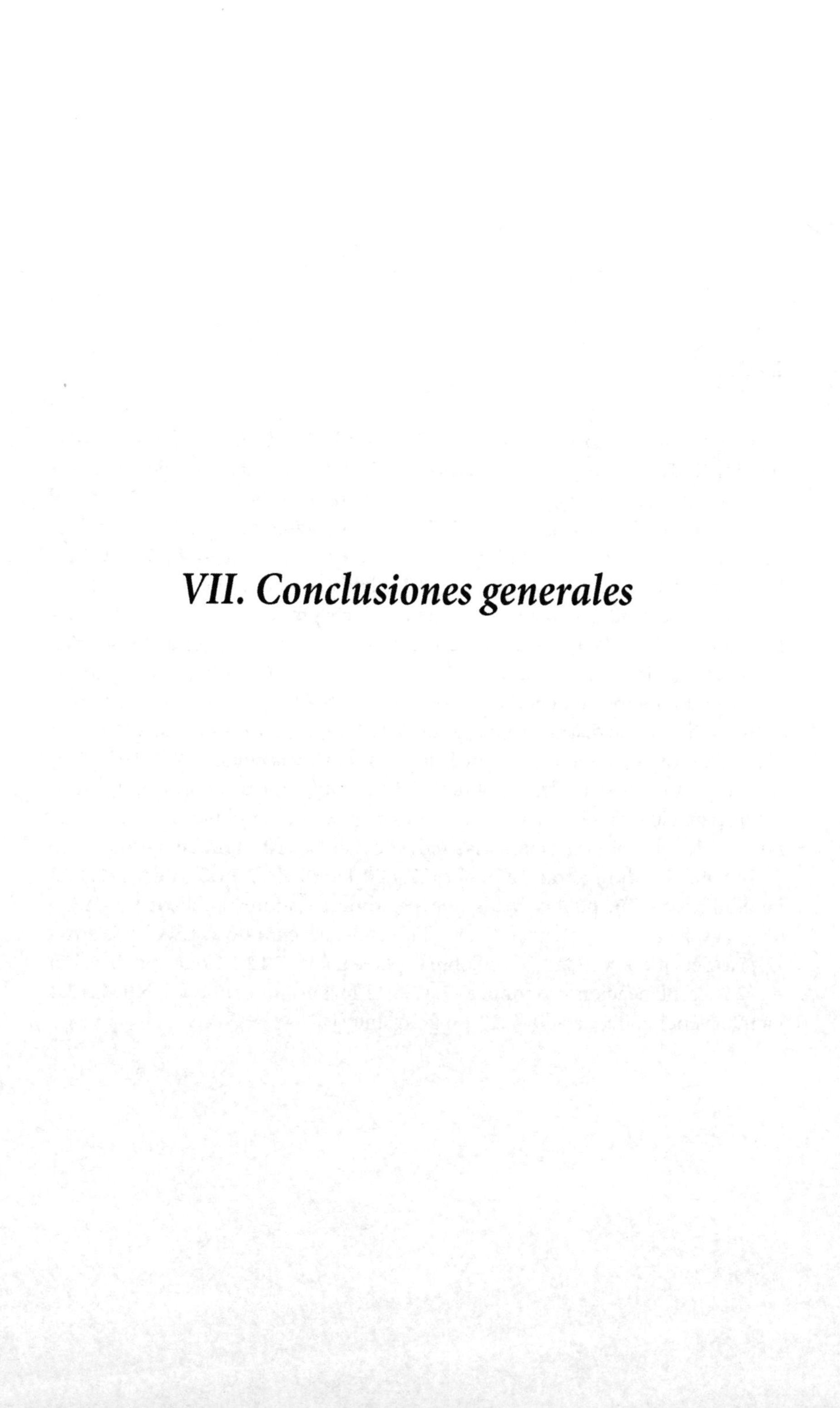

VII. Conclusiones generales

ÍNDICE

VII. Conclusiones generales

Históricamente lo político y lo jurídico han estado imbricados; en nuestros días, y en virtud de la interdisciplinariedad vigente en las ciencias sociales, esa relación se ha perfeccionado.

Teniendo en cuenta las reflexiones plasmadas, invito al lector a revisar, cuidadosamente, las siguientes conclusiones, a propósito de los ensayos político-jurídicos. Útil ejercicio puede ser establecer correlaciones múltiples existentes entre ellos, donde se ha deseado destacar, puntualmente, trece temas que vertebran aspectos centrales de los ensayos. Estudiémoslos con conciencia crítica y recreémosnos.

7.1 *La política como arte y ciencia* -ejercida éticamente- es la más bella de las vocaciones y de las profesiones. Prescindir de ella, significa abrir las puertas a los regímenes de facto y dictatoriales, frente a los cuales los colombianos hemos demostrado positiva resistencia[185].

Es conveniente develar el debate presentado entre la política y la antipolítica, evitando que el empleo de la *politiquería* desvirtúe el papel sustantivo que la política debe desempeñar en nuestros días: ser fuente de prácticas solidarias e instituciones democráticas, justas y cocreativas.

Los estudios de las dictaduras, desarrollados en América Latina, a lo largo de los siglos XX y XXI, nos indican que ellas han contribuido –en forma eficaz– a **impedir técnicamente**, la unión de América Latina, para que, actuando políticamente unidos, po-

---

185 Roa Suárez, Hernando. (2013). *Reflexiones político-democráticas (II)*. Disponible en: https://www.elespectador.com/opinion/columnistas/hernando-roa-suarez/reflexiones-politico-democraticas-ii-column-451369/

damos emprender estrategias significantes en defensa de los intereses mayoritarios de su ciudadanía.

7.2. *El Estado.* Los análisis empíricos realizados en distintas formaciones sociales (Estados Unidos y Francia, 1929; Colombia, 1930, 1968, 1991, 2008, 2016 y 2021), demuestran que el equilibrio espontáneo, nacido del libre juego de las leyes económicas, no se mantiene por sí mismo; es necesaria la intervención del Estado para institucionalizar la justicia social[186].

Serios estudios realizados sobre Colombia, indican que es conveniente fortalecer el Estado, impulsar la democracia participativa e institucionalizar el desarrollo sostenible.[187]

Es recomendable estar muy atentos al desarrollo del pensamiento de los sectores académicos, políticos, económicos, sociales, culturales y ambientales. Hay que abrir la democracia, con dimensión de profundidad y visión internacional. Regresar a Adam Smith, es volver a un pasado que ha sido superado, teórica y prácticamente.

7.3 Las autoridades educativas están en mora de cristalizar un proyecto que permita organizar *una nueva cultura constitucional; y una nueva pedagogía* que nos facilite conocer y creer en los principios y valores que están consagrados en nuestra Constitución[188].

7.4 Si el *desarrollo sostenible* debe ser el nuevo nombre de la paz, construyámoslo y afiancemos la gobernabilidad democrática[189].

Mientras el modelo de desarrollo implantado en Latinoamérica no enfrente los problemas de injusticia social estructural y de cons-

186 Estúdiese la obra de Keynes: *La teoría general del empleo, el interés y el dinero* y los aportes postkeynesianos. Allí se encuentran las fundamentaciones teórico-prácticas, de esta afirmación.

187 Un ejemplo pedagógico y técnico de ellos, es el texto ya mencionado de Gullermo Perry Rubio.

188 Revísense los aportes en esta materia, en las reflexiones de Humberto Sierra Porto.

189 Véase la información apropiada, sobre los objetivos del *desarrollo sostenible*, en la seria información suministrada por diversos organismos especializados de Naciones Unidas (2010-2024).

trucción de una paz estable y duradera, la gobernabilidad democrática será cada vez más difícil de institucionalizar.

7.5 La *Oficina del Presidente* debe ser organizada, de tal manera, que le permita gobernar con eficiencia y eficacia[190]. Es indispensable que se organice, tecnopolíticamente, el proceso de la toma de las decisiones.

7.6 *A propósito de los líderes políticos* que han influido decisivamente en el curso de la historia de Colombia, no han sido meros buscadores de poder y de prebendas, sino aquellos que, gracias a su formación intelectual, capacidad ética, vocación de cambio, espíritu visionario y posibilidad de realizar lo difícil, han fortalecido las instituciones y facilitado la concreción de la justicia social estructural.

El líder que desvirtúa los fines superiores de la política, acabará como un politiquero; y es claro que en nuestro país existe ya un profundo rechazo a esas prácticas y conductas que han demostrado su ineficiencia e ineficacia en términos históricos.

Hace decenios que amplios sectores de colombianos estamos ahítos de las incompetencias, indelicadezas, corruptelas, abusos de poder, leguleyadas y politiquerías de algunos de los que han accedido a la Presidencia de la República y, en los últimos años, de amplios sectores del Congreso, de las asambleas, de las gobernaciones, de los concejos municipales y de las alcaldías.

7.7 *Líderes políticos ejemplares.* En forma **especialmente condesada**, me ocuparé de presentar ejemplos de líderes políticos colombianos ejemplares: Rafael Uribe Uribe; Alfonso López Pumarejo; Darío Echandía Olaya; Jorge Eliécer Gaitán Ayala; Alberto Lleras Camargo; Carlos Lleras Restrepo y Luis Carlos Galán Sarmiento[191]. El

---

190 Véase el texto del autor y otros. (1997). *La Oficina del Presidente.* Presidencia de la República, Departamento Administrativo de la Función Pública y Escuela Superior de Administración Pública, Bogotá.

191 Para una ampliación contemporánea de estas reseñas, véase del autor: (2024). *El liderazgo político. Análisis de casos.* Sexta Edición. Prólogo: Fernando Carrillo Flórez. Academia Colombiana de Jurisprudencia; Tirant lo Blanch. Bogotá.

estudio de sus vidas y realizaciones nos indican, indubitablemente, que en Colombia, sí hemos tenido líderes políticos y estadistas éticos y que por tanto, vale la pena estudiar y practicar la política, como arte y ciencia.

Rafael Uribe Uribe

7.7.1 *Rafael Uribe Uribe. (1859-1914).* Conocedor del proceso histórico de la Nación, se propuso intencionalmente ser experto en el manejo de la compleja problemática nacional de su tiempo. Su vida se me presenta como un testimonio de valor civil, conciencia crítica y autenticidad. Y este prototipo de ser humano es el que necesita nuestro país, aún ciento diez años después de su muerte.

Rafael Uribe Uribe, fue abogado rosarista; profesor universitario; miembro de la Academia Colombiana de Jurisprudencia; agricultor; guerrero; parlamentario; periodista; diplomático; escritor y ético caudillo liberal.

Con su asesinato, Colombia se privó de una inteligencia superior; un tribuno extraordinario; parlamentario consagrado; internacionalista agudo y eficaz; servidor público ejemplar; líder político ético, con profundo sentido de la justicia social y entrañable amor a nuestro país. Alberto Lleras Camargo, quien lo leyó bien, lo designó como: *"El más intelectual de los caudillos; y el caudillo de los intelectuales."*[192]

192 Nótese que el caudillismo de Uribe Uribe, Gaitán y Galán -que fueron diversos- se caracterizan por ejercer su vocación política, éticamente. Esta circunstancia, los diferencia de la mayoría de los caudillos americanos de los siglos XIX y XX.

Alfonso López Pumarejo

7.7.2 *Alfonso López Pumarejo. (1886-1959).* Fue un líder político liberal con un conocimiento apropiado de los atrasos existentes en nuestra Nación hacia 1930. Con gran habilidad política, fue electo Presidente de la República (1934-38), continuando la República Liberal iniciada por Enrique Olaya Herrera en (1930-34). Fue un líder político empírico; comerciante, banquero, gobernante, conocedor de las desigualdades sociales, y gran reformador social, dotado de especial carisma.

En su primer gobierno, puede sostenerse que Colombia ingresó tardíamente a la modernidad. En este período se realizaron importantes cambios económicos, políticos, sociales y culturales. Así mismo, ejerció el poder combinando la designación de líderes políticos expertos, con jóvenes inteligentes, consagrados y con profunda vocación de poder.

Su primer período presidencial es considerado el más importante de la República Liberal (1930-1946).

Darío Echandía Olaya

7.7.3 *Darío Echandía Olaya (1897-1989).* Siendo un excepcional demócrata, se distinguió por: a).- Su versación en el ordenamiento jurídico-político de nuestro país; b).- Su responsabilidad como líder político liberal-socialdemócrata; c).- El ejercicio de su profunda vocación académica y humanística; d).- La práctica de la ética en el ejercicio de la función pública como Juez, Gobernador del Tolima, Miembro de la Academia Colombiana de Jurisprudencia; Magistrado de la Corte Suprema de Justicia, ministro de Relaciones Exteriores, de Educación y de Justicia; Embajador ante el Vaticano; y Presidente de la República. Él fue uno de los artífices que contribuyó eficazmente, a la inserción de Colombia en *la modernidad.*

Por su vida y obra, Darío Echandía es un ejemplo digno de ser imitado y superado –cambiando las cosas que haya que cambiar- por quienes consideramos que la democracia es la forma de gobierno óptima para organizar políticamente nuestro país, aún en 2024.

Ante la gravedad que significa para la Colombia contemporánea (2024): la magnitud del proceso de la corrupción administrativa y política; el fenómeno paramilitar; la minería ilegal; el narcotráfico; los grupos guerrilleros; las bandas criminales; y el peligro de la desinstitucionalización de nuestra democracia -en el mediano plazo- la vida y obra del Maestro Echandía es un ejemplo para la juventud contemporánea.

Creo que él es el más ilustre abogado, pensador político y estadista rosarista, así como uno de los grandes pensadores político-jurídicos latinoamericanos del siglo XX.

7.7.4 *Jorge Eliécer Gaitán Ayala (1902-1948).* Analizando la historia política de Colombia, Jorge Eliécer Gaitán se me presenta como uno de los más grandes caudillos éticos, del siglo XX en Colombia y América Latina.

Jorge Eliécer Gaitán

Forjador de un nuevo destino y una nueva fe para la base popular, para la base liberal y conservadora de aquel entonces; y también, para importantes sectores de las masas comunistas, aunque tuvo serios distanciamientos con las directivas de este partido. Él es un ejemplo para quien desee triunfar mediante el ejercicio de la inteligencia, la consagración, la juridicidad, el valor y la eticidad.

Jorge Eliécer Gaitán Ayala, fue abogado de la Universidad Nacional de Colombia, doctor del Instituto Ferri de Roma; Parlamentario; Rector de la Universidad Libre de Colombia; Alcalde de Bogotá; Ministro de Educación y del Trabajo, miembro de la Academia Colombiana de Jurisprudencia y caudillo liberal ético.

Nuestra juventud debe saber que existen colombianos cuya vida, obra y vocación vale la pena imitar y superar; que tienen luz propia, saberes y oficios dignos de ser retomados y proyectados. Uno de ellos es Gaitán. Sin embargo, es uno de los grandes desconocidos y se le ha pretendido olvidar y extrañar, aunque algunos políticos "gaitanean".

La vida y obra de Gaitán, son una realización objetiva del valor histórico de sus ideas, de su lucha, de su consagración y de su vocación política[193].

Alberto Lleras Camargo

7.7.5 *Alberto Lleras Camargo (1906-1990).* Escritor, periodista, político e internacionalista. Incisivo analista, y quienes reescriban la historia de Colombia del siglo XX, encontrarán en él a un Presidente ético, que ha merecido el título de *estadista.*

Fue funcionario público ejemplar; dotado de una gran inteligencia; fundador de la Escuela Superior de Administración Pública; de la Revista Semana y gran artífice del Frente Nacional. En este período (1958-74), Colombia recuperó la institucionalidad democrática aunque, con el bipartidismo y la alternación en el poder, se prohibió la participación de nuevas fuerzas políticas.

Con su conciencia crítica, Carlos Lleras Restrepo sostuvo: "Fue un hombre probo, que cambió el destino de la Patria".

Teniendo en cuenta el contexto -nacional e internacional- en que realizó su labor, serios historiadores del siglo XX, lo consideran uno de los estadistas latinoamericanos del siglo. Su aporte internacional más importante fue la consolidación de la Organización de los Estados Americanos (OEA) y la fundación de la Flota Mercante Grancolombiana...

---

193 De una gran utilidad resulta estudiar el contenido de sus discursos; defensas penales; y aportes a la Comisión de Reforma de los Códigos sustantivo y procedimental, penales.

Carlos Lleras Restrepo

7.7.6 *Carlos Lleras Restrepo (1908-1994).* Abogado de la Universidad Nacional de Colombia. Economista autodidacta. Periodista, Parlamentario, Ministro de Hacienda, Miembro de la Academia Colombiana de Jurisprudencia; político y estadista latinoamericano. Desde temprana edad, desarrolló su profunda vocación política, ocupando importantes cargos públicos con gran eficiencia y combinándolos con el ejercicio del periodismo crítico.

Como político liberal progresista, tuvo que desempeñarse a fondo en la época de la violencia liberal-conservadora. Por su vocación y lucha política, mereció ser electo Presidente de la República para el período 1966-70, en el tercer gobierno del Frente Nacional.

El estudio cuidadoso de su gobierno, me permite sostener que, teniendo como punto de partida las Reformas adelantadas en 1936, por el Presidente López Pumarejo, adelantó, con su Reforma de 1968, la más profunda y consistente llevada a cabo en Colombia, durante el siglo XX.

Como un merecido reconocimiento a su labor, y con ocasión de su centenario, la Esap editó seis tomos de sus Obras Escogidas en la Imprenta Nacional.

Dotado de gran inteligencia y consagración al trabajo, no olvidemos que su labor internacional fue significante en el proceso que culminó con la institucionalización de la CEPAL, especialmente en unión del economista Raúl Prebisch. Así mismo, su trabajo fue clave para organizar el Grupo Andino en unión de Eduardo Frei Montalva (Chile) y Rafael Caldera (Venezuela).

Por su labor como gobernante ético y formación integral, hace parte de los más importantes estadistas latinoamericanos del siglo XX. Recordemos: si América Latina no promueve y fortalece sus organizaciones regionales (CEPAL, OEA, Unasur, Mercosur...) su poder dentro del contexto mundial, tenderá a cero, con las consecuencias que de allí se derivan.

Luis Carlos Galán

7.7.7 *Luis Carlos Galán (1943-1989).* Galán fue un abogado javeriano, líder social demócrata progresista e inconforme que, en su trabajo político, no preconiza la violencia ni la lucha de clases. Actuó frente a una sociedad que, en los últimos cuarenta años, ha tenido transformaciones sustanciales, evolucionando de una configuración mayoritariamente rural, hacia una principalmente urbana.

Sostuvo que la política de paz debería ser integral; con componentes políticos, económicos y militares que condujeran al *dominio del territorio por parte del Estado*, para el ejercicio de la autoridad administrativa, judicial y policial.

Fue un demócrata, poseído de una profunda vocación de triunfo y empeñado en ennoblecer la más bella de las vocaciones: la política, cuando se ejerce éticamente.

Al estudiar su Programa de Gobierno[194], puede observarse nítidamente que sus proyectos macroeconómicos, sociales e internacionales no fueron llevados a cabo por el Presidente Gaviria. Este Gobierno (1990-94) fue protagonista sistemático del *modelo neoliberal* que era opuesto al proyecto socialdemócrata moderno, impulsado por Galán y social-demócratas occidentales, como Felipe González, por ejemplo.

Su asesinato, dirigido especialmente por los narcotraficantes Pablo Escobar; Rodríguez Gacha y sus aliados; algunos políticos corruptos y condenados; y el Ex Director del DAS Masa Márquez. Fue uno de los más duros golpes asestados al desarrollo de la democracia colombiana del siglo XX.

7.8 *Sobre los estadistas.* Parte fundamental de estas conclusiones son mis reflexiones a propósito de los estadistas. Con ellas deseo hacer explícita mi comprensión teórica-práctica, sobre los estadistas demócratas que necesitamos los colombianos para los próximos decenios.

---

194 Véase del autor: (2014). *Luis Carlos Galán. Un demócrata comprometido.* Segunda Ed. Javeriana - Ibáñez. Bogotá, pp. 174-198; 233-248; 254-263; y 355-395.

7.8.1 Los colombianos queremos presidentes **civilistas**, respetuosos de los derechos humanos y del fuero de los militares; que ejerzan legítimamente como Comandantes en Jefe de las Fuerzas Armadas, como corresponde a un régimen presidencial democrático.

7.8.2 Que conozcan el funcionamiento complementario de **las tres ramas del poder público** y que, consecuentes con las tendencias del último decenio en América Latina y el mundo, gobiernen organizando estructuralmente el sistema de pesos y contrapesos; impidan la concentración del poder en el ejecutivo; y que se realicen artimañas, argucias e interceptaciones, contra la respetabilidad de los magistrados de nuestras Cortes.

7.8.3 Confiamos tener Jefes de Estado que sean **capaces de conducir y definir los procesos de paz**, no solo con la acción represiva, sino mediante acuerdos políticos y la definición de *políticas públicas* encaminadas a enfrentar las causas de la inequidad e injusticia social[195].

7.8.4 Esperamos tener **presidentes que fortalezcan las relaciones de Colombia con el resto del mundo**, y con los latinoamericanos; y que sepan ampliar nuestros mercados promoviendo las exportaciones, aprovechando las excepcionales riquezas nacionales, incluyendo la industria y el conocimiento. Así mismo, que promuevan alternativas actualizadas para fortalecer nuestras zonas fronterizas.

7.8.5 Queremos **Jefes de Estado que estén dispuestos a articular la ciencia, la tecnología, el arte, la cultura, la innovación**, y que comprendan el gran poder que ellas tienen como fuerzas dinamizadoras de nuestra sociedad.

7.8.6 Necesitamos **estadistas que, preservando la libertad de prensa**, agencien una política con los medios de comunicación, de tal manera que, estando abiertos a los avances del mundo, profundicen los valores nacionales con conciencia latinoamericana e impulsen nuestra

---

195 Véase el Acuerdo firmado entre las FARC-EP y el Estado colombiano. (Gobierno Santos, 2016).

identidad múltiple, como Nación progresista, equitativa, multiétnica y pluricultural.

7.8.7 Los demócratas colombianos –con positiva conciencia política– sugerimos adelantar, bajo la dirección de los presidentes, ***diálogos* entre diversos partidos y movimientos** que faciliten concretar políticas en torno a: la reducción de la pobreza y la miseria, con un enfoque de equidad; la implementación del proceso de paz; la defensa de la democracia y del Estado Social de Derecho; el impulso a las reformas de la salud, la educación y la laboral; la erradicación de la corrupción y la politiquería; la reconstrucción de la ética ciudadana; la preparación para enfrentar el cambio climático; la recuperación del desarrollo económico mundial; la amenaza del proteccionismo en el comercio internacional; la lucha mundial contra el narcotráfico, la minería ilegal, el paramilitarismo; así como el respeto a los derechos humanos[196].

Cuando un líder político democrático, gobierna con el conocimiento teórico-práctico, de estos parámetros, es reconocido como un estadista.

7.8.8 Impulsadores y constructores de paz. Según nuestra Constitución: "***La paz es un derecho y un deber de obligatorio cumplimiento***".

La comprensión de las características de la complejidad de la guerra contemporánea en Colombia (2018-2024), es de vital importancia para la conservación de la democracia.

Nótese que en el intervalo (2018-2022), faltó voluntad política[197] para cristalizar la implementación del Acuerdo de Paz, firmado en el Teatro Colón[198] (2016).

---

196 Para una ampliación de las características que deben tener los futuros estadistas colombianos, véase la columna del autor: *Necesitamos un Presidente estadista*. En: El Espectador. Opinión. Marzo 23 de 2010; y el magnífico texto de Uniandinos: DESIGUALDAD COLOMBIA, pp. 311-555.

197 Véase el artículo del autor: *Cibernética y política*. En: Revista de la Academia Colombiana de Jurisprudencia. No. 373. DGP. Editores. Bogotá, pp. 357-381.

198 Estúdiense los Informes de Naciones Unidas y la Unión Europea al respecto, en el intervalo 2006-2023.

7.8.9 Como constructores de paz, vale la pena batallar por la **institucionalización de la justicia social y de la equidad**, fundadas en los designios superiores de los presupuestos democráticos constitucionales.

7.8.10 Ante los desafíos que nos presenta la complejidad de la realidad, es necesario **contar con promotores de una nueva cultura política,** en torno a temas como la democratización, la regionalización, la planeación democrática participativa, la descentralización y la implementación de la paz en Colombia[199].

7.8.11 El destino de Colombia debe encausarse por los caminos de la democracia participativa –con componentes socialdemócratas– **que nos permitan enfrentar creativamente la injusticia social, la inequidad y las distintas manifestaciones de violencias[200].**

7.8.12 Ser *constructores de paz*, consiste en que esta sea una tarea prioritaria para nuestros futuros estadistas y la mayoría de la ciudadanía.

7.9 ***Los medios de comunicación y las redes sociales***, deben desempeñar -preservando los preceptos constitucionales- un papel fundamental para contribuir, eficaz y eficientemente, a la cristalización de la Paz.

7.10 ***El modelo económico***. ¿Será cierto que es mediante *la concreción de postulados postkeynesianos y socialdemócratas*, aplicados con flexibilidad -según las condiciones latinoamericanas (2024)- que se deben trazar las nuevas orientaciones macroeconómicas?

Los demócratas estamos invitados a impulsar la construcción de un modelo que haga compatible el desarrollo integral con la gobernabilidad democrática. La lógica jurídica nos indica que, enfrentar la pobreza y la inequidad, debe hacerse viable con la organización y la cristalización de una democracia integral y un procesos de desarrollo sostenible[201].

---

199 Revísese el texto del autor: "A propósito de la gobernabilidad democrática y la paz" inserto en estos ensayos (Capítulo V).

200 Es sabido por estadísticas internacionales confiables, que Colombia es uno de los países más inequitativos del contexto iberoamericano y del mundo.

201 Véase el texto de Uniandinos (2023), atrás citado

7.11 *Sobre la Administración pública.*

7.11.1 La Escuela Superior de Administración Pública de Colombia (ESAP), es una institución de educación superior integrada por educandos, educadores, investiogadores, egresados y personal administrativo, que están en función permanente de innovar y orientar la vida social, en el campo específico de la administración pública.

Gracias a cuarenta años de aportes del Estado colombiano (1958-1998) la ESAP fue reconocida internacionalmente (Cartagena, 1998), como una de las tres escuelas iberoamericanas más importantes en su género.

7.11.2 La Escuela de Alto Gobierno (E.A.G.) es una institución que, estando adscrita a la Esap, tiene como objetivo el estudio sistemático del Estado y la formación -al más alto nivel ducativo- de los funcionarios al servicio del Estado.

7.11.3 La administración pública y los nuevos administradores públicos y estadistas, tendrán sentido histórico en Latinoamérica, en la medida en que contribuyan a *formar nuevos políticos; nuevos administradores públicos; y nuevos estadistas.*

7.11.4 La transparencia, eficiencia y eficacia futuras de las administraciones públicas latinoamericanas, estarán en función directa de la consolidación institucional de las Escuelas e Institutos de Administración Pública; y de las Escuelas de Alto Gobierno.

7.11.5 Es de esperarse que, a partir de 2026, los gobiernos estén atentos para **fortalecer los procesos formativos, investigativos y de extensión interactivos, de las Escuelas de Alto Gobierno latinoamericana**[202].

7.11.6 ***Servir con calidad***, en el interior de las organizaciones estatales, es tener sentido de la historia; saber que se están adminis-

---

202 El desvirtuar la misión y la visión de la Escuela de Administración Pública y de la Escuela de Alto Gobierno, en el intervalo 1998-2024, ha sido contraproducente para la formación de burócratas; de líderes políticos democráticos; y de estadistas; así como de investigadores consagrados a la problemática pública.

trando bienes públicos y que se está trabajando con personas, no con objetos intercambiables y desechables.

7.12 ***Sobre la planeación.***

7.12.1 Conceptualización. Pensar, planear y actuar con eficiencia y eficacia históricas en Latinoamérica, orienta la labor creativa de las consciencias críticas contemporáneas.

7.12.2 La planeación económica puede entenderse como un medio de subordinar las leyes económicas y el desarrollo social, a la acción de la voluntad humana. En términos contemporáneos debe ser: participativa, concertada e integral.

7.12.3 El Departamento Nacional de Planeación (DNP) debe ser fortalecido y reestructurado para que cumpla su decisivo papel institucional de manejo óptimo de los grandes proyectos nacionales. Esta institución debe recuperar su papel eminentemente tecno-político203.

7.12.4 La intervención del Estado. Los análisis empíricos realizados en distintas formaciones sociales (Estados Unidos y Francia, 1929; Colombia, 1930, 1968, 1991, 2008, 2016, 2021), demuestran que el equilibrio espontáneo, nacido del libre juego de las leyes económicas, no se mantiene por él mismo; es necesaria la intervención del Estado para institucionalizar la justicia social y el desarrollo sostenible.

7.13. ***En gran síntesis:*** Necesitamos formar nuevos liderazgos políticos y estadistas, para construir una sociedad democrática real, participante activa, *justa* (con estructuras que organicen la equidad ante el poder); *pacífica* (con ausencia de violencia abierta, estructural y cultural); *libre* (sin sometimiento a potencia mundial alguna e interrelacionada con todas las naciones); *con conciencia latinoamericana* (en lo político, económico, social, ambiental, cultural, ecológico y antropológico); y con posibilidad de organizar un proceso de *desarrollo sostenible*[203].

203 La utilización cuidadosa de las bibliografías *generales y especiales*, insertas en los ensayos, permiten ampliar y complementar -de manera pluralista- los planteamientos aquí consagrados y facilita la formulación de *nuevas reflexiones, cuestionamientos, investigaciones, ensayos y tesis de grado.*

VIII. Bibliografía general

ACADEMIA COLOMBIANA DE JURISPRUDENCIA. (1997). *Declaración sobre la paz*. Revista de la Academia Colombiana de la Jurisprudencia. Bogotá.

ACADEMIA COLOMBIANA DE JURISPRUDENCIA. (2002). *El referendo constitucional. Aspectos críticos*. Bogotá.

ACADEMIA COLOMBIANA DE JURISPRUDENCIA. (2023). *La Academia Colombiana de Jurisprudencia insiste en su llamamiento a un diálogo creador*. Revista de la Academia Colombiana de Jurisprudencia, Núm. 377.

ADORNO, T. W. y otros. (1982). *La personalidad autoritaria*. Proyección. Buenos Aires.

AGHÓN, Gabriel. (2001). *Desarrollo económico y descentralización en América Latina: análisis comparativo*. CEPAL–GTZ Santiago de Chile.

ALARCÓN PALACIO, Yadira. (2020*). La autonomía de la voluntad privada en las relaciones familiares en el desarrollo del nuevo orden constitucional*. Revista de la Academia Colombiana de Jurisprudencia, Núm. 372.

APEL, Karl-Otto y otros (1990). *Ética comunicativa y democracia*. Crítica. Barcelona.

ARENDT, Hannah (1963). *On revolution*. Viking Press. New York.

ATEHORTÚA, Carlos Alberto; GONZÁLEZ Salas, Edgar; ROJAS, Fernando y otros. (1992). *Estado y nuevo régimen municipal*. FESCOL-CEREC. Bogotá.

BEJARANO, Ana. (1994). *Recuperar el Estado para fortalecer la democracia*. En: Análisis político, nº 22, Bogotá.

BEJARANO, Jesús Antonio (1995). *Una agenda para la paz: aproximaciones desde la teoría de la resolución de conflictos*. Tercer Mundo Editores, Bogotá.

BELIZ, Gustavo. (1994). *La reinvención del Estado: transparencia y eficacia social rumbo al tercer milenio*, México, ILPES. IIAP.

BENJAMIN, Walter (1974). *L'Homme, le langage et la culture: essais*. Denoel Gonthier. París.

BOBBIO, Norberto. (1985). *El futuro de la democracia*. Plaza y Janés. Madrid.

BOBBIO, Norberto. (1986). *Liberalismo y democracia*, FCE, México.

BORRERO, Alfonso, GUILLERMO, Páramo, HERNANDO, Roa y otros (1986). *Reflexiones universitarias*. Presencia. Bogotá.

BOTERO, Darío, (2000) *Revista Politeia*, Nº. 1-26, Universidad Nacional, Facultad de Derecho, Bogotá.

CABALLERO, Antonio (2006). "*Legado de verdades de un señor periodista*". En: elespectador.com, 17 de diciembre. elespectador.com.

CARRIZOSA, Julio. (1985). *Racionalidad ecológica y racionalidad económica en la planificación del uso de los recursos naturales*, VIII Congreso Nacional de Planificación, Santa Fe de Bogotá.

CENTRO LATINOAMERICANO DE ADMINISTRACIÓN PARA EL DESARROLLO. (1994). *Reforma y democracia*, nº 2, CLAD, Caracas.

CEPAL (1994). *Panorama social*, Naciones Unidas, Santiago.

CEPEDA, ULLOA, Fernando. (1994). *Descentralización y gobernabilidad*, ESAP Publicaciones, Santa Fe de Bogotá.

CHAPARRO, Fernando. (1999). *"De la sociedad de la información a la sociedad del conocimiento"*. En: ¿Para dónde va Colombia? Tercer Mundo-Colciencias. Bogotá.

COMISIÓN DE DERECHOS HUMANOS DE NACIONES UNIDAS. (2005). *Informe de la Alta Comisionada de las Naciones Unidas para los Derechos Humanos sobre la situación de los derechos humanos en Colombia*. Documento E/Cn.4/2005/10. Bogotá.

CRUZ DE QUIÑONES, Lucy. (2021). *La estética en la Academia Colombiana de Jurisprudencia*. Revista de la Academia Colombiana de Jurisprudencia, Núm. 374.

DEPARTAMENTO NACIONAL DE PLANEACIÓN. (1998-2024). *Revista de planeación y desarrollo*, DNP, Santa Fe de Bogotá.

DEUTSCH, K.W. (1976). *Política y gobierno*, FCE, México.

DROR, Yehezkel. (1994). *La capacidad de gobernar*. Cartagena de Indias, Club de Roma, Círculo de Lectores.

DUZÁN, María Jimena (2012). *Crónicas que matan*. Aguilar. Bogotá.

FROMM, Erich (1962). *El miedo a la libertad*. Paidós. Buenos Aires.

GARCÍA MÁRQUEZ, Gabriel. (2009). *Noticia de un secuestro*. Norma. Bogotá.

GARCÍA MATAMOROS, Laura. (2020). *El impacto de la Covid-19 en las mujeres: algunas reflexiones desde el derecho internacional*. Revista de la Academia Colombiana de Jurisprudencia. Núm. 372.

GARCÍA, Mauricio. (2005). *"Democracia y Estado Social de Derecho"*. En: *La reforma política del Estado en Colombia*. Cerec-Fescol. Bogotá.

GAVIRIA LIÉVANO, Jorge. (2020). *Enrique Gaviria Liévano: una vida, un esfuerzo y la forja de una perdurable obra académica*. Revista de la Academia Colombiana de Jurisprudencia, Núm. 372.

GÓMEZ BUENDÍA, Hernando. (C.) (1999). *¿Para dónde va Colombia?*. Tercer Mundo – COLCIENCIAS, Santa Fe de Bogotá.

GÓMEZ BUENDÍA, Hernando. (C.) (2023). *Colombia, desde la independencia hasta la pandemia*. Rey Naranjo editores, Bogotá.

GONZÁLEZ CASANOVA, Pablo, (coord.), (1990). *El Estado en América Latina. Teoría y práctica*, Siglo XXI. México D. F.

GONZÁLEZ CASANOVA, Pablo. (Coord.). (1990). *El Estado en América Latina. Teoría y práctica*, Siglo XXI, México.

GONZÁLEZ SALAS, Edgar. (1991). *La experiencia reciente sobre descentralización en Colombia en los sectores de salud y educación*. Taller Colombo-venezolano sobre descentralización, La Guaira, Programa FAUS/ILDIS.

GONZÁLEZ SALAS, Edgar. (1997). *El laberinto institucional colombiano. 1974-94. Fundamentos de administración pública*. UNAL-FESCOL-ESAP. Bogotá.

GUERRERO, Omar. (1995). *Ingobernabilidad: disfunción y quebranto estructural*. En: *Reforma y democracia*. Revista del CLAD, Caracas, nº 3.

HOYOS, Guillermo. (2002). *"Nuevas relaciones entre la universidad, el Estado y la sociedad"*. En: *Educación superior. Sociedad e Investigación*. Colciencias-ASCUN. Servigraphic. Bogotá.

INSTITUTO DE ESTUDIOS INTERNACIONALES (IEPRI). (1990-2024). *Revista Análisis Político*. Universidad Nacional de Colombia. Bogotá.

INSTITUTO DE ESTUDIOS INTERNACIONALES. (1990-1994). *Revista análisis político*. Universidad Nacional de Colombia, Santa Fe de Bogotá.

JARAMILLO Uribe, Jaime. (1970). *Antología del pensamiento político colombiano*. 2 vols. Banco de la República, Bogotá.

KEYNES, Jhon Maynard (2011). *The general theory of employment interest and money*. Martino Publishing. Mansfield.

KUHN, Tomas (1971). *La estructura de las revoluciones científicas*. F.C.E., México.

LEAL BUITRAGO, Francisco (2006). *En la ENCRUCIJADA*. Norma. Bogotá.

LEAL, Francisco y TOKATLIAN, Juan. (1994). *Orden mundial y seguridad: nuevos desafíos para Colombia y América Latina*, Tercer Mundo - IEPRI, Santa Fe de Bogotá.

LEAL, Francisco. (1996). *Tras las huellas de la crisis política*, FESCOL-IEPRI–Tercer Mundo Editores, Santa Fe de Bogotá.

LOCKE, Jhon (1821). *Tratado del gobierno civil*. Imprenta de la Minerva española. Madrid.

LLERAS, Alberto, (1987). *Obras selectas*. Biblioteca de la Presidencia de la República. 5 tomos. Bogotá.

LLERAS, Alberto. (1987). *Obras selectas*. URIBE URIBE. Biblioteca de la Presidencia de la República. T. IV. Bogotá.

LORENZETTI, Ricardo Luis. (2022). *El sistema jurídico en el siglo XXI*. Revista de la Academia Colombiana de Jurisprudencia, Núm. 376.

MARTÍNEZ, María Mercedes. (1988). *Asociación intergubernamental para el desarrollo*, DNP, Bogotá.

MATURANA, Humberto (1994). *La Democracia es una Obra de Arte.* Cooperativa del Magisterio. Bogotá.

MELO, Jorge Orlando (1991). *"Algunas consideraciones globales sobre modernidad y modernización"*. En: Colombia: el despertar de la modernidad. Foro Nacional por Colombia. Bogotá.

MICHELS, Robert. (1979). *Los partidos políticos,* Amorrortu, Buenos Aires. 2 tomos.

MINISTERIO PARA LAS ADMINISTRACIONES PÚBLICAS (ed.). (1991). *Jornadas para la modernización de las administraciones públicas,* Cuenca, Madrid.

MINISTERIO PARA LAS ADMINISTRACIONES PÚBLICAS. (1992). *Plan de modernización de la administración del Estado,* MAP, Madrid.

MISIÓN SIGLO XXI. (1994). *La violencia urbana en Colombia: Evidencia empírica y propuestas de política,* Santa Fe de Bogotá.

MOLINA TORRES, José Antonio. (2023). *Acerca del poder.* Revista de la Academia Colombiana de Jurisprudencia, Núm. 377.

MOLINA, Gerardo. (1980). *Las ideas liberales en Colombia (1915-1934); (1935-1958),* vols. 1 y 2, Tercer Mundo, Bogotá.

MORALES, Otto. (1987). *Liberalismo destino de la patria.* Plaza & Janés, Bogotá.

MORENO ORTIZ, Luis Javier. (2020*). La ética en la práctica de la profesión de abogado.* Revista de la Academia Colombiana de Jurisprudencia, Núm. 371.

MORÍN, Edgar (2003). *Unir los conocimientos.* Plural Editores. La Paz.

OCAMPO, José Antonio. (2004). "Economía y democracia". En PNUD. 2004b. *La democracia en América Latina. Hacia una democracia de ciudadanas y ciudadanos. Contribuciones para el debate.* Aguilar y otros. Nueva York.

OSBORN, David e Te GAEBLER. (1994). *Reinventando o governo.* ENAP, Brasilia.

PALACIOS, MARCO. (1995). *Entre la legitimidad y la violencia. Colombia 1875-1994,* Norma, Santa Fe de Bogotá.

PARDO GARCÍA-PEÑA, Rodrigo. (2006). *"Un país problema en un mundo intervencionista".* En: *En la ENCRUCIJADA.* Norma. Bogotá.

PARDO RUEDA, Rafael. (1986). *Política regional del gobierno de Belisario Betancur.* En: *Revista Economía Colombiana,* nº 182, Santa Fe de Bogotá.

PARDO, Rodrigo, PARDO, Diana, et. al. (1997). *Relaciones internacionales. La internacionalización del proceso de paz colombiano.* Primer informe. La paz es rentable. DNP, Bogotá.

PECAULT, Daniel. (1987). *Orden y violencia en Colombia,* 2 vols., CEREC–Siglo XXI, Santa Fe de Bogotá.

PÉREZ GARCÍA, Miguel. (2023). *La tercerización. Mitos y realidades*. Revista de la Academia Colombiana de Jurisprudencia, Núm. 377.

PIZARRO LEONGÓMEZ, Eduardo. (2004). *Una democracia asediada. Balance y perspectivas del conflicto armado en Colombia*. Editorial Norma. Bogotá.

PNUD (2015). *Misión calidad para la equidad. Educación para el desarrollo humano*. Alfredo Sarmiento Gómez. Director Misión Calidad para la Equidad. PNUD. Editorial Scripto S.A.S. Bogotá.

RADKAU, Joachim (2011). *Max Weber. La pasión del pensamiento*. FCE. México D.F.

RAWLS, Jhon. (1986). *Justicia como equidad*. Taurus. Madrid.

RESTREPO MEDINA, Manuel Alberto. (2021). Comentarios sobre el P. L. Orgánica 183 de 2021, Senado-486 de 2020, Cámara "Por el cual se dictan normas tendientes a modernizar la organización y el funcionamiento de los departamentos". Revista de la Academia Colombiana de Jurisprudencia, Núm. 374.

RESTREPO SALAZAR, Juan Camilo. (2022). *Tributos y regla fiscal*. Revista de la Academia Colombiana de Jurisprudencia, Núm. 376.

RESTREPO, Darío I. (2005). *"Contribución de la descentralización a la superación de la crisis económica y política"*. En: *La reforma política del Estado en Colombia*. Cerec-Fescol. Bogotá.

REYES, Alejandro, et. al. (1997). *El problema agrario y la paz. Informe de progreso. La paz es rentable*. Universidad Nacional, Santa Fe de Bogotá.

ROA SUÁREZ, Hernando. (1997). *La reforma del Estado y la gobernabilidad*, Editora Guadalupe, Bogotá.

ROA SUÁREZ, Hernando y Johan GALTUNG. (1998). *¿Cómo construir la paz en Colombia?*, ESAP Publicaciones, Bogotá.

ROA SUÁREZ, Hernando y otros. (1998). *¿Es posible la paz en Colombia?*, ESAP Publicaciones. Bogotá.

ROA SUÁREZ, Hernando. (1999). *Estado y gobernabilidad*. FESCOL-GTZ Bogotá.

ROA SUÁREZ, Hernando. (2000). *A propósito del proceso de paz en Colombia. Reflexiones y alternativas*. En: Revista de la Universidad de la Salle, nº 30, Bogotá.

ROA SUÁREZ, Hernando. (2011). *La gobernabilidad, hoy*. Javeriana-Ibáñez. Bogotá.

ROA SUÁREZ, Hernando. (2012). *Colombia política. Ensayos y escritos*. Javeriana-Ibáñez. Bogotá.

ROA SUÁREZ, Hernando. (2017). *Darío Echandía Olaya. Colombiano ejemplar*. Academia Colombiana de Jurisprudencia. Panamericana.

ROA SUÁREZ, Hernando. (2020). *Gobernabilidad, descentralización y nuevos tipos de gobierno. Reflexiones.* Revista de la Academia Colombiana de Jurisprudencia. Núm. 372.

ROA SUÁREZ, Hernando. (2020). L*a política: arte y ciencia. Aplicaciones a Colombia.* Academia Colombiana de Jurisprudencia, Presentación: Eduardo Cifuentes Muñoz. DGP Editores. Bogotá.

ROA SUÁREZ, Hernando. (2021). *Cibernética y política. Una aproximación.* Revista de la Academia Colombiana de Jurisprudencia. DGP Editores. Bogotá.

ROA SUÁREZ, Hernando. (2021). *Periodismo para la democracia. 50 años de periodismo de opinión.* Presentación: Augusto Trujillo Muñoz y Fernando Carrillo Flórez. Revista de la Academia Colombiana de Jurisprudencia, Núm. 373.

ROA SUÁREZ, Hernando. (2021). *Reflexiones político-jurídicas.* Revista de la Academia Colombiana de Jurisprudencia, Núm. 374.

ROA SUÁREZ, Hernando. (2022). *La política: arte y ciencia. Aplicaciones a Colombia.* Revista de la Academia Colombiana de Jurisprudencia, Núm. 375.

ROA SUÁREZ, Hernando. (2023). *A propósito de la gobernabilidad democrática y la paz. El caso colombiano: cuestiones teórico-prácticas.* Revista de la Academia Colombiana de Jurisprudencia, Núm. 378.

ROA SUÁREZ, Hernando. (2023). *Construir democracia. 50 años de periodismo de opinión.* 3 tomos. Prólogo: Alfredo Sarmiento Gómez. Academia Colombiana de Jurisprudencia - Tirant lo Blanch. Bogotá.

ROA SUÁREZ, Hernando. (2024). *Leer, escribir y pensar.* Presentación: Augusto Trujillo Muñoz. Academia Colombiana de Jurisprudencia - Tirant lo Blanch. Bogotá.

ROA SUÁREZ, Hernando. (2024). *El liderazgo político. Análisis de casos.* 6ta. Ed. Prólogo: Fernando Carrillo Flórez. Academia Colombiana de Jurisprudencia - Tirant lo Blanch. Bogotá.

ROCHA OCHOA, Cesáreo. (2020). *En memoria de Marco Gerardo Monroy.* Revista de la Academia Colombiana de Jurisprudencia. Núm. 372.

ROCHA, Cesáreo. (2017). *¿Se ha esfumado la ética en Colombia?.* Revista de la Academia Colombiana de Jurisprudencia, No. 365.

RODRÍGUEZ BECERRA, Manuel (2009). *Cambio climático: lo que está en juego.* Dupligráficas. Bogotá.

ROJAS, Fernando y otros, (1990*). "Tendencias reorgánicas del Estado colombiano contemporáneo"*, en: *¿Hacia un nuevo orden estatal en América Latina?: Democratización/modernización y actores sociopolíticos,* CLACSO. Buenos Aires.

SÁNCHEZ HUERTAS, Luis Fernando. (2019). *La ciberpolítica como nueva lógica de hacer política*. Revista de la Academia Colombiana de Jurisprudencia, Vol. I., No. 370.

SÁNCHEZ LUQUE, Guillermo. (2022). *Derecho administrativo de la libertad: transformaciones del "derecho de los servicios públicos" y subsidiariedad de las "prerrogativas de poder público"*. Revista de la Academia Colombiana de Jurisprudencia, Núm. 375.

SÁNCHEZ TORRES, Carlos. (2020). *Control político en tiempos de pandemia*. Revista de la Academia Colombiana de Jurisprudencia, Núm. 371.

SANTOS CALDERÓN, Enrique. (2018). *El país que me tocó*. Penguin Random House Group. Bogotá.

SARMIENTO, Eduardo. (1994). *Reforma y modernización del Estado: la experiencia de Colombia*, ILPES. IIAP, México.

SERPA, Horacio. (1997). *Descentralización, democracia y participación local*. ESAP Publicaciones, Bogotá.

SIERRA PORTO, Humberto Antonio. (2010). *C-141. M.P.* (2023*). La operatividad del control de convencionalidad en el ordenamiento colombiano: criterios de incorporación del DIH interamericano en el ordenamiento constitucional colombiano*. Revista de la Academia Colombiana de Jurisprudencia, Núm. 378.

SUNKEL, Oswaldo. (1992). *La consolidación de la democracia y del desarrollo de Chile*, en: Revista de la CEPAL nº 47, Santiago.

TIRADO MEJÍA, Álvaro. (1983). *Descentralización y centralismo en Colombia*, serie Controversia nº 107- 108, CINEP, Bogotá.

TRUJILLO MUÑOZ, Augusto; MOLINA BETANCUR, Carlos Mario; MORENO ORTIZ, Luis Javier (Ed. Académicos). (2021). *HISTORIA CONSTITUCIONAL DE COLOMBIA*. 2 Tomos. Tirant Lo Blanch – Tratados. Academia Colombiana de Jurisprudencia. Bogotá.

UNGAR, Elizabeth (1993). *Gobernabilidad en Colombia: retos y desafíos*. Uniandes. Tercer Mundo. Bogotá.

UPRIMNY, Rodrigo. (1997). *Administración de justicia, sistema político y democracia*. En: *Justicia y sistema político*, IEPRI-FESCOL, Santa Fe de Bogotá.

VALDÉS SÁNCHEZ, Germán Gonzalo. (2020). *La nueva estructura de pensamiento en lo laboral*. Revista de la Academia Colombiana de Jurisprudencia, Núm. 372.

VARGAS, Alejo. (1999). *Notas sobre el Estado y las políticas públicas*. Almeida Editores, Bogotá.

VENEGAS FRANCO, Alejandro. (2021). *La reforma constitucional de 1910 y la reconstrucción del Estado de derecho en Colombia*. Revista de la Academia Colombiana de Jurisprudencia, Núm. 374.

VERGARA, Carlos. (1993). *Políticas sociales y gobernabilidad democrática*. En: *Investigación en política social: propuestas para una agenda futura*. Ottawa, CIID.

VIDAL PERDOMO, Jaime (2005). *Derecho constitucional general e instituciones políticas colombianas*. 9ª Ed. Legis. Bogotá.

VILA CASADO, Iván. (2021). *Santander: De héroe en los campos de batalla a forjador del Estado de derecho.* Revista de la Academia Colombiana de Jurisprudencia, Núm. 373.

VILLARRAGA SARMIENTO, *Álvaro. (Comp. y Ed.). (2008-2013). Biblioteca de la paz.* 9 tomos. Fundación Cultura Democrática. Bogotá.

WALDMANN, Peter (2007). *Guerra civil, terrorismo y anomia social. El caso colombiano en un contexto globalizado.* Norma. Bogotá.

WALLERSTEIN, Inmanuel (1996). *Abrir las ciencias sociales.* UNAM – Siglo XXI. México.

WEBER, MAX. (1969) Economía y sociedad. FCE. México, D.F.

WEBER, MAX. (1973). *Ensayos sobre metodología sociológica.* Amorrortu, Buenos Aires.

WEBER, Max. (1974). *Sobre la teoría de las ciencias sociales.* Península. Barcelona.

WIESNER, Eduardo. (1995) *La profundización de la descentralización y la eficiencia del gasto social en Colombia*. Bogotá.

YOUNES, Diego (1998). *Las reformas del Estado y de la Administración Pública en el siglo XX*. Temis. Bogotá

ZAMBRANO CETINA, William. (2020). *Deberes solidarios y control social en tiempos de pandemia.* Revista de la Academia Colombiana de Jurisprudencia, Núm. 371.

ZORRO, Carlos, (ed.). (1998). *La investigación en administración pública, hoy.* Imprenta Nacional, Santa Fe de Bogotá.

IX. Biografía intelectual del autor

Hernando Roa Suárez, natural de Bogotá, es abogado especializado en socioeconomía y derecho laboral de la Pontificia Universidad Javeriana. Especialista en ciencia política y alta dirección del Estado. Magíster en desarrollo económico de América Latina. Miembro de Número de la Academia Colombiana de Jurisprudencia.

1. Profesor universitario

Ha sido profesor titular en la Escuela Superior de Administración Pública (ESAP), y en las Universidades Javeriana, Nacional, Andes, Externado, Rosario, Santo Tomás, Cartagena, Del Norte, La Salle, Pedagógica Nacional, Del Valle, Medellín, Central, Nariño, Escuela Superior de Guerra - Curso de Altos Estudios Militares (CAEM), Escuela Diplomática de Colombia. Ministerio de Relaciones Exteriores. Instituto Nacional de Administración Pública (INAP-México), Carlos III (Madrid)...1964-2024). Profesor *Honorario* de la Escuela Superior de Administración Pública y de la Universidad de Guanajuato.

2. Lecciones inaugurales

Fueron impartidas en las Maestrías en: Administración Pública. Instituto Nacional de Administración Pública (INAP). México D.F. (1998). Tema: "Estado y gobernabilidad. El caso colombiano". Gobernabilidad y Democracia. Universidad Santo Tomás -Facultad de Derecho. Bogotá (2010). Tema: "Política, Estado, Gobernabilidad y Democracia. Aplicaciones a Colombia"; y Facultad de Comunicación Social para la Paz. Tema: "Nuestra Constitución y la construcción de la Paz" 2015. Bogotá

3. Cátedras de grado

"El liderazgo del maestro y la construcción de la paz". (2007). ESAP. Bogotá. "A propósito del Estado y la gobernabilidad contemporáneos". (1994). ESAP. Medellín. "Ciencia Política y Administración Pública". (1990). ESAP. Bogotá.

4. Cátedras de Colombia

"Jorge Eliécer Gaitán. Caudillo liberal". (1994). ESAP. Bogotá. "Rafael Uribe Uribe. Un líder político excepcional. (1993). ESAP. Bogotá. "Luis Carlos Galán.

Un líder político comprometido". (1992). ESAP. Bogotá. "El liderazgo político". (1991). ESAP. Bogotá.

5. *Artículos universitarios*

Ha publicado artículos en las revistas Innovación Educativa; Universitas; Análisis Político; Interamericana de Planificación; Desarrollo, Ciencia y Tecnología; Consejo Latinoamericano de Administración (CLAD); Economía Colombiana; Academia Colombiana de Jurisprudencia; Administración y Desarrollo; Javeriana; Politeia; Mutis; Tadeo; La Salle; Carta Administrativa; Ecología Tropical; y Diálogos Universitarios.

6. *Libros académicos. Autor*

Dentro de sus publicaciones académicas, se destacan los siguientes libros: *El liderazgo político. Análisis de casos* (2024). Prólogo: Fernando Carrillo Flórez. 6ª. Edición. Tirant lo Blanch. Bogotá. *Ensayos político-jurídicos.* (2024). Prólogo: Humberto Sierrra Porto. Academia Colombiana de Jurisprudencia - Editorial Tirant lo Blanch. Bogotá. *Leer, escribir y pensar* (2024) Presentación: Augusto Trujillo Muñoz. Academia Colombiana de Jurisprudencia. Editorial DGP. Bogotá. *La política: Arte y ciencia. Aplicaciones a Colombia.* (2020). Presentación: Eduardo Cifuentes Muñoz. Academia Colombiana de Jurisprudencia. Colección Investigaciones. 3ra Ed. DGP Editores, Bogotá. *Periodismo para la Democracia.* (2019). Presentación: Fernando Carrillo Flórez. Procuraduría General de la Nación, Universidad de Medellín, Esap, Compensar, CPB, Acofade, Domopaz, Redunipaz, Grupo Editorial Ibáñez. Bogotá. *El liderazgo político. Análisis de casos.* 5ª edición (2018). Prólogo: Fernando Carrillo Flórez. Procuraduría General de la Nación; Instituto de Estudios del Miniterio Público; Academia Colombiana de Jurisprudencia; Domopaz; Red Unipaz; Grupo Editorial Ibáñez. *Darío Echandía Olaya. Colombiano Ejemplar.* Primera edición (2017). Prólogos: Fernado Dejanón Rodríguez y Carlos Gustavo Cano. Academia Colombiana de Jurisprudencia; Universidad Libre de Colombia. Bogotá. *Construir democracia. 45 años de periodismo de opinión.* (2015). Prólogo: Alfredo Sarmiento Gómez. Universidad Nacional - IEPRI; Universidad Javeriana - Instituto Pensar; Compensar y otros. Grupo editorial Ibáñez. Colección Periodismo de Opinión. Bogotá. *Luis Carlos Galán. Un demócrata comprometido.* 2ª edición. (2014). Prólogo: Carlos Gustavo Cano. Javeriana, Sysman, Compensar, Grupo Editorial Ibáñez. Bogotá. *Reflexiones político-democráticas.* (2013). Grupo Editorial Ibáñez. Bogotá. *Colombia política. Ensayos y escritos* (2012). Presentación: Carlos J. Jaramillo y Francisco de Roux. Universidad Javeriana-Ibáñez. Bogotá. *La gobernabilidad, hoy. Aportes a un debate* (2011). Prólogo: Rafael Pardo. Universidad Javeriana-Ibáñez. Bogotá.

Construir democracia. En el espectador.com. II. (2011). Talleres gráficos gs. Bogotá. *Construir democracia. En el espectador.com. I.* (2010). Talleres gráficos gs. Bogotá. *La política: Arte y Ciencia.* (2010). gs impresores. Bogotá. *Construir democracia.* (2005). Universidad Pedagógica Nacional. Nomos S.A. Bogotá. *Política y administración.* (2001). Prólogo: Luz María Tobón. PLC. Servigraphic. Bogotá. *Liderazgo político y gobernabilidad democrática.* (2003). Esap-Unión Europea. Bogotá. *Estado y gobernabilidad.* (1999). Fescol-GTZ. Bogotá. *Temas políticos contemporáneos.* (1998). Esap Publicaciones. Bogotá. *La reforma del Estado y la gobernabilidad.* (1997). Editora Guadalupe. Bogotá. *Marx y Weber. Científicos sociales.* (1997). Esap Publicaciones. Bogotá. *Colombia: cultura, política y economía.* (1989). Esap. Bogotá. *Colombia: ciencia, investigación, universidad y pedagogía.* (1984). Gráficas Ducal. 2a ed. Bogotá. *La teoría política sistémica.* (1984).Gráficas Ducal. Bogotá. *Colombia: dependiente y no participante.* (1974). Prólogo: Jaime Uribe Urdinola. Universidad Jorge Tadeo Lozano 2a ed. Bogotá.

7. Coautor y/o editor

HISTORIA CONSTITUCIONAL DE COLOMBIA. 2 Tomos. (2021) En colaboración con Augusto Trujillo Muñoz, Carlos Mario Molina Betancur y Luis Javier Moreno Ortiz (Editores académicos).Tirant lo Blanch - Academia Colombiana de Jurisprudencia. Convivencia y globalización. (2002). En colaboración con Gustavo Téllez, Alonso Ojeda, Alberto Mendoza y otros. Universidad Pedagógica Nacional. Bogotá. *La investigación en administración pública, hoy.* (1998). En colaboración con Joan Prats, Carlos Zorro, Edgar González, Alejo Vargas, Eduardo Aldana y otros. Imprenta Nacional de Colombia. Bogotá. *El Estado en América Latina, hoy.* (1998). En colaboración con Absalón Machado, Javier Darío Restrepo, María Teresa Herrán, Teothonio dos Santos, Ana María Sallenave y otros. Esap Publicaciones. Bogotá. *¿Es posible la paz en Colombia?* (1998). En colaboración con Vicente Torrijos, Yago Pico de Coaña, Gilberto Echeverri Mejía, María Ángela Holguín, Alfonso López Caballero, Johan Galtung y otros. ESAP Publicaciones. Bogotá. *La oficina del presidente. Análisis de casos.* (1997). En colaboración con José Antonio Vargas Lleras, Edgar González, Yago Pico de Coaña, Diego Younes y otros. Dafp. Presidencia de la República. Esap Publicaciones. Bogotá. *Jornadas Internacionales de Desarrollo Local.* (1997). En colaboración con Yago Pico de Coaña, José Manuel Rodríguez, Edgar González, Pedro Martín y otros. Tercer Mundo. Bogotá. *Colombia. Gestión ambiental para el desarrollo.* (1989). En colaboración con Astrid Blanco, Horacio Serpa, Germán García, Carlos Fonseca, Pedro Amaya, Rubén Darío Utria y otros. Editora Guadalupe. Bogotá. *Planificación, desarrollo y petróleo. El caso araucano.* (1987). En colaboración con Virgilio Barco, Francisco Chona, Rafael Pardo,

María Eugenia Avendaño y otros. Editora Guadalupe. Bogotá. *Reflexiones Universitarias. Universidad: historia e investigación.* (1986). En colaboración con Alfonso Borrero, Guillermo Páramo, Rodrigo Losada, María Cristina Laverde y otros. Editorial Presencia. Bogotá. *Una nueva dimensión de la planeación en Colombia. La integración del desarrollo regional e hidroeléctrico.* (1986). En colaboración con Astrid Blanco. Prólogo José Fernando Isaza. *La investigación científica en Colombia, hoy.* (1979). En colaboración con Rafael Rivas, Fernando Chaparro, Humberto Gallego, Efraim Otero, Alfonso Borrero, Oswaldo Beltrán, Guillermo Hoyos y otros. Editora Guadalupe. Bogotá. *Colombia: hacia una sociedad participante.* (1973). En colaboración con Diego Uribe Vargas, Horacio H. Godoy, Alberto Mendoza y otros. Tercer Mundo. Bogotá.

En las Bibliotecas Luis Ángel Arango, Library of Congress, y en las de las universidades: Harvard Library, Escuela Superior de Administración Pública, Javeriana, Nacional, Andes, Externado, La Salle, Tadeo, Rosario, Pedagógica Nacional y Santo Tomás..., se encuentra su obra completa.

En los sitios web: Google, YouTube, Wikipedia y Yahoo, existe un volumen importante de sus libros, ensayos, artículos, entrevistas, presentaciones, y exposiciones universitarias.

8. Cargos académicos y administrativos

Escuela Superior de Administración Pública: Decano de Postgrados; Director del Instituto de Estudios Internacionales Alberto Lleras; Cofundador de la Escuela de Alto Gobierno de Colombia y Director Nacional. *Gobernación de Boyacá*: Secretario Privado del Gobernador Vargas Rubiano. *Universidad Pedagógica Nacional*: Asesor de Rectoría. *Universidad Jorge Tadeo Lozano*: Director del Programa de Ciencia Política. *Universidad de la Salle*: Decano de la Facultad de Administración de Empresas. *Universidad La Gran Colombia*: Decano del Instituto de Investigaciones (Fundador).

9. Eventos organizados y dirigidos

Ha organizado múltiples eventos a nivel local, regional, nacional e internacional, vinculados a las problemáticas de: La investigación científica; la investigación en administración pública; la planeación; el medio ambiente; el desarrollo social; la ciencia política; el problema social moderno; la paz y la solución de conflictos; la gobernabilidad democrática; el periodismo de opinión; la Oficina del Presidente; el liderazgo político democrático; y el análisis político moderno. (1979-2022).

10. Periodista de opinión

Como periodista de opinión ha colaborado en los diarios *El Tiempo*, *El Espectador* y *El Mundo* y ha publicado los siguientes libros: *Construir democracia. 50 años de Periodismo de Opinión* - Tres tomos. (2023). Prólogo: Alfredo Sarmiento Gómez. Academia Colombiana de Jurisprudencia–Editorial Tirant lo Blanch. Bogotá. *Construir democracia II.* (2011). En elespectador.com. gs impresores. Bogotá. *Construir democracia.* (2010). En elespectador.com. gs impresores. Bogotá. *Construir democracia.* (2005).Universidad Pedagógica Nacional. Nomos, Bogotá. *Política y administración. Un año en El Mundo.* (2001). Servigraphic P.L.C. Bogotá. *La muerte de la imaginación impide el cambio.* (1997). ESAP. Bogotá. *Construir Democracia.* 45 años de periodismo de opinión (2014) Prólogo: Alfredo Sarmiento Gómez. Universidad Nacional-IEPRI; Universidad Javeriana-Instituto Pensar, Red Unipaz y Domopaz. Grupo editorial Ibáñez. *Periodismo para la Democracia.* (2019). Presentación: Fernando Carrillo Flórez. Procuraduría General de la Nación, Universidad de Medellín, Esap, Compensar, CPB, Acofade, Domopaz, Redunipaz, Grupo Editorial Ibáñez. Bogotá.

11. Entrevistas

Johan Galtung: Construyamos paz y democracia en América Latina. Aportes a su debate y concreción. (2012). *Revista Análisis Político* No. 75. IEPRI-Universidad Nacional. Bogotá. elespectador.com. (2012) Febrero 15, 22, 29; marzo 7 y 14; y El Tiempo.com. (2012). *José Antonio Viera-Gallo: América Latina y Chile. Grandes temas.* (2006). elespectador.com. Octubre 3. Bogotá. *Johan Galtung: ¿Cómo construir la paz en Colombia? Elementos para la discusión.* (1998). ESAP Publicaciones. Bogotá. *Mario Bunge: Hacia una nueva conciencia científica en América Latina.* (1989). Revista: *Ciencia, Tecnología y Desarrollo.* Vol. 13. N° 1-4. Colciencias. Bogotá. *Johan Galtung: Pensemos en América Latina.* (1977). Revista: *Administración y Desarrollo.* N° 17. ESAP Publicaciones. Bogotá; y Revista *Javeriana* No. 412 Bogotá.

12. Ensayos

Las prácticas de buen gobierno en la educación superior. Reflexiones teórico-prácticas. (2013). Ministerio de Educación Nacional. Bogotá.*La Política: Arte y Ciencia* (2010). gs impresores. Bogotá. *Leer y escribir, hoy.* (2007). Revista Innovación Educativa. Secretaría de Educación Pública. Instituto Politécnico Nacional México D.F. Vol. 7 No. 41. Con ampliaciones en exposiciones realizadas en la Universidad Nacional de Colombia (2013) y en la Universidad Pedagógica Nacional (2002-2010). *Conceptualizaciones socio-políticas.* (2005). Revista UNIVERSITAS Universidad Javeriana, Facultad de Derecho. No. 109. Bogotá. *Estado y gobernabilidad.* (2005). Revista UNIVERSITAS. Universidad Javeriana. Facultad de Derecho. Número 110. Bogotá. *El liderazgo intelectual del maestro y la construcción de la paz en Colombia.* (2004). Revista UNIVERSITAS. Universidad Javeriana. Facultad de Derecho. Número 108. Bogotá. *Liderazgo, gobernabilidad y paz.* (2003). Revista UNIVERSITAS. Universidad Javeriana. Facultad de Derecho. Número 105. Bogotá. *Liderazgo político y gobernabilidad democrática.* (2003). Esap-Unión Europea. Segunda edición. Bogotá. *Liderazgos políticos para la paz.* (2002). Convivencia y globalización. Aportes para la paz. Alonso Ojeda (Editor). Universidad Pedagógica Nacional. Bogotá. *Liderazgo: ¿Cómo? ¿Por qué? ¿Para qué?* (2000). En: *Magazín Dominical.* El Espectador. 27 de febrero. Bogotá. *Marx y Weber. Científicos sociales.* (1998). Publicado en el libro: *Temas políticos contemporáneos.* ESAP Publicaciones. Bogotá. *Reflexiones a propósito del desarrollo local.* (1997). Jornadas internacionales de desarrollo local. Tercer Mundo Editores. Bogotá. *La planificación en Colombia.* (1990). Esap publicaciones. Bogotá. *Aspectos históricos de la participación en Colombia.* (1989). *Colombia: Cultura, política y economía.* ESAP Publicaciones. Bogotá. *Colombia: Planificación, política, regionalización y políticas de planificación.* (1988). Esap Publicaciones. Bogotá. *Liberalismo y neoliberalismo.* (1987). Revista La Tadeo. Universidad de Bogotá Jorge Tadeo Lozano. Números 15 y 16. Junio-diciembre. Bogotá. *Análisis de la participación cultural en Colombia. Aproximación a un análisis crítico.* (1973). Revista Mutis. Universidad de Bogotá Jorge Tadeo Lozano. Número 3. Noviembre. Bogotá.

Síntesis de sus publicaciones

LIBROS

Temas	Título	Autor (es)	Editorial	Año
1. Investigación	Colombia: Dependiente y no participante. 2ª edición. Prólogo Jaime Uribe Urdinola.	Hernando Roa.	Universidad Jorge Tadeo Lozano	1974
	La investigación científica en Colombia, hoy. Presentación: Gerardo Molina, Rodrigo Lloreda y Oswaldo Beltrán.	Rafael Rivas, Fernando Chaparro, Alfonso Borrero, Carlos B.Gutiérrez, Hernando Roa, (Ed y C.), y otros.	ESAP Publicaciones Editora Guadalupe	1979
	Reflexiones universitarias. Universidad: historia e investigación.	Alfonso Borrero, Guillermo Páramo, Hernando Roa, Rodrigo Lozada, María Cristina Laverde (Ed.)	Universidad Central Presencia	1986
	La investigación en administración pública, hoy. Prólogo: Hernando Roa.	Omar Guerrero, Hernando Roa, Remi Frentz, Colin Campell, Joan Pratts, Eduardo Aldana, Darío Restrepo, Carlos Zorro (Ed.), y otros.	ESAP Publicaciones Imprenta Nacional	1998

Temas	Título	Autor (es)	Editorial	Año
2. Liderazgo político	Liderazgo político y gobernabilidad democrática. 2a. Ed. Presentación: Roberto Prieto Ladino y Theodor Wernerus.	Hernando Roa	Unión Europea ESAP Publicaciones	2002
	LUIS CARLOS GALÁN. Un demócrata comprometido. 1ª edición.	Hernando Roa	Universidad Pedagógica CMYK Diseño e impresos	2009
	LUIS CARLOS GALÁN. Un demócrata comprometido. 2ª edición. Prólogo: Carlos Gustavo Cano.	Hernando Roa	Compensar Javeriana G. Editorial Ibáñez	2014
	DARÍO ECHANDÍA OLAYA. Colombiano ejemplar. Prólogos: Fernando Dejanón y Carlos G. Cano.	Hernando Roa	Academia Colombiana de Jurisprudencia Universidad Libre Panamericana	2017
	El Liderazgo Político. Análisis de casos. 5ta Ed. Prólogo: Fernando Carrillo Flórez	Hernando Roa	Procuraduría General de la Nación. Academia Colombiana de Jurisprudencia y otros. G. Editorial Ibáñez.	2018

Temas	Título	Autor (es)	Editorial	Año
3. Periodismo de opinión	La muerte de la imaginación impide el cambio. 25 años de periodismo analítico.	Hernando Roa	ESAP Publicaciones	1997
	Política y administración. Prólogo: Luz María Tobón	Hernando Roa	Servigraphic-PLC	2001
	Construir democracia.	Hernando Roa	Universidad Pedagógica Nacional	2005
	Construir democracia. En el espectador.com. A la memoria de Guillermo Cano	Hernando Roa	gs Talleres Gráficos	2010
	Construir democracia. En el espectador.com. A la memoria de Alberto Lleras Camargo	Hernando Roa	gs Talleres Gráficos	2011
	Construir democracia. 45 años de periodismo analítico. Prólogo: Alfredo Sarmiento Gómez.	Hernando Roa	Universidad Nacional - IEPRI; U. Javeriana - Instituto Pensar y otros. G. Editorial Ibáñez.	2015
	Periodismo para la democracia. Presentación: Augusto Trujillo Muñoz y Fernando Carrillo Flórez	Hernando Roa	Procuraduría General de la Nación; Academia Colombiana de Jurisprudencia y otros. G. Editorial Ibáñez	2019
4. Paz	¿Es posible la paz en Colombia?	Johan Galtung, Yago Pico de Coaña, María Ángela Holguín, Geert-Hinrich Ahrens y Gilberto Echeverri Mejía. Hernando Roa y Vicente Torrijos. (Eds.) y otros	ESAP Publicaciones	1998
	Convivencia y Globalización. Aportes para la paz. Presentación: Gustavo Téllez Iregui.	Hernando Roa, Beethoven Herrera, Alberto Mendoza, Alberto Mayor. Alonso Ojeda, (Ed.) y otros	Universidad Pedagógica Nacional	2002
5. Problemática colombiana	Colombia: ciencia, investigación, universidad y pedagogía. 2ª edición. Prólogo Rafael Rivas .	Hernando Roa.	ESAP Publicaciones	1984
	Planificación, desarrollo y petróleo. El caso araucano. Prólogo: Francisco Chona Contreras	Virgilio Barco, Francisco Chona, Rafael Pardo, Juan Manuel Upegui, Leonel Pérez, María Eugenia Avendaño, Hernando Roa (Ed. y C) y otros	Ecopetrol Editora Guadalupe	1987
	Colombia: Cultura, Política y Economía.	Hernando Roa	ESAP Publicaciones	1989
	Temas políticos.	Hernando Roa	ESAP Publicaciones	1998
	COLOMBIA POLÍTICA. ENSAYOS Y ESCRITOS. Presentación: Francisco De Roux y Carlos Ignacio Jaramillo	Hernando Roa	Javeriana -G. Editorial Ibáñez	2012

Temas	Título	Autor (es)	Editorial	Año
6. Derecho	HISTORIA CONSTITUCIONAL DE COLOMBIA. ANÁLISIS TEMÁTICOS. 4ta. Edición. 2 Tomos. NOTA LIMINAR: Javier Cremades García. Introducción: Augusto Trujillo Muñoz. LA CONSTITUCIÓN Y LA CONSTRUCCIÓN DE LA PAZ	Augusto Trujillo Muñoz, Carlos Mario Molina Betancur, Luis Javier Moreno Ortíz Eds. Académicas. Coautor : Hernando Roa Suárez	Academia Colombiana de Jurisprudencia Tirant Lo Blanch	2019
7. Estado	La reforma del Estado y la gobernabilidad. El caso colombiano	Hernando Roa	Guadalupe	1997
	El Estado en América Latina, hoy. Prólogo: Hernando Roa Suárez	Eduardo Sarmiento, César Giraldo, Teothonio Dos Santos, Absalón Machado, Javier Darío Restrepo, Ana María Sallenave, (Ed.) y otros.	Esap Publicaciones	1998
	Estado y gobernabilidad. Aportes a un debate nacional. Presentación: Reinhold Einloft y Gerd Juntermanns	Hernando Roa	Fescol GTZ	1999
8. Administración Pública	La Oficina del Presidente. Presentación: Hernando Roa	José Antonio Vargas, Édgar Gónzalez, Xavier Driencourt,Gabriel Elorriaga, Arthur Leycester-Scott Coltman, Gary Philip Hughes, Diego Younes, Hernando Roa y otros	ESAP Publicaciones	1997
	Los archivos y la administración pública. Memorias. La ética en la administración pública y los archivos.	Jorge Palacios Preciado, Hernando Roa, Carlos Guillermo Tapias, Lindh Björn, Nohora Patricia Vela, Ana Eleonora Szlejcher, Rodolfo Alanis Boyzo y otros	Archivo Nacional Imprenta Nacional	1997
	Descentralización, desarrollo institucional y democratización.	Horacio Serpa, Edgar González, Hernando Roa, Darío I. Restrepo, Carlos Ariel Sánchez y otros	ESAP Publicaciones	1997
	Descentralización, democracia y participación local.	Horacio Serpa, Gustavo Zafra, Carlos A. Sánchez, Hernando Roa y otros	ESAP Publicaciones	1997
	Jornadas internacionales de desarrollo local.	Hernando Roa, Yago Pico de Coaña, José Manuel Rodríguez y otros	ESAP Tercer Mundo	1997
	Gestión de servicios públicos municipales.	Hernando Roa, José Roberto Piqueras, Carlos Alberto Atehortúa, Pedro N. Rodríguez y otros	ESAP Publicaciones	1997

Temas	Título	Autor (es)	Editorial	Año
9. Problemática ambiental	Una nueva dimensión en la planeación en Colombia: La integración del desarrollo regional e hidroeléctrico. Análisis de casos y recomendaciones. Prólogo José Fernando Isaza	Hernando Roa y Astrid Blanco.	Edición especial	1985
	Hidroeléctricas en Colombia. Impactos ambientales y alternativas. Prólogo: Julio Carrizosa U.	Hernando Roa y Astrid Blanco	Presencia	1986
	Colombia: gestión ambiental para el desarrollo.	George Ledec, Hernando Roa, Luis Carlos García, Pedro Amaya, Astrid Blanco (Ed.), y otros	Ministerio de Agricultura; Sociedad Colombiana de ecología; Guadalupe	1989
11. Gobernabilidad	La gobernabilidad, hoy.	Hernando Roa	Universidad Javeriana G. Editorial Ibáñez	2011
12. Ciencia política	La política: arte y ciencia. 1ra. Ed.	Hernando Roa	gs impresores	2010
	Reflexiones político-democráticas	Hernando Roa	G. Editorial Ibáñez	2013
	La política: arte y ciencia. 2da. Ed.	Hernando Roa	gs. impresores.	2016
	La política: arte y ciencia. Aplicaciones a Colombia. 3ra. Ed. Presentación: Eduardo Cifuentes Muñoz	Hernando Roa	Academia Colombiana de Jurisprudencia Compensar CPB Siglo XXI Editores	2020

REVISTAS

Temas	Revista	Artículo	Autor	Editorial	Año
1. Derecho	Academia Colombiana de Jurisprudencia, No. 373	Cibernética y política. Un aproximación	Hernando Roa	DGP Editores	2021
	Academia Colombiana de Jurisprudencia, No. 373	Periodismo para la democracia. 50 años de periodismo de opinión	Hernando Roa	DGP Editores	2021
	Academia Colombiana de Jurisprudencia, No. 374	REFLEXIONES POLITICO JURIDICAS	Hernando Roa	DGP Editores	2021

Temas	Revista	Artículo	Autor	Editorial	Año
2. Educación	Innovación Educativa. Vol. 7, No. 36	El liderazgo del maestro universitario.	Hernando Roa	I.P.N. Impresora y Encuadernadora Progreso. México, D.F.	2007
	Innovación Educativa. Vol. 7, No. 41	Leer y escribir, hoy.	Hernando Roa	I.P.N. Impresora y Encuadernadora Progreso. Mexico, D.F.	2007
	Innovación Educativa. Vol. 14, No. 66.	Gestión educativa y prospectiva humanística.	Hernando Roa	I.P.N. Impresora Encuadernadora Progreso. Mexico, D.F.	2015
3. Ciencia	Hojas Universitarias. Vol. III. No. 24.	Ciencia e investigación.	Hernando Roa	U. Central	1986
4. Estado	Javeriana. No. 547.	Modernización y descentralización. Regionalización de la planeación.	Hernando Roa	Javergraf	1988
	UNIVERSITAS No. 110	Estado y gobernabilidad	Hernando Roa	Javergraf	2005
5. Ciencia Política	Criterio.	Ciencia Política. Rasgos históricos y vertientes teóricas.	Hernando Roa.	Universidad Autónoma	1984
	Economía Colombiana. No. 157-158	Características de los sistemas políticos.	Hernando Roa.	Contraloría General de la República	1984
	UNIVERSITAS No. 109	Conceptualizaciones sociopolíticas.	Hernando Roa.	Javergraf	2005
	Academia Colombiana de Jurisprudencia. N`365	Darío Echandía Olaya. Colombaino Ejemplar.	Hernando Roa	DIGIMPRINT Editores	2017
6. Paz	Universidad de la Salle. No. 30.	A propósito del proceso de paz en Colombia.	Hernando Roa y Johan Galtung.	Publicaciones UNIsalle	2000
	Revista Análisis Político. No. 75.	Construyamos paz y democracia en América. Aportes a su debate y concreción.	Hernando Roa y Johan Galtung.	Universidad Nacional	2012
7. Liderazgo	UNIVERSITAS No. 105	Liderazgo, gobernabilidad y paz. El caso colombiano.	Hernando Roa	Javergraf	2003
	UNIVERSITAS No. 106	El liderazgo político. Semblanzas.	Hernando Roa	Javergraf	2003
	UNIVERSITAS No. 107	Liderazgos políticos colombianos.	Hernando Roa	Javergraf	2004
	UNIVERSITAS No. 108	El liderazgo del maestro y la construcción de la paz.	Hernando Roa	Javergraf	2004
	UNIVERSITAS No. 119	Luis Carlos Galán. El más importante político de su generación	Hernando Roa	Javergraf	2010

<table>
<tr><th>Temas</th><th>Revista</th><th>Artículo</th><th>Autor</th><th>Editorial</th><th>Año</th></tr>
<tr><td rowspan="2">8. Democracia</td><td>Tadeo Nos. 15 -16</td><td>Liberalismo y Neoliberalismo.</td><td>Hernando Roa</td><td>U. Jorge Tadeo Lozano.</td><td>1987</td></tr>
<tr><td>Politeia No. 26</td><td>Norberto Bobbio. Autobiografía.</td><td>Hernando Roa.</td><td>UNIBIBLOS. Universidad Nacional de Colombia.</td><td>2000</td></tr>
<tr><td>9. Planeación</td><td>Sociedad Interamericana de planificación. Vol. XX, No. 78</td><td>Una nueva dimensión de la planeación en Colombia: La integración del desarrollo regional e hidroeléctrico.</td><td>Hernando Roa y Astrid Blanco.</td><td>SIAP</td><td>1986</td></tr>
<tr><td rowspan="3">10. América Latina</td><td>LA HORA Nos. 59 y 60</td><td>Las revoluciones en América Latina. México, Bolivia y Cuba</td><td>Hernando Roa</td><td>La Hora</td><td>1969</td></tr>
<tr><td>Administración y desarrollo. No. 17</td><td>Pensemos en América Latina.</td><td>Johan Galtung y Hernando Roa.</td><td>ESAP</td><td>1977</td></tr>
<tr><td>Ciencia, tecnología y desarrollo Vol. 13, No. 1- 4.</td><td>Hacia una nueva conciencia científica en América Latina.</td><td>Mario Bunge y Hernando Roa.</td><td>Colciencias Editora Guadalupe</td><td>1989</td></tr>
</table>

ENTREVISTAS

<table>
<tr><th>Temas</th><th>Entrevista</th><th>Libro</th><th>Autor</th><th>Editorial</th><th>Año</th></tr>
<tr><td>1. Ciencia</td><td>Hacia una nueva conciencia científica en América Latina. Entrevista a Mario Bunge</td><td>Construir democracia. 45 años de periodismo de opinión.</td><td>Hernando Roa</td><td>Colciencias G. Editorial Ibáñez</td><td>2015</td></tr>
<tr><td rowspan="6">2. América Latina</td><td>Construyamos paz y democracia en América Latina. Aportes a su debate y concreción.
Entrevista a Johan Galtung</td><td>Construir democracia. 45 años de periodismo de opinión.</td><td>Hernando Roa</td><td>Universidad Nacional -IEPRI y otros.
G. Editorial Ibáñez</td><td>2015</td></tr>
<tr><td>América Latina y Chile. Grandes temas.
Entrevista a José Antonio Viera Gallo</td><td>Construir democracia. 45 años de periodismo de opinión.</td><td>Hernando Roa</td><td>El Tiempo-Grupo Editorial Ibáñez</td><td>2015</td></tr>
<tr><td>¿Cómo construir la paz en Colombia?
Entrevista a Johan Galtung</td><td>¿Cómo construir la paz en Colombia?</td><td>Hernando Roa</td><td>ESAP Publicaciones</td><td>1998</td></tr>
<tr><td>Pensemos en América Latina. Entrevista a Johan Galtung</td><td>Construir democracia. 45 años de periodismo de opinión.</td><td>Hernando Roa</td><td>ESAP-Grupo Editorial Ibáñez</td><td>2015</td></tr>
<tr><td>La muerte de la imaginación impide el cambio.
Entrevista a José Antonio Viera Gallo</td><td>Construir democracia. 45 años de periodismo de opinión.</td><td>Hernando Roa</td><td>El Tiempo-Grupo Editorial Ibáñez</td><td>2015</td></tr>
<tr><td>Luis Carlos Galán. Un demócrata de convicciones.
Entrevista a Daniel Samper</td><td>Construir democracia. 45 años de periodismo de opinión.</td><td>Hernando Roa</td><td>Grupo Editorial Ibáñez</td><td>2015</td></tr>
</table>